토레이의
기도의 능력

The Power of Prayer and The Prayer of Power
by Reuben Archer Torrey

First Published in the English language in 1924.
Korean Edition published by Word of Life Press, Seoul ⓒ 2023.
All rights reserved.
Printed in Korea.

토레이의 기도의 능력
(구제: 기도와 영력)

ⓒ 생명의말씀사 2023

2023년 6월 12일 1판 1쇄 발행

펴낸이 | 김창영
펴낸곳 | 생명의말씀사

등록 | 1962. 1. 10. No.300-1962-1
주소 | 서울시 종로구 경희궁1길 6 (03176)
전화 | 02)738-6555(본사) · 02)3159-7979(영업)
팩스 | 02)739-3824(본사) · 080-022-8585(영업)

기획편집 | 유영란, 유하은
디자인 | 김혜진
인쇄 | 영진문원
제본 | 다온바인텍

ISBN 978-89-04-18119-3 (03230)

저작권자의 허락 없이 이 책의 일부 또는 전체를
무단 복제, 전재, 발췌하면 저작권법에 의해 처벌을 받습니다.

THE POWER OF PRAYER AND THE PRAYER OF POWER

능력 있는 기도의 비결을 밝힌다!

토레이의 기도의 능력

R. A. 토레이 지음 | 임성택 옮김

생명의말씀사

역자 서문

본서는 탁월한 학자며, 전도자며, 목회자인 하나님의 사람 R. A. 토레이(R. A. Torrey) 박사의 훌륭한 저작이다. 그는 무디(D. L. Moody)에게 강력한 영향을 받았고, 근본주의 교리 체계를 확립했으며, 무디성경학교의 교장으로 무디의 오른팔 역할을 감당했다. 그는 정말 말씀의 사람, 성령의 사람, 기도의 사람이었으며 무디와 쌍벽을 이루는 영적 거인으로서 우리에게 항상 깊은 영적 도전을 준다.

또한 그는 놀라운 저술가로, 복음적인 책을 써서 전 세계의 수많은 그리스도인에게 강한 영향을 끼쳤다. 그의 책은 우리나라에도 많이 소개되었는데, 한결같이 우리에게 복음의 빛을 비춰 주고 있다.

기도에 관한 책 가운데서도 『토레이의 기도의 능력』은 가장 놀라운 내용을 담고 있다. 본서는 특히 기도의 능력에 관한 비밀과 능력의 기도를 할 수 있는 비결을 명백히 제시한다.

오늘날 우리는 능력의 기도가 결핍된 시대에 살고 있다. 주위에서는 기도 없는 집회와 봉사, 교육, 설교, 찬양, 부흥회가 종종 보인다. 그러나 기도가 없는 것들은 곧 능력을 상실하고 만다. 바로 이 책은 능력을 상실해 버린 목회자나 사역자, 그리스도인이 반드시 읽어야 할 놀라운 고전이다. 솔직히 역자도 본서를 번역하면서 아주 깊은 감명과 도전을 받았다.

아무쪼록 본서를 읽는 독자마다 기도의 능력에 관한 비밀을 체험하고, 능력 있는 기도를 하는 기도의 사람이 되기를 그리스도 안에서 부탁하고 기도한다. 지금은 주님 곁에서 주님과 함께 기도하고 있는 토레이 박사를 생각하며 본서가 한국 교회에 거대한 기도의 역사를 일으키기를 간절히 기도한다.

끝으로 이 훌륭한 저서를 번역할 수 있게 인도하신 주님께 영광과 감사를 드리며, 생명의말씀사에도 감사드린다.

임 성 택

저자 서문

오늘날 우리에게는 교회와 사회 전반에 걸쳐 하나님께서 보내신 진정한 부흥이 절실하게 필요하다. 그것은 인류가 지금 부흥이나 혁명 중 어느 하나를 강력히 필요로 하기 때문이다. 그중 혁명은 인간 사회와 문명을 극도의 혼돈과 무질서 속에 빠뜨린다. 하지만 부흥은 예수님이 재림하실 때 구원받은 우리가 그분과 함께 이 땅을 통치할 수 있게 한다. 이 사건은 가장 영광스럽고 위대한 부흥이며 영원히 지속될 것이다.

대대적으로 믿음을 저버리는 불신의 시대, 어쩌면 지금이 구원받을 수 있는 마지막 시대일지도 모른다. 그러나 안타깝게도 수많은 그리스도인이 이 시대가 인류의 마지막 배교와 불신의 시대라는 것을 깨닫지 못하고 있다.

물론 지금보다 더한 타락과 불신의 시대가 있었던 것은 사실이다. 존 웨슬리(John Wesley) 시대에 있었던 영국의 타락과 조너선 에드워즈(Jonathan Edwards) 시대의 미국 배교 사태는 현재의 배교와 불신 상황보다 훨씬 더 심했다. 19세기 초 미국 대학의 부패와 타락은 현대와 비교도 안 될 만큼 심각했다. 그러나 영국의 교회와 사회는 존 웨슬리 형제와 동료들의 부흥 운동으로 뒤집어지고 개혁되었으며 구원을 받았다. 철저한 합리주의자며 역사가인 레키(W. E. H. Lecky)도 영국의 사회와 문화가 웨슬리의 부흥 운동으로 구출되었다는 사실을 솔직히 인정했다. 또한 조너선 에드워즈가 주도한 대각성 운동으로 미국 교회는 파멸에서 구원받았다.

오늘날 우리에게 가장 절실히 필요한 것은 철저하게 성령님의 역사로 수행되는, 하나님께서 직접 주시는 부흥이다. 인간적인 측면에서 보면 이러한 부흥은 오직 한 가지 방법으로만 이루어지는데, 그 방법은 바로 기도다.

미국의 대각성 운동은 조너선 에드워즈의 목숨을 건 기도로 시작되었다. 1857년에 일어난 놀라운 부흥은 평신도 선교사인 랜피어(Jeremiah Lanphier)가 뉴욕 그리스도인들을 자극해 기도하게 함으로 시작되었다. 1859년에서 1860년까지 일어난 아일랜드 얼스터 부흥은 네 사람의 아주 겸손한 그리스도인과 몇몇 동역자의 기도로부터 일어났다.

19세기 후반에 필자는 무디의 요청을 받고 『이렇게 기도하자』(How to Pray, 생명의말씀사 역간)라는 제목으로 책을 썼다. 하나님은 그 책을 놀랍게 사용하셔서 많은 사람이 기도하게 하셨고, 1902년 호주와 뉴질랜드에 큰 역사를 일으키셨으며, 더 나아가 잉글랜드, 스코틀랜드, 웨일스, 인도 등 수많은 나라에 부흥을 주셨다. 그 결과 수백만 명의 영혼이 회개하고 주님께 돌아왔다. 모두 그 책의 기적적인 열매였다.

본서는 그 책의 증보판으로 『이렇게 기도하자』보다 훨씬 더 자세하게 저술했고, 기도와 부흥의 관계뿐만 아니라 그리스도인의 생활과 활동을 기도와 연관시켜 다루었다. 무디가 전 세계에 다니며 복음을 전하는 동안 나는 본서의 각 장을 다시 확대해 제목에 따라 상세하게 설명했다.

무디와 동역자들은 본서를 20여 년간 사용하며 사역했다. 무디는 로스앤젤레스 오픈도어교회에서 수많은 그리스도인에게 본서를 강의했고, 그 강의는 매주 라디오를 통해 10만 명 이상의 사람들에게 방송되었다. 특히 1923년과 1924년에는 가을부터 봄까지 주일마다 방송되었다.

내가 이 서문을 쓰는 동안에도 무디는 캐나다 위니펙에서 부흥회를 인도하고 있다. 부흥회 마지막 날 저녁에는 4,100명밖에 수용할 수 없는 장소에 5,000명이 몰려와 발 디딜 틈도 없이 들어찼고, 많은 사람이 들어오지 못해 밖에서 들어야만 했다. 남자와 여자, 어린아이까지 많은 사람이 결신자를 위한 초청에 의해 그리스도를 영접했다.

과연 다른 나라에서도 이처럼 위대한 부흥을 맛볼 수 있을까? 나는 그렇다고 확신한다. 본서가 그 부흥을 촉진하는 데 일조하기를 바란다.

R. A. 토레이

목차

역자 서문　4
저자 서문　6

1부　우리가 기도해야 하는 이유

01　개인의 성화와 능력　　　　　　　　　　14
02　우리의 구원과 축복　　　　　　　　　　34
03　교회의 부흥과 선교　　　　　　　　　　55

2부　하나님이 들으시는 기도

04　응답받는 기도의 비결　　　　　　　　　78
05　응답받지 못하는 그리스도인　　　　　110

THE POWER OF PRAYER AND THE PRAYER OF POWER

3부 기도는 어떻게 하는가?

06 예수 그리스도의 이름으로　　　　　　140

07 믿음으로　　　　　　　　　　　　　　165

08 성령 안에서　　　　　　　　　　　　　191

09 기도 응답의 장애물　　　　　　　　　　218

4부 기도와 부흥

10 능력 있는 기도와 진정한 부흥　　　　　262

기도하는 법을 알고 역사하는 기도의 조건을 채우며
진실로 기도하는 사람을 당해 낼 자는 아무도 없다.
'전능하신 여호와 하나님'이 그 사람을 위해,
그 사람을 통해 역사하시기 때문이다.

THE POWER OF PRAYER AND THE PRAYER OF POWER

1부

우리가 기도해야 하는 이유

01

개인의 성화와 능력

"너희가 얻지 못함은 구하지 아니하기 때문이요"(약 4:2).

"너희가 얻지 못함은 구하지 아니하기 때문이요"(약 4:2). 이 짧은 말씀에는 하나님의 메시지가 담겨 있다. "You do not have because you do not ask God." 이 열 단어 중 아홉 단어는 단음절이고, 나머지 한 단어는 두 음절로 되어 있는데, 영어 단어 중에서 가장 친밀하고 쉽게 이해할 수 있는 단어다. 그러나 이 간단하면서도 단순한 말이 많은 사람의 삶을 변화시켰고, 무능력한 사역자들을 능력의 자리로 나아가게 했다.

"너희가 얻지 못함은 구하지 아니하기 때문이요." 야고보서 4장 2절의 위대한 말씀은 평범한 그리스도인, 평범한 사역자, 평범한 교회의 무능력과 빈곤의 원인을 분명하게 지적한다. 많은 그리스도인이 이렇게 묻는다. "왜 나의 신앙생활은 이렇게도 발전이 없는가? 왜 나는 죄를 이기지 못하는가? 왜 나는 영혼을 그리스도께 인도하지 못하는가? 왜 나는 구주 예수 그리스도의 형상을 닮아가는 데 이렇게 더딘가?" 이 질문에 대해 하나님은 야고보서 4장 2절을 통해 대답하신다. "기도 태만이다! 너희가 얻지 못함은 구하지 않기 때문이다."

많은 사역자가 이렇게 묻는다. "왜 나의 사역에는 이렇게 열매가 적은가? 왜 회심하는 이가 없는가? 왜 우리 교회는 이토록 성장이 느린가? 왜 우리 교인은 나의 사역을 통해 별로 도움도 받지 못하고 성경 지식과 생활이 궤도에 오르지 못하는가?" 하나님은 다시 대답하신다. "기도 태만이다! 너희가 얻지 못함은 구하지 않기 때문이다."

또 교회와 사역자들은 이렇게 묻는다. "왜 오늘날 예수 그리스도의 교회는 세상에서 이토록 전진하지 못하고 제자리걸음만 하는가? 왜 교회는 세상의 모든 죄와 불신과 잘못을 도전하고 책망하며 해결하지 못하는가? 왜 교회는 세상과 정욕과 마귀를 쳐서 승리하지 못하는가? 왜 오늘날의 교회는 주 예수 그리스도께 영광을 돌리지 못하는가? 왜 그리스도인들은 질이 낮은 그리스도인의 생활을 하는가?" 역시 하나님은 동일하게 대답하신다. "기도 태만이다! 너희가 얻지 못함은 구하지 않기 때문이다."

누가가 성령님의 영감을 받아 기록한 사도행전에서 초대 교회에 일어난 사건을 보면 무엇을 발견할 수 있는가? 우리는 초대 교회에 대한 누가의 진술을 통해 그 교회가 계속해서 승리하고 부단히 전진했음을 알게 된다. 그는 사도행전 2장 47절에서 이렇게 말한다. "하나님을 찬미하며 또 온 백성에게 칭송을 받으니 주께서 구원 받는 사람을 날마다 더하게 하시니라." 사도행전의 다른 장에서는 "말씀을 들은 사람 중에 믿는 자가 많으니 남자의 수가 약 오천이나 되었더라"(행 4:4), "믿고 주께로 나아오는 자가 더 많으니 남녀의 큰 무리더라"(행 5:14), "하나님의 말씀이 점점 왕성하여 예루살렘에 있는 제자의 수가 더 심히 많아지고 허다한 제사장의 무리도 이 도에 복종하니라"(행 6:7)라고 역설한다.

사도행전을 27장까지 계속 읽어 나가면 각 장마다 승리의 외침이 들려오고 있음을 알게 된다. 나는 사도행전을 통독하면서 각 장마다 울려 퍼지는 승리의 찬송과 나팔 소리를 들었다. 이렇듯 사도행전에 기록된 초대 교회와 현대 교회의 모습을 비교해 볼 때 엄청난 차이를 발견할 수 있다. 사도행전 2장 47절을 다시 한번 읽어 보자.

"하나님을 찬미하며 또 온 백성에게 칭송을 받으니 주께서 구원 받는 사람을 날마다 더하게 하시니라"(행 2:47).

오늘날 많은 교회가 1년에 한두 번씩 연례적으로 부흥회를 열고는 그것이 끝나면 다시 원상태로 돌아가 자만하며 자위한다. 그러나 초대 교회에서는 날마다 참된 부흥이 일어나 많은 영혼이 말씀과 성령님으로 말미암아 도전받고 실제로 그들이 구원받는 역사가 나타났다.

초대 교회와 현대 교회의 차이는 무엇일까? 그 원인은 도대체 무엇일까? 이에 대해 어떤 사람은 "현대 교회는 너무나 심한 반대와 핍박을 받고 있다."라고 말할지도 모른다. 하지만 초대 교회가 당한 박해와 환난, 반대는 우리가 도저히 상상할 수도 없을 만큼 혹독했다. 지금 우리가 당하는 핍박이나 어려움은 그들에 비하면 아무것도 아니다. 그들은 가장 지독하고 혹독한 온갖 박해와 순교를 당했다.

이런 극한 상황에서도 초대 교회는 그 모든 박해를 감수하고, 모든 방해 공작을 극복하며, 모든 사탄의 세력을 정복해 나갔다. 그들은 예루살렘에서 로마까지 어떤 실망이나 좌절 없이 당시의 지독한 우상 숭배와 불신에 대항해 과감하게 승리하며 대담하게 나아갔다.

나는 다시 한번 당신에게 묻고 싶다. 초대 교회의 승리 비결은 무엇인가? 앞서 소개한 말씀으로 돌아가 깊이 묵상하면 해답을 얻을 것이다.

"그들이 사도의 가르침을 받아 서로 교제하고 떡을 떼며 오로지 기도하기를 힘쓰니라"(행 2:42).

이 말씀은 짧지만 초대 교회의 부흥과 승리의 비결을 알려 주는 의미심장한 구절이다. 초대 교회는 기도하는 교회였다. 가끔 기도하는 것이 아니라 그들 모두가 계속해서 끈질기게 기도하는 교회였다. 몇몇 특별한 사람만 기도하는 것이 아니라 모든 그리스도인이 굳은 결심으로 계속 기도했다. 그들은 기도에 자신을 바쳤다.
사도행전 6장에도 같은 말씀이 기록되어 있다. 이제 그 말씀을 보자.

"우리는 오로지 기도하는 일과 말씀 사역에 힘쓰리라"(행 6:4).

이 말씀은 사도들이 사역하는 모습을 보여 준다. 그 사역은 기도하는 사역이었고, 앞 구절(행 2:42)에서와 같이 '기도에 자신을 바치는' 사역이었다. 이것을 헬라어 원어에서 번역하면 이렇다. "우리는 기도하는 것과 말씀 전하는 일에 계속적으로 우리 자신을 온전히 바치리라." 기도하는 교회와 기도하는 사역, 이러한 교회와 사역은 어떠한 일이라도 성취할 수 있다. 또한 이렇게 기도하는 교회는 계속 전진하며 모든 사탄의 반대를 극복하고, 모든 장해물을 제거하며, 모든 원수를 정복해 나아간다. 사도 시대에 그랬던 것처럼 오늘날에도 그렇게 할 수 있다.

현대 교회와 사역이 초대 교회와 다른 것 가운데 기도 문제만큼 현저히 다르고 통탄스러운 것은 없다. 우리는 확실히 기도하지 않는 시대에 살고 있다. 오늘날 복음적인 많은 교회가 기도와 그 능력을 이론상으로도 믿지 않는다. 그들은 도저히 이루어질 수 없는 일이라도 기도를 통하면 이루어질 수 있다는 사실을 믿지 않는다. 오직 기도는 '반사 효과'만 있다고 믿는다. 다시 말해 기도하는 사람의 힘으로 이익과 복을 얻는다고 생각한다. 그들은 불가능한 일을 가능하게 하는 기도에 대해서는 솔직히 믿지 않는다. 대다수의 그리스도인은 물론 교회의 목회자들까지도 그렇다.

그럼에도 복음적인 교회에 아직 기도의 능력을 믿는 그리스도인이 일부 남아 있다는 사실에 하나님께 감사드린다. 하지만 그들도 이론적으로만 기도의 능력을 믿을 뿐 정작 하나님이 주신 전능한 도구인 기도를 사용하지 않는다. 앞서 말했듯이, 우리는 확실히 기도하지 않는 시대에 살고 있다. 바쁘게 움직이는 혼잡한 시대에 살고 있다. 인간의 노력과 의지, 결단과 힘을 신뢰하는 시대에 살고 있다. 인간의 조직과 인간이 만들어 낸 기계, 계획, 업적 속에서 살고 있다. 인간은 자신의 노력과 의지와 힘으로 무슨 일이든지 성취할 수 있다고 확신한다. 하지만 모든 인간의 업적이나 행위는 하나님 편에서 보면 아무런 의미가 없다.

내가 확신하기로는 역사상 현대 교회처럼 완벽하게 조직적이고 능숙하며 많은 재력과 교인을 소유한 교회가 결코 없었다. 현대 교회의 조직과 구성은 놀라울 정도로 완벽하지만 그 조직과 구성에는 능력이 빠져 있다. 어떤 일이 잘되지 않을 때, 하나님을 의지하면서 그분의 능력을 구하는 것이 아니라 새로운 조직이나 기구를 찾는다. 우리는 이미 너무나 많은 조직과 방법, 기구를 사용해 보았으나 성공한 적이 거의 없다. 계속 실패만 거듭한다. 왜일까? 우리가 진정 필요로 하는 것은 새로운 조직이나 기구가 아니라 '그 조직 속에서 역사하시는 성령님'이기 때문이다.

그리스도인들이 옛날처럼 무릎을 꿇고 기도하며, 역사하는 기도의 조건을 채운다면, 오늘날도 기도는 큰 능력을 가지게 될 것이다. 하나님은 변하지 않으신다. 지금도 그분의 귀는 진정한 기도를 듣는 데 신속하고, 그분의 손은 언제나 그랬듯 길고 힘이 세서 당신을 구원한다. 그러므로 이사야는 이렇게 말한다.

"여호와의 손이 짧아 구원하지 못하심도 아니요 귀가 둔하여 듣지 못하심도 아니라 오직 너희 죄악이 너희와 너희 하나님 사이를 갈라 놓았고 너희 죄가 그의 얼굴을 가리어서 너희에게서 듣지 않으시게 함이니라"(사 59:1-2).

기도는 하나님의 무한한 은혜와 능력의 창고를 여는 열쇠다. 하나님의 모든 것과 하나님이 가진 모든 것이 기도에 달렸다. 우리는 그 열쇠를 사용해야 한다. 기도는 하나님이 하실 수 있는 일은 무엇이든 할 수 있고 하나님이 전능하시듯 무엇이든 할 수 있다. 기도하는 법을 알고 역사하는 기도의 조건을 채우며 진실로 기도하는 사람을 당해 낼 자는 아무도 없다. '전능하신 여호와 하나님'이 그 사람을 위해, 그 사람을 통해 역사하시기 때문이다.

기도는 하나님의 말씀 공부와 함께
인격적 성화를 촉진한다

기도가 하는 일은 구체적으로 무엇인가? 지금까지는 기도에 대한 일반적인 내용만 다루었다. 이제부터는 기도에 대해 구체적으로 살펴보자. 하나님의 말씀이 이 질문에 대해 분명히 대답한다.

먼저, 기도는 하나님의 말씀 연구와 함께 각 개인의 경건과 성화, 신앙 성숙을 촉진해 예수 그리스도를 닮아 가게 한다. 그래서 기도는 말씀 연구와 밀접하다. 말씀 공부 없이 참된 기도가 있을 수 없고 기도 없는 참된 말씀 공부가 있을 수 없다.

다른 것도 마찬가지다. 당신과 내가 성장해 예수 그리스도를 닮아 가는 것은 우리가 기도에 쏟아붓는 마음과 시간에 비례한다. 내 말을 깊이 상고해 보기 바란다. '당신과 내가 성장해 그리스도를 닮아 가는 것은 기도에 쏟아붓는 우리의 마음과 시간에 비례한다.'

왜 이런 말을 하는지 아는가? 오늘날 수많은 그리스도인이 많은 시간을 바쳐 기도하지만 마음을 쏟아 놓지는 않는다. 그래서 오랫동안 기도해도 정작 그들이 실제로 기도하는 시간은 거의 없다. 하지만 짧은 시간을 기도해도 온 마음을 쏟아 깊이 기도하는 사람들이 있다. 이들은 오랜 시간 기도하는 사람보다 더 많은 일을 성취한다.

하나님은 예레미야에서 이렇게 말씀하셨다.

"너희가 온 마음으로 나를 구하면 나를 찾을 것이요 나를 만나리라"(렘 29:13).

에베소서의 말씀도 함께 읽어 보자.

"찬송하리로다 하나님 곧 우리 주 예수 그리스도의 아버지께서 그리스도 안에서 하늘에 속한 모든 신령한 복을 우리에게 주시되"(엡 1:3).

예수 그리스도는 우리를 대속하기 위해 죽으시고 부활하셨다. 그리고 하늘에 올라 하나님 우편에 앉으심으로 하늘에 속한 모든 신령한 복을 소유하셨다. 이제 그 모든 복이 당신에게 주어졌다. 그리스도는 그 죽음을 통해 신령한 복을 획득하셨고, 하나님은 그 복을 그리스도 안에 예비해 주셨다.

이제 당신이 할 일은 모든 복을 주장하고 손을 내밀어 그것을 갖는 것이다. 이때 예수님의 대속적인 죽음으로 허락된 복을 자신의 소유로 주장하며 손을 내밀어 취하도록 하나님이 정해 주신 방법이 있는데, 그것이 바로 기도다. 기도는 하나님이 그 아들 예수 그리스도 안에 예비하신 모든 복을 받기 위해 우리가 내미는 손이다.

성경을 주의 깊게 읽어 보면 모든 신령한 복은 기도를 통해 얻어진다는 진리를 발견하게 된다. 시편 139편 23-24절 말씀으로 알 수 있듯이, 하나님은 우리를 살피사 우리 마음을 아시며 우리를 시험하사 우리 생각을 아심으로 우리의 악을 드러내시고 악에서 건져 주신다. 이것이 바로 기도 응답이다. 또한 시편 19편 12-13절에서도 기도를 통해 얻는 복을 확인할 수 있다. 즉 우리가 숨은 허물을 씻음받고 고범죄를 짓지 않게 되는 것이 기도의 복이다.

시편 19편 14절에서 다윗이 기도한 것처럼 우리의 반석이시요 구속자이신 하나님께 우리의 입의 말과 마음의 묵상이 열납되는 것이 기도 응답이다. 그리고 시편 25편 4-5절을 통해 배울 수 있듯 여호와께서 주님의 도를 우리에게 보이시고 주님의 길을 가르쳐 주시는 것이 응답이다. 우리는 이렇게 기도를 통해 주님께서 우리를 교훈하심으로 우리가 시험에 들지 않으며 악한 자에게서 구원받는다는 진리를 깨달을 수 있다. "우리를 시험에 들게 하지 마시옵고 다만 악에서 구하시옵소서"(마 6:13).

누가복음 11장 13절은 하나님이 기도 응답으로 성령님을 보내 주신다고 말한다. 우리는 성령님을 통해 모든 신령한 복을 경험할 수 있다. 그러나 모든 복은 기도를 통해서만 얻을 수 있다. 주님은 마태복음 7장에서 친히 이렇게 말씀하셨다.

> "너희가 악한 자라도 좋은 것으로 자식에게 줄 줄 알거든 하물며 하늘에 계신 너희 아버지께서 구하는 자에게 좋은 것으로 주시지 않겠느냐"(마 7:11).

성경 전체를 통틀어 예수님의 형상을 닮도록 우리를 변화시키는 놀라운 기도의 능력을 가장 교훈적이고 강력하게 언급한 곳이 바로 고린도후서다.

> "우리가 다 수건을 벗은 얼굴로 거울을 보는 것 같이 주의 영광을 보매 그와 같은 형상으로 변화하여 영광에서 영광에 이르니 곧 주의 영으로 말미암음이니라"(고후 3:18).

이 구절은 다음과 같이 해석할 수 있다. 주님은 태양이고 당신과 나는 거울이다. 아주 맑고 화창한 날, 어떤 장난기 있는 아이가 거울 조각으로 그 강한 햇빛을 받아 당신과 나의 눈에 비췄다면 눈이 부셔서 한참 동안 사물을 못 볼 것이다.

마찬가지로 우리가 하나님과 교제하면 그분의 놀라운 도덕적 영광을 우리 마음의 거울이 받게 되고 그 빛을 다시 세상에 반사하게 된다. 이것이 '영광으로 영광에 이르는 비결'이다. 우리는 영광스러운 하나님과 교제할 때마다 새로운 영광의 빛을 받아 어두운 세상에 비출 수 있다.

당신은 모세 이야기를 기억할 것이다. 어떤 사람은 설화라고 하지만 그 이야기는 분명한 역사적 사실이다. 모세는 산에 올라가 40일 동안 하나님과 교제하며 이루 말할 수 없는 영광을 받고 내려왔다. 그리고 얼굴에 광채가 나는 줄도 모르고 이스라엘 백성에게 다가갔다. 백성은 그 광채가 너무 강렬하고 영광스러워 모세를 대할 수 없었다. 그러자 하나님의 사람 모세는 수건으로 얼굴을 가리고 백성을 대했다.

이처럼 세상을 멀리하고 기도의 산에 올라가 오랫동안 하나님과 대면하고 대화하면 그분의 영광의 빛을 받게 된다. 우리가 기도의 산에서 내려와 사람들을 대할 때, 비록 실제로 우리의 얼굴에서 광채가 나지 않는다 해도(나는 가끔 우리의 얼굴이 빛나기도 한다는 사실을 믿는다.) 우리의 인격이 변화되고 빛난다는 사실을 잊지 말아야 한다. 우리는 날마다 모든 시간에 하나님과 교제하며 새로운 영광의 빛을 받아 소망 없고 암담한 세상에 빛을 반사해야 한다. 바로 여기에 예수님을 닮아 갈 수 있는 비결이 있다. 하나님과 오랫동안 깊은 교제를 나누라. 하나님과 깊이, 오랫동안 교제하지 않으면 그분을 닮을 수 없다.

존 웰치(John Welch)는 스코틀랜드 역사상 가장 위대한 사람 중 한 명이다. 그는 스코틀랜드의 위대한 종교 개혁가 존 녹스(John Knox)의 사위였다. 장인만큼 이름이 알려지지는 않았지만 어떤 의미에서는 존 녹스보다 훨씬 위대한 사람이었다. 많은 사람이 존 녹스가 "하나님, 스코틀랜드를 제게 주옵소서. 아니면 제게 죽음을 주옵소서."라고 기도했다고 믿는다. 그러나 이 기도는 바로 존 웰치가 죽기 직전에 기록한 기도다.

존 웰치는 날마다 일고여덟 시간을 은밀히 기도하며 보내지 못해서 가슴 아파했다. 그러나 그가 임종할 때, 이 하나님의 사람을 어릴 적부터 잘 알던 한 스코틀랜드 노인은 이렇게 말했다. "존 웰치는 그리스도의 모형이다." 물론 이 말에는 어폐가 있다. 하지만 그 노인의 말은 예수님이 존 웰치에게 자신의 인격을 도장 찍으셨다는 의미다. 예수 그리스도께서 언제 그런 일을 하셨는가? 웰치가 하루에 일고여덟 시간을 기도로 주님과 깊이 교제할 때 그렇게 하셨다.

하나님이 많은 그리스도인에게 하루에 일고여덟 시간 기도하라고 명령하지는 않으셨을 것이다. 그러나 지금 기도하는 것보다 더 많은 시간을 드리라고 요구하신다는 것은 확신한다. 이것이 성화의 비결이다. 우리가 진실로 거룩해지고 그 거룩함을 유지할 수 있는 길은 이것뿐이다.

우리는 "너 성결키 위해"(새찬송가 420장)라는 찬송을 자주 부른다. 나는 요즘, 우리가 이 찬송을 더 많이 불렀으면 좋겠다.

정말 성결해지기 위해서는 시간이 필요하다. 시간 없이 즉각적으로 성결해질 수는 없다. 그리고 그 시간의 대부분은 하나님과의 은밀한 기도에 드려져야 한다. 많은 사람이 자칭 그리스도인이라고 공언하는 사람에게서 주님의 인격과 형상을 거의 찾아볼 수 없음에 놀라워한다. 하지만 그리스도인들의 평균 기도 시간이 얼마나 짧은지 다시 생각해 보았을 때, 나는 오히려 우리가 주님을 많이 닮았다는 것이 놀랍다.

**기도는 우리가 하는 일에
하나님의 능력이 임하게 한다**

기도는 우리 자신의 성화를 촉진할 뿐만 아니라 우리의 사역에 하나님의 능력이 임하게 한다.

"너는 알지 못하였느냐 듣지 못하였느냐 영원하신 하나님 여호와, 땅 끝까지 창조하신 이는 피곤하지 않으시며 곤비하지 않으시며 명철이 한이 없으시며 피곤한 자에게는 능력을 주시며 무능한 자에게는 힘을 더하시나니 소년이라도 피곤하며 곤비하며 장정이라도 넘어지며 쓰러지되 오직 여호와를 앙망하는 자는 새 힘을 얻으리니 독수리가 날개치며 올라감 같을 것이요 달음박질하여도 곤비하지 아니하겠고 걸어가도 피곤하지 아니하리로다"(사 40:28-31).

자신이 하는 봉사에 하나님의 능력을 힘입는 것은 하나님의 자녀에게 주어진 특권이다. 효과적이고 열매 맺는 사역을 위해서는 하나님의 능력이 절대적으로 필요하다. 위에 언급한 이사야 40장 말씀은 하나님을 앙망함으로 하나님의 능력을 얻을 수 있다고 분명히 말한다.

예전이나 지금이나 많은 그리스도인이 모임에서 이렇게 간증한다. "저의 연약하고 부족한 방법과 힘을 가지고 하나님을 섬기고 있습니다." 당신이 연약하고 무력한 방법으로 하나님을 섬기고 있고 또 섬기려고 노력한다면 당장 그만두기를 바란다. 우리는 주님께서 주시는 강하고 당당한 방법으로 하나님을 섬겨야 한다.

어쩌면 당신은 천부적인 능력이 없다고 말할지도 모른다. 그렇다면 초자연적인 능력을 받아야 한다. 기독교는 처음부터 끝까지 초자연적인 종교다. 그러므로 당신이 정말 그리스도인이라면 초자연적인 능력, 즉 예수 그리스도를 통해 주시는 하나님의 능력으로 살아야 한다. 또한 당신이 정말 구원받은 그리스도인이라면 초자연적인 능력, 즉 그리스도를 통해 성령님이 주시는 하나님의 능력으로 봉사하고 사역해야 한다.

당신은 또 이렇게 말할지도 모른다. "저는 천부적인 재능이나 은사가 없습니다." 그렇다면 초자연적인 은사를 받아야 한다. 성령님은 하나님의 부르심을 받아 특별한 봉사와 사역을 하는 모든 그리스도인에게 초자연적인 은사를 주겠다고 약속하셨다. 그러니 우리는 우리가 하는 모든 봉사와 사역을 위해서 기도로 하나님의 능력을 힘입어야 한다.

"이 모든 일은 같은 한 성령이 행하사 그의 뜻대로 각 사람에게 나누어 주시는 것이니라"(고전 12:11).

당신은 자녀를 가진 부모인가? 자녀를 주님의 교훈과 훈계로 양육하기 위해 하나님으로부터 오는 능력을 원하는가? 하나님은 당신에게 자녀를 주님의 교훈과 훈계로 양육할 것을 명령하신다.

"또 아비들아 너희 자녀를 노엽게 하지 말고 오직 주의 교훈과 훈계로 양육하라"(엡 6:4).

하나님은 결코 불가능한 것을 명령하지 않으신다. 하나님께서 당신에게 주님의 훈계와 교양으로 자녀를 양육하라고 명령하셨을 때, 그것이 실현 가능한 일이라는 사실을 명심해야 한다. 당신의 자녀 가운데 아직도 구원받지 못한 자녀가 있다면 부끄러운 일이다. 사도 바울은 빌립보 감옥의 간수에게 "주 예수를 믿으라 그리하면 너와 네 집이 구원을 받으리라"(행 16:31)라고 말했다.

그렇다. 자녀를 예수님께 인도하는 것은 모든 부모의 중대한 책임이다. 그러나 그 일을 위해 능력을 달라고 하나님께 기도하지 않으면 결코 이루어질 수 없다.

내가 목회를 처음 시작할 때, 우리 교회에는 훌륭한 그리스도인 자매가 있었다. 그녀는 여섯 살짜리 아들을 두었는데 내가 이제까지 본 아이들 중 가장 골칫거리 문제아였다. 어느 주일 아침, 예배가 끝나자 그 자매가 오더니 "저, 목사님도 아시다시피…" 하고 말꼬리를 흐렸다.

나는 무슨 뜻인지 얼른 알아차리고 "저도 자매의 아이를 잘 압니다." 하고 대답했다. 사실 그 동네의 모든 사람이 그 아이를 알고 있었다.

"목사님도 아시겠지만 제 아이는 좋은 아이가 아닙니다."

"예, 저도 그렇게 좋은 아이가 아닌 줄을 압니다." 이것은 정말 완곡한 표현이었다. 사실 그 아이는 이웃 사람들의 공포와 비난의 대상이었다.

그러자 자매는 침울한 얼굴로 어떻게 하면 좋겠냐고 내게 물었다.

나는 이렇게 물었다. "그 아이를 위해 기도한 적이 있습니까?"

"예, 물론 기도하고 있습니다."

"제가 말하는 것은 그런 의미가 아닙니다. 정말 그 아이를 거듭나게 해 달라고 하나님께 분명히 기도하고, 하나님이 그렇게 하실 것을 믿고 기다리고 있습니까?"

"솔직히 말씀드려 그렇게 기도하지는 못했습니다."

"그렇다면 이제 집에 돌아가 꼭 그렇게 기도하기 바랍니다."

그 자매는 집에 돌아가 정말 간절한 마음으로 아이를 위해 기도했다. 바로 그날, 그 주부터 아이는 놀랍게 변하기 시작했다.

부모들이여, 당신의 모든 자녀를 구세주께 인도하는 것은 특권이다. 자녀의 구원을 위해서는 하나님과 교제하며 기도하는 데 많은 시간을 투자해야 한다. 또한 당신을 주님께 헌신하며, 당신의 삶에서 잘못된 것을 고백하고 고쳐야 한다. 또한 기도의 필요조건을 충족시켜야 한다.

아직도 구원받지 못한 자녀가 있다면 하나님과 동행하며, 현재 그 자녀의 상태에 대한 책임을 통감하고, 당신의 삶에서 잘못된 것을 발견하게 해 달라고 기도하라. 그리고 하나님 앞에 겸손하게 죄를 고백하고, 아이들의 분명한 중생을 위해 진지하고 겸손하게 매달리라. 모든 자녀가 분명하고 확실하게 회심하고 거듭난 것을 확신하기까지 당신의 기도와 모든 노력을 멈추지 말라.

당신은 주일 학교 교사인가? 정말 모든 학생이 거듭나는 것을 보기 원하는가? 당신은 주일 학교 교사로서 마땅히 그 거듭남을 보아야 한다. 그들에게 성경 지리와 역사 혹은 교리를 가르쳐야 할 뿐만 아니라 모든 학생이 구원받게 해야 한다. 당신은 그들의 구원을 위해 하나님으로부터 능력을 받기 원하는가? 그렇다면 기도하라.

나의 동역자 알렉산더(Alexander)와 호주 시드니에서 집회를 열었을 때의 일이다. 집회 장소는 5,000명밖에 들어갈 수 없는 시립 체육관이었다. 그런데 사람들이 너무 많이 와서 두 그룹으로 나누어 집회를 했다. 오후에는 여자, 밤에는 남자만 오게 해서 말씀을 전했다.

어느 주일 오후, 시드니 시립 체육관은 여자들로 꽉 찼다. 나는 말씀을 전한 후 결신자를 초청하며 그들에게 예수 그리스도를 구세주로 영접하고 그들의 삶을 주님께 드릴 것을 요구했다. 그들은 사람들 앞에서 예수님을 주님으로 고백하고 날마다 모든 생활에서 주님을 기쁘게 해 드릴 것을 약속했다. 강단 왼쪽 줄에 있던 스무 살쯤 되어 보이는 여자 열여덟 명도 모두 일어서서 결신했다. 나는 그들이 나란히 서 있는 것을 보고 속으로 어떤 사람이 인도하는 성경 공부 회원일 것이라고 생각했다. 그들은 결신한 후에 다른 자매들도 데리고 와서 예수 그리스도를 구주로 영접하게 했다.

집회가 끝나자 한 젊은 자매가 얼굴에 가득 미소를 지으며 내게 와서 이렇게 말했다. "그 자매들은 제가 인도하는 성경 공부반 회원입니다. 저는 열여덟 명 모두 회개하고 예수 그리스도를 영접하게 해 달라고 간절히 기도해 왔습니다."

한번은 우리가 영국 브리스틀에서 집회하고 있을 때였다. 그 도시의 어떤 훌륭한 공장주가 자기 고용인들에게 성경을 가르치고 있었다. 그는 스물두 명으로 구성된 성경 공부반을 만들어 열심히, 진지하게 성경을 가르쳤다. 그는 우리의 집회 소식을 듣고 성경 공부반 회원 모두 집회에 참석해 나의 메시지를 듣도록 초대했다. 그중 스물한 명이 참석했고, 그날 집회에서 스무 명이 그리스도를 구주로 영접했다. 그리고 다른 한 명은 모든 사람이 집으로 돌아간 뒤 혼자 남아 그리스도를 영접했다. 이들은 모두 돌아오는 길에 집회에 참석하지 않은 한 사람에게 모였고, 그도 그리스도를 받아들였다.

그 공장주는 성경 공부반 모두의 구원을 위해 간절히 기도했고 기도 응답을 위해 어떤 대가라도 기꺼이 치를 각오를 하고 있었다. 진정 모든 주일 학교 교사가 학생들의 구원과 헌신을 위해 기도한다면 놀라운 부흥이 일어나고야 말 것이다.

당신은 공식 석상에서 강의나 설교를 많이 하는가? 그런 사역에 능력을 더하길 간절히 원하는가? 그렇다면 기도하라. 나는 몇 년 전 보스턴에서 목격한 사건을 결코 잊을 수 없다. 그 사건은 미국의 트레몬트 템플 침례교회에서 열린 국제기독교지도자대회에서 일어났다.

그 대회에는 3,500명이 참석했다. 나는 그때 사회를 맡는 영광을 얻었다. 토요일 오전 11시, 트레몬트 템플 회의장은 발 들여놓을 데가 없을 정도로 가득 찼다. 모든 좌석은 물론이고 통로와 서 있을 만한 공간은 모두 사람들로 꽉 찼다. 회의장 밖에서는 아직도 들어오지 못한 수많은 사람이 입장을 허락해 달라며 아우성쳤다. 그 집회에 참석한 사람들은 어느 모로 보나 훌륭한 사람들이었다. 내가 서 있는 연단 뒤에는 보스턴뿐만 아니라 뉴잉글랜드에서 온 탁월한 사역자들이 앉아 있었고, 앞에는 교회의 지도자뿐만 아니라 사회, 경제, 정치적으로 아주 훌륭한 지도자들이 앉아 있었다.

다음 프로그램의 강사를 소개하기 위해 강단에 섰을 때, 나는 심장이 내려앉았다. 다음 강사가 여자였기 때문이다. 당시 나는 여자가 공식 석상에서 강연하는 것에 대해 편견을 가지고 있었다.

그 여성은 그리스도인이라고 자처하는 장로교인이었다. 소위 '세상적인 그리스도인'으로, 춤추러 다니고 카드놀이하고 극장에 즐겨 갔다. 그러나 그녀는 내가 해보지 못한 경험을 가지고 있었다.

어느 날 밤 그녀는 뉴욕의 아름다운 자기 집에서 석간신문을 읽다가 남편에게 이렇게 말했다. "여보, 제리 매콜리(Jerry McAuley)의 전도 집회 회원들이 워터 스트리트에서 아주 좋은 일을 한다는데 우리도 가서 도와요." 그녀의 남편은 아내를 무척이나 좋아하며 친절하고 마음이 너그러운 사람이었지만 세상적인 그리스도인이었다. 그는 신문을 접어 두고 "좋소, 갑시다!" 하고는 외투를 걸치고 워터 스트리트를 향해 출발했다.

그들이 그곳에 도착했을 때 집회 장소는 이미 초만원을 이루었다. 그들은 가까스로 앉아 구원받은 사람들의 이야기를 차례로 들었다. 그러자 새로운 관심과 흥미가 생기기 시작했다. 새로운 세계가 그들에게 열린 것이다. 그 여자가 남편에게 속삭였다. "우리가 저 사람들을 돕는 것이 아니라 저 사람들이 우리를 돕는군요. 저들은 분명 우리에게는 없는 어떤 것을 갖고 있어요."

그리고 초청 시간이 시작되자 옷 잘 입고 교양 있는 이 부부는 앞으로 나와 워터 스트리트의 다른 부랑자들과 함께 강단 앞에 무릎 꿇었다.

사실 그때까지만 해도 그녀에 대해 나는 별로 아는 바가 없었다. 오직 순서지에서 그녀의 이름만 보았을 뿐이었다. 처음에 나는 마음이 심히 동요하며 이런 생각이 들었다. '훌륭한 청중들에게 이런 여자가 연설을 하다니, 이것은 좋은 기회를 낭비하는 것이다.'

그러나 나는 프로그램을 바꿀 수 있는 위치가 아니었다. 오직 이 여성을 소개할 뿐이었다. 나는 모든 예의를 갖추고 정중히 청중에게 소개했다.

그리고 의자에 앉아 손에다 얼굴을 파묻고 이 난관에서 구해 달라고 하나님께 기도하기 시작했다.

몇 년 후 내가 애틀랜타에 갔을 때, 그 도시의 유명한 그리스도인 지도자 중 한 사람이 그때를 회상하며 웃으면서 말했다. "저는 당신이 보스턴 회의에서 그 여자를 소개하던 장면을 결코 잊을 수 없습니다. 마치 부끄러운 일이라도 한 것처럼 손으로 얼굴을 감싸 쥐고 있었지요."

그랬다. 당시 나는 소개를 끝내고 자리로 돌아와 기도하기 시작했다. 얼굴을 손에 깊이 파묻고 기도하면서 청중을 바라보았다. 그 순간 놀라운 장면을 목격했다. 그 여자가 서서 간증하는 동안 3,500명의 모든 눈이 그녀에게 집중되었고, 그들은 너무나도 진지하게 듣고 있었다.

곧이어 수많은 남녀 청중이 손수건을 꺼내 눈물을 닦는 것이 아닌가! 그들은 울지 않은 척하며 마치 바람이 불어 눈에 먼지가 들어가 닦는 것처럼 보이려 했다. 나는 그들이 앞에 있는 의자에 머리를 대고 마치 심장이 터질 것처럼 흐느끼는 것을 똑똑히 보았다. 그 여자의 놀라운 간증이 채 끝나기도 전에 모든 청중이 능력 있는 간증에 강타당하고 말았다. 그것은 마치 강한 회오리바람에 휩쓸린 나무와 같았다.

이 놀라운 사건은 토요일 아침에 일어났다. 그렇게 월요일이 되자 당시 보스턴의 유명한 감리교회 목회자인 브로드벡(Broadbeck) 박사가 나를 찾아 왔다. 그리고는 감정에 북받친 어조로 이렇게 말했다. "토레이 형제, 저는 지난 토요일 아침에 목격한 놀라운 사건을 생각할 때마다 터져 나오는 눈물을 막을 길이 없습니다. 어제 우리 교회의 대예배에서도 교인들에게 그 감격적인 사건을 이야기하다가 목이 메어서 더 이상 말을 할 수 없었습니다."

여자의 놀라운 간증이 끝났을 때 우리 중 몇 사람이 그녀에게 다가가서 "하나님이 오늘 자매님을 놀랍게 사용하셨습니다." 하고 인사했다.

그러자 그녀는 다음과 같이 놀라운 대답을 했다. "그 비결을 알고 싶습니까? 어젯밤에 저는 태어나서 처음으로 그 많은 사람 앞에서 간증한다고 생각하니까 도저히 자신이 없었습니다. 그래서 저는 밤새도록 능력을 달라고 하나님께 간절히 기도하고 그분께 의뢰했습니다."

우리가 밤을 새워 가면서 하나님께 더 깊이 기도한다면, 영혼들을 만날 때 능력 있는 시간을 보낼 것이다.

02

우리의 구원과 축복

"의인의 간구는 역사하는 힘이 크니라"(약 5:16).

"의인의 간구는 역사하는 힘이 크니라." 이 말씀은 기도가 아니고서는 도무지 불가능한 일을 가능하게 할 수 있는 능력을 가진 다른 것이 없다는 뜻이다.

이 구절은 RV성경(Revised Version)에 더 분명히 설명되어 있다. "의인의 간구는 큰 역사를 일으키느니라." 이 번역은 KJV성경(The King James Version)보다 정확하게 번역했을 뿐만 아니라 더 많은 의미를 내포한다. 물론 실제로 그 뜻에 있어서는 RV성경이나 KJV성경이나 동일하다. 이 구절은 기도에 효과가 있으며, 기도가 '일(역사)하기' 때문에 많은 도움이 된다고 가르쳐 준다. 그렇다. 기도는 분명히 일한다.

많은 사람이 기도와 일을 다르게 생각한다. 내가 아는 브루클린의 어떤 주일 학교에서 봉사하는 형제도 그랬다. 어느 날 주일 학교 부장이 그에게 기도를 부탁했다. 그러자 그 형제는 일어나서 이렇게 말했다. "저는 기도하는 그리스도인이 아닙니다. 기도보다는 오히려 일하는 그리스도인입니다."

그러나 기도하는 것이 곧 일하는 것이다. 기도는 우리가 할 수 있는 일 중에서 가장 효과적인 일이다. 우리는 기도를 통해 다른 어떤 형태의 노력으로 할 수 있는 일보다 더 많은 일을 해낼 수 있다. 게다가 우리가 상상할 수조차 없는 역사를 일으키는 진정한 기도만큼 더 많은 노력을 필요로 하는 힘든 일도 없다.

나는 알렉산더와 두 번째 연속 집회를 갖기 위해 영국 리버풀에 갔다. 그때 도시의 교구장 중 한 사람이며, 영국 국교회의 지도적 인물인 머스그레이브 브라운(Musgrave Brown) 목사가 전도대회 회장직을 맡아 수고하고 있었다. 그는 전도대회를 준비하다가 너무 과로한 나머지 건강에 문제가 생겼다. 대회를 시작한 첫 주에 이런 일을 당하자 그는 하는 수 없이 의사의 권고대로 요양을 위해 스위스로 가게 되었다. 스위스에 도착하자 그는 곧 나에게 편지를 써서 보냈다.

"저는 그 집회를 위해 더 많이 수고하고 참여하기를 원했지만 결국 수천 킬로미터 떨어진 이곳에 와서 아무것도 할 수 없게 되었습니다. 이제 여기서 할 수 있는 것은 오직 기도뿐입니다. 기도는 누구나 할 수 있는 가장 위대한 일이지 않습니까? 진정한 기도는 어떤 일보다도 더 큰 역사를 이룰 것입니다."

그렇다. 기도는 분명히 역사를 일으킨다. 진정한 기도는 사치스러운 예배보다 더 엄청난 결과를 맺는다. 그렇기에 기도는 쉽지 않지만 모든 사역 가운데 가장 효과적이고 능력 있다. 우리는 같은 시간과 노력을 들일 때, 노력으로 얻는 결과보다 더 많은 열매를 기도로 맺을 수 있다.

RV성경은 KJV성경에 '기도'(prayer)로 번역된 헬라어 단어를 '간구'(supplication)라고 번역했다. 이는 KJV성경이 여러 헬라어 단어들을 단순히 '기도'라고 번역했기 때문이다. 그런데 이 단어들은 사실 의미상 조금씩 다른 결을 가지며, 때로는 아주 중요한 차이를 보이기도 한다.

함께 읽은 야고보서 5장 16절에서 KJV성경이 '기도'라고 번역한 헬라어 단어도 그렇다. 실제로 이 단어의 주요한 의미는 '필요'다. 따라서 이 본문의 성경 구절은 하나님께 드리는 구체적이고 결연한 기도가 매우 '필요하다'고 가르치는 것이다.

또한 '역사하는 힘'이라고 번역된 헬라어도 중요하다. 이 단어는 원래 '강해지다', '능력 혹은 세력을 소유하다', '능력을 행사하다'를 의미한다. 그러므로 이렇게 본문을 해석할 수 있다. '구체적이고 결연한 기도는 강한 능력을 행사한다.' 이러한 기도는 위대한 일을 성취한다.

야고보는 이 구절 다음에 즉시 엘리야의 기도의 기적을 등장시킨다.

> "엘리야는 우리와 성정이 같은 사람이로되 그가 비가 오지 않기를 간절히 기도한즉 삼 년 육 개월 동안 땅에 비가 오지 아니하고 다시 기도하니 하늘이 비를 주고 땅이 열매를 맺었느니라"(약 5:17-18).

구약성경은 빗방울은 커녕 이슬도 내리지 않았다고 분명히 말한다(왕상 17:1). 때가 되어 엘리야가 다시 기도하니 하늘이 비를 주고 땅이 열매를 맺었다. 무디는 이 구절을 다음과 같이 생생하게 묘사한다.

"엘리야는 3년 6개월 동안 하늘을 자물쇠로 잠그고 그 열쇠를 주머니에 넣었다."

3년 6개월, 아니 3일 동안일지언정 어떻게 하늘을 닫게 할 수 있는가? 그것은 가장 절박한 필요를 갖고 기도함으로 가능하다. 우리가 이런 일을 하기 위해서는 기도외에는 다른 방법이 없다. 분명하고 간절한 기도만이 할 수 있다. 따라서 다음과 같은 중차대한 질문을 해야 한다. '우리에게 지금 기도해야 할 분명한 이유가 있는가?'

우리는 기도가 성취하는 대단히 중요한 두 가지 일을 살펴보았다. 첫째, 기도는 그리스도인 각 개인의 성화와 경건, 신앙의 성장을 촉진해 구주 예수 그리스도의 형상을 닮게 한다. 둘째, 기도는 우리의 사역에 하나님의 능력이 임하게 한다. 이제 또 다른 성경 말씀을 통해 진정한 기도가 가져오는 중대한 것들을 살펴보자.

기도는 다른 사람을 구원한다

"누구든지 형제가 사망에 이르지 아니하는 죄 범하는 것을 보거든 구하라 그리하면 사망에 이르지 아니하는 범죄자들을 위하여 그에게 생명을 주시리라 사망에 이르는 죄가 있으니 이에 관하여 나는 구하라 하지 않노라"(요일 5:16).

요한일서 5장 16절은 기도와 기도의 놀라운 능력에 대한 가장 중요한 말씀 가운데 하나다. 이 구절은 가장 놀라운 말씀이며 가장 즐겁고 환희에 찬 말씀이다. 하나님은 이 말씀을 통해 기도는 기도하는 자에게 복을 가져올 뿐만 아니라 가장 놀라운 모든 복, 즉 우리가 기도하는 사람들에게 영생의 복을 가져다준다는 것을 알려 준다.

우리 형제 중에 어떤 사람이 (도저히 용서받을 수 없는 죄를 제외하고) 사망에 이르지 않는 죄를 범하는 것을 보았다면 그 사람을 위해 기도하라. 그러면 하나님은 응답하신다. 하나님은 우리가 기도하는 사람에게 생명과 영생을 틀림없이 주신다.

그런데 종종 하나님의 치유에 대해 언급하며, 이 구절의 '영생'이라는 말이 단지 자연적이거나 육체적인 생명을 말한다고 해석하는 사람이 있다. 그들은 사망에 이르는 죄를 범하지 않은 사람은 기도를 통해 육체적 생명을 얻는다고 생각한다. 그러나 이 해석은 잘못된 것이며 도저히 불가능한 생각이다.

사도 요한은 자신의 서신에서 '생명'이라는 단어를 두 가지 의미로 사용했다. 하나는 육체적 생명을 말하고 다른 하나는 영적 생명 혹은 영원한 생명을 지칭한다. 이 구절은 단순히 육체적 생명에 대해 언급하는 것이 결코 아니다. 요한이 쓴 복음서와 서신, 요한계시록에는 거의 예외 없이 생명이라는 말을 영원하고도 영적인 생명으로 사용했다.

그러므로 여기서 사용한 생명이라는 단어는 육체적 죽음에서 구원받는 육체적 생명이 아니라, 사망에 이르지 아니한 자를 위해 기도할 때 그가 영적 생명, 즉 영원한 생명을 얻을 수 있다는 것을 의미한다. 이 구절은 정말 놀라운 진리며 용기와 위로가 가득 담긴 말씀이다.

우리는 다른 어떤 방법보다 기도로 수많은 영혼을 구원할 수 있다. 그러나 이 말은 영혼을 구원하기 위해 단지 기도만 하고 있으라는 의미가 결코 아니다.

많은 그리스도인이 불신자들에게 가서 직접 그리스도를 전하기를 꺼린다. 그들은 영혼 구원을 위해 기도함으로 의무를 다했다고 떠들어 댄다. 그리고 의무에 대한 태만과 전도에 대한 두려움을 해소하고 변명할 구실로 기도를 한다. 그리스도인들이 직접 전도하지 못한 책임을 회피하고 은폐하기 위한 수단으로 마음에도 없는 기도를 하고 있는 것이다.

이런 기도는 거짓된 기도며 하나님은 그들의 순수하지 못한 기도에 아무런 관심도 갖지 않으신다. 하나님은 의무에 대한 태만을 변명하고 합리화할 대용품으로 기도를 주신 적이 없으시다.

우리가 진정으로 영혼을 사랑하며 그들의 영혼 구원을 위해 기도한다면 직접 찾아가 그리스도의 복음을 전해야 한다. 그들의 영혼을 위해 복음을 직접 전하면서 온 마음을 쏟아 기도한다면 정말 놀라운 기적의 역사가 일어날 것이다.

당신은 당신이 기도하는 사람에게 직접 가서 복음을 전했는가? 혹은 그 사람에게 가서 복음을 전했다고 스스로 만족하는가? 아니다. 계속해서 그 영혼을 위해 기도하라.

주님도 다른 방법으로 성취할 수 없었던 일을 기도로 능히 해결하셨다. 시몬 베드로의 경우를 생각해 보자. 베드로는 굉장한 자신감을 가지고 주님께 자기의 결심을 단호히 말했다. 하지만 그는 정말 절박한 위기 속에 빠져들고 있었다. 주님은 베드로의 이런 자신감과 자만심을 지적하고 경고하시면서 그 자신감에서 빠져나올 것을 촉구하셨다.

주님은 베드로에게 시험이 닥쳐와서 당신을 부인할 것을 분명히 말씀하셨다. 그러나 베드로는 자신감에 넘쳐 이렇게 외쳤다. "모두 주를 버릴지라도 나는 결코 버리지 않겠나이다"(마 26:33). 그리고 다시 "주여 내가 지금은 어찌하여 따라갈 수 없나이까 주를 위하여 내 목숨을 버리겠나이다"(요 13:37)라고 했다. 교훈도 실패하고 경고도 실패해 버리고 말았다. 결국 주님은 이렇게 기도하셨다.

"시몬아, 시몬아, 보라 사탄이 너희를 밀 까부르듯 하려고 요구하였으나 그러나 내가 너를 위하여 네 믿음이 떨어지지 않기를 기도하였노니 너는 돌이킨 후에 네 형제를 굳게 하라"(눅 22:31-32).

사탄은 결국 베드로를 자신의 수중에 넣고 밀 까부르듯 마음대로 놀렸다. 이 가련한 베드로는 형편없는 만신창이가 되어 씻을 수 없는 수치와 모욕을 당했다.

안나스와 가야바의 뜰에서 세 번이나 주님을 부인하고 맹세와 저주를 했던 시몬을 반석의 사람 베드로로 바꾼 것은 예수님의 간절한 기도였다. 그분의 기도로 놀랍게 변화된 베드로는 예수님을 십자가에 못 박고 욕설과 저주와 비난을 퍼부었던 사람들에게 담대히 외쳤다.

"이에 베드로가 성령이 충만하여 이르되 백성의 관리들과 장로들아 만일 병자에게 행한 착한 일에 대하여 이 사람이 어떻게 구원을 받았느냐고 오늘 우리에게 질문한다면 너희와 모든 이스라엘 백성들은 알라 너희가 십자가에 못 박고 하나님이 죽은 자 가운데서 살리신 나사렛 예수 그리스도의 이름으로 이 사람이 건강하게 되어 너희 앞에 섰느니라"(행 4:8–10).

기도는 죄와 부패의 가장 깊은 부분까지 내려가 모든 가능성과 소망이 끊어져 절망의 상태에 빠진 사람들을 구원한다. 그리고 가장 높은 보좌에 앉으신 하나님의 아들 곁으로 그들을 인도한다.

몇 년 전에 무디가 처음으로 시카고에서 사역하고 있을 때, 자포자기 상태에 빠진 한 청년이 그 모임에 참석해 교인들을 괴롭히며 방해했다. 그는 스코틀랜드 사람으로 아주 경건한 어머니 밑에서 자랐다. 하지만 성장하면서 유년 시절의 모든 성경의 교훈과 어머니의 보살핌에서 빠져나와 방황하기 시작했다. 젊은이는 시카고에 있는 다른 불량배들의 협박과 유혹도 받았다.

어느 날 저녁, 그는 어떤 오래된 교회에 가서 술병을 들고 밖에 서 있다가 교회에서 나오는 교인들에게 술을 권하며 조롱했다. 그 후 다른 날 저녁에도 같은 교회에 가서 사역자들을 괴롭히고 방해했다.

하루는 그 교회의 목사인 휘틀(Daniel W. whittle)이 두 젊은이들과 이야기하며 교제하고 있었다. 이 절망적인 스코틀랜드 청년은 계속해서 그들을 비방하고 조롱하며 괴롭혔다. 결국 휘틀 목사는 그에게 이렇게 말했다. "진정으로 당신 영혼의 가치를 안다면 놀랍게 변화될 것일세." 그 청년은 비웃었다. 하지만 그 순간에도 스코틀랜드에 있는 늙은 어머니는 아들을 위해 계속 기도하고 있었다.

어느 날 밤 그는 침대에 누워 전처럼 여러 가지 사악하고 방탕한 생각을 하느라 밤이 깊도록 잠을 이루지 못하고 있었다. 경건한 그의 어머니는 그 시간에도 간절히 아들의 영혼을 위해 기도했다. 드디어 하나님은 그 어머니의 기도에 응답하셨다. 갑자기 그 청년의 마음속에 잊혔던 로마서 말씀이 떠오른 것이다.

> "일을 아니할지라도 경건하지 아니한 자를 의롭다 하시는 이를 믿는 자에게는 그의 믿음을 의로 여기시나니"(롬 4:5).

그 로마서 말씀이 청년의 가슴을 파고들었다. 청년은 침대 위에서 예수 그리스도를 자신의 구주와 주님으로 모셔 들였다. 그리고 자기의 죄를 눈물로 회개하며 하나님께 은혜를 간구했다. 그 청년은 놀랍게 변화되었다.

드디어 그는 무디교회의 가장 활동적이고 도움이 되는 그리스도인이 되어 헌신적으로 일하게 되었다. 내가 그 교회 목회자로 부임했을 때는 정말 신실한 사역자가 되어 많은 영혼을 그리스도께 인도하고 있었다. 하나님은 그를 놀랍게 사용하셨다.

청년은 회심하고 구원받은 후 얼마 지나서 스코틀랜드에 있는 어머니를 찾아갔다. 그에게는 두 명의 형제가 있었는데 한 명은 사업을 했으며 불행히도 불가지론자였다. 그러나 경건한 어머니와 회심한 청년은 그를 위해 간절히 기도했다. 결국 그 형제도 회심하고 하나님의 사역에 전적으로 헌신하게 되었다.

그 후 두 형제는 자유교회대학(Free Church College)에서 해외 선교 사역을 준비한 후 스코틀랜드 자유교회 선교부의 후원 아래 30년 동안 인도에 가서 의료 선교를 했다.

아직 또 다른 형제가 한 명 남아 있었다. 그 어머니와 두 형제는 그가 이 세상 어디에 있는지 도저히 알 수 없었다. 아마 어느 바다를 방랑하고 있을지도 모른다고 추측할 뿐이었다. 그들은 다시 무릎을 꿇고 방황하는 그를 위해 살아 계신 하나님께 간절히 기도했다.

그때 그들의 잃어버린 가족은 콜카타에서 그리 멀지 않은 벵골만의 어떤 배의 갑판 위에 있었다. 하나님의 영이 그 배의 갑판 위에 있는 아들에게 역사했다. 그도 결국 회심하고 구원받았다. 그리하여 무디교회의 신실한 그리스도인이 되어 봉사했으며, 내가 로스앤젤레스에 갈 때 동행하여 그곳에 있는 우리 교회에서 희생적으로 봉사하다가 영광스럽게 주님 곁으로 갔다. 기도는 지구의 반을 돌아 전혀 소망이 없는 것처럼 보이는 한 젊은이를 구원했다.

영국 맨체스터에서 집회를 인도하고 있을 때 어떤 훌륭한 사업가가 내게 와서 아들의 구원을 위해 기도해 달라고 부탁했다. 그는 이렇게 말했다. "제 아들은 케임브리지대학을 졸업한 우수한 법률가예요. 그런데 그가 아내와 두 아이를 버리고 어디론가 떠나 버렸습니다. 저는 그 아들의 행방을 알 수 없습니다. 목사님, 제 아들을 위해 기도해 주세요." 나는 기도하겠다고 약속했다.

몇 달 후에 내가 케직 사경회에서 설교하고 있을 때 그 훌륭한 사업가가 다시 와서 밴쿠버에서 아들을 찾았다고 말했다. 그리고 밴쿠버에 훌륭한 목사님을 알고 있느냐고 물었다. 나는 밴쿠버에서 사역하는 친구를 소개하며 명함을 주었다. 그 사업가는 기뻐하며 자기 아들의 구원을 위해 부탁하려고 나의 친구에게 전보를 보냈다.

하지만 다음 날 그가 와서 이렇게 말했다. "목사님, 한발 늦었습니다. 제 아들은 이미 밴쿠버를 떠났다고 합니다. 목사님, 제 아들을 위해 계속 기도해 주십시오." 나는 다시 기도하겠다고 약속했다.

한 해가 저물어 갈 무렵, 우리가 다시 리버풀에서 두 번째 연속 집회를 가졌을 때 그 아들은 아버지 몰래 영국으로 돌아와 리버풀에 거주하고 있었다. 드디어 하나님의 역사로 주일 오후 집회에 그 아들이 와서 예수님을 영접하고 그리스도인이 되었다. 그는 즉시 리버풀 감독 밑에서 열심히 성경 공부를 하게 되었다.

당신이 사랑하는 사람들 가운데 아직도 구원받지 못한 영혼이 있는가? 그들을 구원받게 할 수 있는 한 가지 방법이 있다. 그것은 바로 하나님의 보좌를 통하는 것이다. 살아 계신 주님이 그 보좌 위에서 우리를 위해 혹은 아직도 구원받지 않은 영혼을 위해 간구하고 계신다.

당신은 오직 하나님의 보좌를 통해 땅끝까지 이르러 사랑하는 사람들을 구원받게 할 수 있다. 당신은 기도로 지구 반대편에 있는 사람들도 구원받게 할 수 있다. 하나님은 그들이 어디에 있든지 다 아시며 우리의 기도에 응답하신다.

어떤 집회의 마지막 시간에 한 젊은 여자가 내게 와서 말했다. "저는 저보다 예순 살이나 더 많은 사람을 잘 아는데 수년 동안 그의 영혼 구원을 위해 기도하고 있습니다. 그러나 아직도 구원받지 않았습니다. 그렇지만 실망하지 않고 계속 기도하겠습니다."

그녀는 두 주 만에 내게 와서 기뻐하며 이렇게 말했다. "드디어 그가 그리스도를 구주와 주님으로 영접했습니다!"

그렇다. 정말 그렇다. "의인의 간구는 역사하는 힘이 많다." 우리가 기도의 능력을 더 깊이 체험하면 할수록 더 많은 사람이 예수 그리스도께 와서 구원받는 것을 분명히 볼 수 있다. 당신은 정말 사랑하는 사람의 영혼을 위해 구체적으로, 분명하게, 마음을 다해서 간구하고 있는가?

기도는 말씀 사역자에게 능력과 복을 가져온다

"구원의 투구와 성령의 검 곧 하나님의 말씀을 가지라 모든 기도와 간구를 하되 항상 성령 안에서 기도하고 이를 위하여 깨어 구하기를 항상 힘쓰며 여러 성도를 위하여 구하라 또 나를 위하여 구할 것은 내게 말씀을 주사 나로 입을 열어 복음의 비밀을 담대히 알리게 하옵소서 할 것이니 이 일을 위하여 내가 쇠사슬에 매인 사신이 된 것은 나로 이 일에 당연히 할 말을 담대히 하게 하려 하심이라"(엡 6:17-20).

사도 바울은 이 본문에서 에베소의 그리스도인들에게 자기를 위해 진심으로 기도해 달라고 요청한다. 에베소 교인들은 사도 바울의 사역을 위해 간절히 기도했으며 하나님은 그들의 간구에 응답하셨다. 그 결과 바울은 담대하고 능력 있게 복음을 전할 수 있었다.

사도 바울은 오직 한 교회를 제외하고 서신을 보낸 교회마다 이와 유사한 기도를 부탁했다. 그 한 곳은 갈라디아 교회였다. 갈라디아 교회는 영적으로 침체되어 있었다. 그러므로 이렇게 퇴보하는 교회는 바울을 위해 기도할 수 없었다. 그 외의 다른 모든 교회에는 자기를 위해 간절히 기도해 달라고 부탁했다.

여기서 능력 있는 기도가 복음의 사역자들에게 축복과 담대함과 열매를 가져다준다는 것을 알 수 있다. 사역자는 교인들의 기도를 통해 능력의 사람이 될 수도 있다. 아니면 교인들이 그를 위해 온 마음을 다해 기도하지 않음으로 무력해지고 실패할 수도 있다. 어떤 교회든 기꺼이 희생을 치른다면 능력 있는 목회자를 가질 수 있다. 그 희생이란 엄청난 사례금이 아니라 바로 위대한 기도다.

당신의 교회 목회자는 무능하고 복음을 분명히 알지 못하며 그것을 능력 있게 전파하거나 설교하지 못하는 사람인가? 새로운 목회자를 원하는가? 그렇다면 하나님이 그 무능한 목회자를 능력 있는 하나님의 사람으로 변화시키실 때까지 계속 목숨을 다해 기도하라. 하나님이 역사하실 때까지 기도하라.

몇 년 전, 영국의 콘월 지방의 교구 목사 한 사람이 아직까지 구원받지 못한 상태에 있었다. 그의 유일한 관심은 전통 있는 옛 교회의 예배당을 복원하는 것이었다. 그는 도무지 영적인 일에는 관심을 갖지 않았다. 하지만 그 교구에는 수많은 경건한 그리스도인이 있었다. 그들은 교구 목사가 구원받기를 하나님께 매달리며 기도했다. 그리고 주일마다 교회에 나가 하나님이 그들의 기도에 어떻게 응답하시는지 지켜보았다.

그러던 어느 날, 그 목사가 설교하려고 강단에 올라섰을 때 하나님은 그를 변화시키고 구원받게 하셨다. 그의 입에서는 놀라운 복음의 말씀이 터져 나왔다. 결국 그 경건한 그리스도인들의 간구가 응답받은 것이다. 그 교회의 모든 교인은 기쁨과 감격의 함성을 질렀다. "우리 목사님이 변화되고 구원받았다. 정말로 복음을 깨달았다." 이것은 사실이었다.

그는 복음을 분명히 깨닫고 구원받았을 뿐만 아니라 위로부터 오는 능력도 체험했다. 수년 동안 하나님이 그를 놀랍게 사용하신 결과, 영국의 많은 죄인이 구원받게 되었고 모든 성도가 복을 받았으며 침체되었던 교회가 활기를 되찾았다. 실로 영국 교회에 그런 위대한 인물을 찾아볼 수 없었다.

미국 코네티컷주 하트퍼드의 어떤 교회에는 복음을 올바르게 전하지 못하는 목회자가 있었다. 그러나 그가 진리를 전하지 않는다는 사실을 아는 교인도 몇몇 있었다. 그들은 아주 경건하고 복음을 분명히 깨달았으며 목회자를 정말 사랑하는 훌륭한 그리스도인이었다. 그들은 오직 네 사람뿐이었다.

목회자를 사랑하는 네 사람의 그리스도인들은 교인들을 찾아다니면서 목회자를 비난하거나 헐뜯으며 그에 대한 불만을 공공연히 표시하지 않았다. 오히려 토요일 저녁마다 만나 목회자를 위해 기도하기로 굳게 약속했다. 그렇게 매주 모여 간절히 기도하고 또 기도했다. 그리고 주일 아침 예배에 참석해 그들의 기도가 어떻게 응답되는지 지켜보았다.

어느 주일 아침에 그 목회자가 설교하려고 일어섰을 때, 그는 완전히 변화된 모습이었다. 하나님은 그 목회자의 생각과 그 자신을 완전히 변화시키셨다. 시어도어 쿠일러(Theodore L. Cuyler) 박사는 그에 관해 다음과 같이 기록했다. "하나님은 몇몇 교인의 간절한 기도로 변화된 그 목회자를 통해 하트퍼드에 가장 놀라운 부흥을 주셨다."

우리가 목회자에 대한 비판과 불만의 말을 그치고 그를 위해 더욱 기도한다면 우리 교회의 목회자는 훨씬 더 능력 있는 사역자가 될 것이다.

당신은 목회자를 좋아하는가? 당신의 목회자가 지금보다 훨씬 더 능력 있고 효과적인 목회자가 되기를 원하는가? 그렇다면 하나님이 그에게 새로운 지혜와 능력으로 옷 입혀 주실 때까지 계속해서 기도하라.

당신은 무디가 어떻게 그토록 세계적인 복음 전도자가 되었는지 아는가? 시카고에 대화재 사건이 있은 후 그는 돈을 벌어 가난한 사람들에게 먹을 것을 나눠 주고, 자신의 사업을 위한 새로운 건물을 준비하기 위해 오랫동안 시카고에 머물렀다. 그 후에는 휴식을 위해 영국으로 건너갔다. 그곳에서 설교하리라는 생각은 조금도 하지 않았다. 오직 스펄전(Charles H. Spurgeon)이나 조지 뮐러(George Müller)와 같은 위대한 설교자들의 설교를 듣기 위해 건너갔던 것이다.

그런데 런던 북쪽에 있는 어떤 회중 교회에서 주일 설교를 해 달라는 부탁을 받았다. 그 교회에는 레시(Lessey)라는 목회자가 사역하고 있었다. 무디는 사양했지만 간청에 의해 할 수 없이 수락했다. 주일 아침, 그는 설교하며 큰 어려움을 겪었다. 그는 몇 년 후에 나에게 그때의 상황을 이렇게 말해 주었다.

"저는 당시 아무런 능력도, 마음의 자유도 없었습니다. 마치 가파른 비탈길에 육중한 화물 열차가 달려 내려오는 것만 같았습니다. 설교를 하면서 저 자신에게 이렇게 울부짖었습니다. '왜 내가 설교한다고 수락했는가! 다른 사람의 설교를 들으러 왔는데 오히려 지금 이렇게 비참한 설교를 하고 있다니.' 저는 가까스로 설교를 끝내면서 안도의 숨을 내쉬었습니다. 순간 오늘 저녁에 또 설교해야 한다는 생각이 떠오르자 몹시 불안해졌습니다. 저는 레시 목사에게 그날 저녁 설교를 다른 사람에게 부탁해 달라고 간곡히 말했습니다. 그러나 목사는 허락하지 않고 제가 해야 한다고 도리어 더 부탁했습니다.

그날 저녁 저는 무거운 마음을 가지고 강단에 다시 섰습니다. 그런데 이상한 일이 일어났습니다. 보이지 않는 능력이 그 교인들에게 임하여 역사하는 것 같았습니다. 저는 긴 설교를 하지 않았습니다. 설교를 끝내고 결신자 초청을 하도록 저의 마음이 움직였기 때문입니다.

제가 결신자 초청을 하자 500여 명이 그 초청에 응해 일어났습니다. 저는 너무나 놀라 무엇인가 크게 잘못되었다는 생각이 들었습니다. 그래서 그들을 다시 앉게 하고 말했습니다. '여러분이 진심으로 그리스도를 영접하기 원한다면 예배가 끝난 후에 교육관에 다시 모여 목사님을 만나시길 바랍니다.'

강단 양쪽에는 교육관으로 통하는 문이 있었습니다. 결신자들은 그 문을 지나 조용히 교육관으로 들어가기 시작했습니다. 그때 저는 레시 목사에게 말했습니다. '목사님, 도대체 이 사람들이 누굽니까?' 그 목사는 모른다고 대답했습니다. 그래서 다시 이 교회 교인이냐고 물었습니다. 목사는 결신자 중 몇몇은 교인이라고 했습니다. 또다시 결신자들이 모두 그리스도인이냐고 물었을 때, 그 목사는 자기가 알기로는 모두 그리스도인이 아니라고 대답했습니다.

우리는 교육관으로 갔습니다. 저는 설교할 때보다 더 강하게 결신자 초청을 했습니다. 그랬더니 모두 그 초청에 응하여 일어섰습니다. 저는 아직도 무엇인가 잘못되었다고 생각하고 그들에게 다시 앉으라고 했습니다. 보다 더 강력한 표현과 방법으로 도전하며 결신 초청을 반복했습니다. 그런데 놀랍게도 그들 모두 일어나 결신 초청에 응했습니다.

저는 더욱더 무엇이 정말 크게 잘못되어 가고 있다고 생각하면서 이렇게 말했습니다. '저는 내일 아일랜드로 가야 합니다. 그러므로 여러분의 결심이 진심이라면 오늘 밤 여기서 목사님을 만나고 가시기 바랍니다.' 다음 날 저는 아일랜드에 도착하자마자 레시 목사로부터 급전을 받았습니다. '무디 목사님, 주일 밤보다 더 많은 사람이 몰려왔습니다. 우리 교회에 부흥이 일어났습니다. 꼭 오셔서 도와주셔야 되겠습니다.'"

무디는 그 전보를 받고 더블린에서 런던으로 급히 돌아와 집회를 계속 진행하고 인도했다. 그 결과 북런던의 교회에는 수백 명의 교인이 생겼고, 이 사건으로 무디는 전 세계를 휘젓는 대역사를 시작하게 되었다.

무디가 이야기를 마친 후 나는 "무디 목사님, 누군가가 틀림없이 기도하고 있었을 것입니다." 하고 말했다. 내 말이 끝나자마자 "제가 그 말을 하지 않았군요. 그것이 정말 중요한 것입니다."라고 하면서 말을 이었다. 그의 이야기를 간추려 보면 다음과 같은 놀라운 사건이 있었다.

그 교회에 두 자매가 있었는데 그중 언니는 몸이 아파 침대에 누워 있었다. 동생이 주일 아침 무디의 설교를 듣고 언니에게 가서 "오늘 아침에 누가 설교한 줄 알아?" 하고 물었다. 언니는 모른다고 대답했다. 그러자 동생은 잘 생각해 보라고 말했다. 그녀는 여러 사람을 생각해 보다가 레시 목사가 항상 설교를 했으니 오늘도 그랬을 것이라고 말했다.

동생이 아니라고 말하자 궁금한 나머지 그럼 누가 오늘 아침에 설교를 했느냐고 다그쳐 물었다. 동생이 "시카고에서 오신 무디 목사님이야."라고 말하자 언니는 거의 사색이 되어 이렇게 외쳤다.

"뭐라고? 시카고에서 무디 목사님이 오셨다고? 나는 미국 신문을 통해 목사님을 알게 된 후, 런던에 와서 우리 교회에서 집회하게 해 달라고 지금까지 하나님께 간절히 기도해 오던 중이야! 오늘 아침 그분이 우리 교회에서 설교하신다는 것을 미리 알았다면 아침을 먹지 않고 금식하면서 내내 기도했을 텐데. 지금 밖에 나가서 문을 잠그고 아무도 내 방에 들여보내지 마. 나는 지금부터 오후 내내 금식하면서 기도할 테니까 저녁 식사도 가져오지 못하게 해." 그러고 나서 그녀는 간절히 기도했다. 하나님은 그 자매의 기도를 듣고 드디어 응답하신 것이다.

하나님은 병상에 누운 성도의 기도에 응답하신 것처럼 당신의 기도도 듣고 응답하신다. 당신이 어느 교회에 속해 있든, 당신의 목사가 어떤 사람이든, 기도는 그를 능력의 사람으로 만들 수 있다. 당신의 목사가 이미 능력의 사역자라면 기도를 통해 지금보다 더욱 능력 있는 사역자로 만들 수 있다.

여기서 나의 간증과 체험을 조금 이야기하고 싶다. 내가 시카고에 간 것은 어떤 교회의 목사로 초빙되어서가 아니라 시카고복음협회의 성경학교(현 무디성경연구소) 학장으로 일하기 위해서였다. 나는 그곳에서 4년 동안 일했다. 그때 시카고 무디교회의 강단이 비었다. 그래서 무디와 나는 교인들에게 스코틀랜드 애버딘에 있는 아주 유능한 목회자를 담임 목사로 초빙할 것을 권고했다. 그들도 그러기로 했다.

교회가 초빙된 목회자의 회답을 기다리는 동안 내가 대신 설교하게 되었다. 하나님은 설교에 많은 은혜를 부어 주셨다. 교인들은 나의 설교를 더 듣기 원했고, 그래서 스코틀랜드 목사가 초빙에 응하지 않게 해 달라고 기도했다. 결국 그는 응하지 않았다. 그러자 교인들은 나를 그 교회의 목회자로 초청했다. 하지만 나는 성경학교를 맡고 있었고, 강의도 해야 하며 그 외에도 다른 일이 많았기 때문에 초청을 수락해야 할지 어떨지 고민했다.

무디는 초청을 수락하라고 권고하면서 이렇게 말했다. "목사님이 이 교회에 오셔서 설교해 주기를 이제까지 기도하고 원했습니다. 허락하신다면 목사님이 요구하는 모든 것을 도와 드리겠습니다. 또한 성경학교에도 목사님을 도울 사람을 구해 드리겠습니다." 나는 결국 그 초청을 수락했다.

내가 목사로 부임한 후 첫 번째 설교 제목은 기도였다. 이 책에는 그 교회에서 설교한 내용 중 일부가 기록되어 있다. 나는 그날 설교를 마무리 지으면서 이렇게 말했다.

"여러분이 토요일 저녁 늦게까지 혹은 주일 아침 일찍 일어나 새로 부임한 저를 위해 간절히 기도하는 하나님의 사람들이라면 저로서는 이보다 기쁜 일이 없을 겁니다." 그 교회의 교인들은 나의 제안을 받아들였다. 그들은 토요일마다 모여 밤늦게까지 나를 위해 기도했고, 주일 새벽에도 일어나 간절히 기도했다.

드디어 하나님은 그들의 기도에 응답하셨다. 내가 목사로 부임했을 당시 교회에는 아래층 1,200석과 위층 1,000석까지 모두 2,200석이 있었다. 이제까지는 아래층 좌석만 꽉 채웠고 위층은 특별한 경우에만 사용했다. 그들은 계속 기도하기 시작했다. 얼마 안 가서 위층도 사람들로 꽉 채워졌다. 특히 저녁 예배에는 실제로 2,700명이 몰려와 서 있을 수도 없었다.

그러자 경찰이 출동해 사람들이 계단에 앉거나 통로에 서지 못하게 했다. 급기야는 더 이상 사람들이 교회에 들어오지 못하게 막았다. 모든 공간은 사람들로 가득 찼고 심지어 성경학교 강의실까지 찼다.

더욱 기쁜 일은 사람이 이렇게 많이 몰려오는 것뿐만 아니라 매 주일 많은 영혼이 구원받는 것이었다. 주일 내내 교회 안팎에서 구원받는 숫자가 늘어 갔다. 그런데 구원받은 많은 사람은 이 교회가 아닌 다른 교회에 등록했다. 그들은 시카고를 지나던 사람들이거나 다른 교회에서 온 사람들이었기 때문이다.

이런 놀라운 사건이 터지자 어떤 교회의 목회자들은 주기적으로 사람들을 우리 교회에 보내 구원받도록 이끌었다. 구원받은 그들은 각자 자기 교회로 돌아가 충성스럽게 봉사했고, 오직 소수의 사람만이 우리 교회에 출석했다. 나는 우리 교회에서 8년 동안 사역하며 2,000명이 넘는 그리스도인 형제자매를 얻게 되었다.

이러한 역사는 내가 명목상 목사일 뿐 교회에 나오지 않았던 4년 동안에도 이어졌다. 그때 우리 교회에는 딕슨(A. C. Dixon) 박사가 있었다. 그가 온 후에도 부흥의 불길은 계속 타올랐는데, 진정 큰일을 이룬 사람은 목회자가 아니라 뒤에서 그를 위해 간절히 기도하는 사람들이었다.

내가 첫 번째로 세계를 돌면서 복음을 전할 때에도 우리 교회의 교인들과 구원받은 사람들은 나를 위해 기도했다. 온 마음을 다하는 그들의 기도는 내가 가는 곳마다 항상 따라왔다. 그렇게 1차 전도 여행을 마치고 교회로 돌아왔을 때, 나는 그동안 방문했던 곳에서 모두 합쳐 10만 2,000명이나 되는 사람들이 그리스도를 구주와 주님으로 영접했다는 사실을 알게 되었다.

1년 6개월 만에 전도여행을 마치고 돌아오자 딕슨 박사는 나를 찾아와 이렇게 말했다. "토레이 목사님, 호주와 다른 여러 나라에서 일어났던 부흥의 소식을 듣고 너무나 놀랐습니다. 우리는 그런 능력이 목사님께 있을 거라고 생각하지 못했습니다." 그의 말이 옳다. 내게는 그런 능력이 전혀 없다. 딕슨 박사는 계속해서 말했다. "이제야 목사님을 통해 일어난 놀라운 일의 비결을 알게 되었습니다. 그것은 바로 이 교회 교인들이 목사님을 위해 한 달 동안 계속 하나님께 부르짖었기 때문입니다."

당신의 교회에도 놀라운 부흥의 불길이 일어날 수 있다. 교인들이 성령 안에서 기도하고 간구한다면, 진정으로 기도의 값을 기꺼이 치르기를 원한다면, 당신 교회의 목회자도 성령 충만을 받은 능력의 사람이 될 수 있다.

03

교회의 부흥과 선교

"모든 기도와 간구를 하되 항상 성령 안에서 기도하고
이를 위하여 깨어 구하기를 항상 힘쓰며
여러 성도를 위하여 구하라"(엡 6:18).

사도 바울은 에베소서 6장 18절에서 기도의 중요성과 그 능력, 온 마음을 쏟아붓는 진지함, 결코 식지 않는 끈질긴 기도의 절박성을 특별히 강조한다. 다시 한번 본문을 조심스럽게 읽으며 묵상해 보자.

"모든 기도와 간구를 하되 항상 성령 안에서 기도하고 이를 위하여 깨어 구하기를 항상 힘쓰며 여러 성도를 위하여 구하라"(엡 6:18).

지금까지 기도에 관한 몇 가지 연구를 통해 기도의 중요성과 기도 외에 다른 방법으로는 도저히 성취할 수 없는 일을 배웠다. 기도는 개인의 경건함과 성화를 더욱 촉진하고 자극하며 오직 하나님의 말씀을 통해서만 구주 예수 그리스도의 형상을 닮아 가도록 역사한다. 또한 기도를 통해 능력 있는 사역을 할 수 있으며 하나님의 자녀가 기도의 특권을 누리고 사용함으로써 그들의 모든 봉사에 하나님의 능력이 나타난다.

또한 기도는 나 자신뿐만 아니라 다른 사람을 위해 놀라운 역사를 일으킨다는 사실도 배웠다. 우리는 다른 방법보다 오직 기도를 통해 영혼 구원을 더 효과적으로 성취할 수 있으며 하나님으로부터 너무 멀리 떠나 죄악의 수렁에서 허우적거리며 아무런 구원의 소망이 없는 것처럼 보이는 많은 영혼을 구원할 수 있다.

그리고 기도가 말씀 사역자에게 능력을 가져다주며 그리스도인들이 진정으로 목회자를 위해 대가를 기꺼이 치른다면 그 목회자가 하나님의 능력의 사람이 될 수 있다는 것도 배웠다. 그리고 그 대가는 바로 많은 사례금이 아니라 능력 있는 기도다.

이제 우리는 이 장에서 다른 방법으로는 도저히 이룰 수 없고 오직 기도로만 성취할 수 있는 일을 더 공부하고자 한다.

앤드류 머레이(Andrew Murray)는 다음과 같이 말했다.

> "하나님의 자녀는 기도로 모든 일을 정복할 수 있다. 사탄은 그리스도인에게서 기도라는 무기를 빼앗기 위해 최선을 다하며 온갖 방해 공작을 시도한다."

마귀가 그리스도인에게서 그 무기를 빼앗으려고 하거나 그 무기를 사용하지 못하도록 온갖 수단을 동원해 방해하고 있다면 우리는 과연 어떻게 해야 하는가? 우리는 그 능력의 무기를 다시 찾아 우리와 교회를 위해서 사탄과 그 무리들을 분쇄하는 데 사용해야 한다.

사실 우리는 무시무시한 싸움을 하고 있다.

"끝으로 너희가 주 안에서와 그 힘의 능력으로 강건하여지고 마귀의 간계를 능히 대적하기 위하여 하나님의 전신 갑주를 입으라 우리의 씨름은 혈과 육을 상대하는 것이 아니요 통치자들과 권세들과 이 어둠의 세상 주관자들과 하늘에 있는 악의 영들을 상대함이라"(엡 6:10-12).

우리는 마귀가 아무리 강해도 기도로 물리칠 수 있다. 마귀와의 전쟁터에서 기도로 전능하신 하나님을 모셔올 수 있기 때문이다.

마귀는 능력이 있지만 하나님만큼 전능하지 않다. 그래서 원수 마귀가 아무리 교활하고 능력 있을지라도 우리는 기도로 승리할 수 있다. 기도 외에는 다른 방법이 전혀 없다. 인간은 사회 복음(Social Gospel)이나 그 외에 여러 가지 방법을 고안하고 동원해 간교한 마귀의 계획과 음모를 방어하려 한다. 그러나 마귀를 이기는 유일한 방법은 분명하고도 지속적인 능력의 기도라는 사실을 기억해야 한다. 이러한 기도를 할 때 언제든지, 어느 상황에서든지 마귀를 패배시킬 수 있다.

기도는 교회에 복을 가져온다

이제까지 기도에 대해 언급한 중요한 사실 외에 몇 가지 덧붙여 살펴보자. 바울은 이렇게 말한다.

"하나님 우리 아버지와 우리 주 예수는 우리 길을 너희에게로 갈 수 있게 하시오며 또 주께서 우리가 너희를 사랑함과 같이 너희도 피차간과 모든 사람에 대한 사랑이 더욱 많아 넘치게 하사 너희 마음을 굳건하게 하시고 우리 주 예수께서 그의 모든 성도와 함께 강림하실 때에 하나님 우리 아버지 앞에서 거룩함에 흠이 없게 하시기를 원하노라"(살전 3:11-13).

데살로니가전서 마지막 장에는 교회가 바울을 위해 기도하는 장면이 나온다. 또한 본 구절에서도 사도 바울이 교회를 위해 기도했다는 사실을 알 수 있다. 기도는 교회에 말할 수 없이 풍성한 복을 가져다준다. 기도는 우리가 교회를 위해 하는 어떤 일보다 더 큰 일을 할 수 있다. 기도는 모든 이단의 세력을 뿌리째 뽑아 버린다.

우리는 교회의 모든 문제와 분규, 오해를 해결하기 위해 많은 회의와 집회를 갖지만 결국 해결하지 못한다. 그러나 우리는 기도로 이 모든 문제와 오해, 알력을 해결할 수 있다.

기도는 인간에 의해 고안된 조직이나 부흥보다 더 깊고 지속적인 부흥을 가져온다. 진정한 부흥은 인간의 노력이나 생각 혹은 활동에 의해 이루어지지 않고 오로지 성령님께 간구할 때 일어난다.

이 땅에 존재한 예수 그리스도의 교회의 역사는 바로 부흥의 역사로 점철된다. 우리가 교회사를 읽을 때, 어떻게 보면 오해와 논쟁, 교리적 차이로 오는 갈등 그리고 교회 간의 비참한 투쟁으로 일관해 온 것처럼 보인다. 그러나 예수 그리스도에 의해 살아 있는 교회의 역사를 깊이 연구하면 그 교회사가 부흥의 역사로 계속되었다는 사실을 발견하게 된다. 그것은 교회의 생명이 되신 성령님의 인도하심으로 끊임없이 부흥하며 그리스도를 이 땅에 전파해 왔음을 의미한다.

때때로 교회가 처참한 난파선의 상태까지 떨어져 버린 순간도 있었다. 그때마다 하나님은 위대한 부흥을 일으켜 교회를 구원하셨다.

그런데 교회의 부흥사를 주의 깊게 연구하면, 진정한 부흥은 바로 기도의 결과라는 사실을 발견하게 된다. 설교를 잘한다고 교회가 꼭 부흥하는 것은 아니다. 또한 조직이나 제도가 잘 되어 있다고 부흥하는 것도 아니다. 진정한 부흥은 오직 모든 그리스도인이 온 마음을 다해 기도할 때 시작된다. 능력의 기도 없이 위대한 부흥은 결코 일어날 수 없다.

미국은 1857년에 위대한 부흥을 맛본 복받은 나라다. 그 부흥은 도대체 어디에서 왔는가? 이는 당시 미국의 영적, 도덕적, 사회적, 정신적 상태를 꿰뚫어 본 뉴욕의 한 이름 없는 선교사에 의해 시작되었다. 그 선교사는 바로 랜피어라는 겸손한 그리스도인이다. 그와 다른 두 사람은 합심해서 미국의 참된 부흥을 위해 기도했다.

그들은 날마다 정오 기도회를 열고 다른 사람들을 초청했다. 처음에 그 기도회는 아주 보잘것없는 모임이었다. 내가 알기로는 오직 두 사람만 기도회에 참석하고 어떤 때는 랜피어 선교사 한 사람만 기도하기도 했다. 하지만 얼마 안 가서 사람들의 관심이 집중되었다.

나는 그 기도회가 뉴욕에서 밤낮을 가리지 않고 매일 열리는 동안 예배당은 물론 극장과 다른 공공건물에서도 기도회가 열렸다는 소식을 들었다. 모든 장소는 기도하는 사람들로 가득 찼다. 그렇게 뉴욕에서 시작된 기도의 불길은 다른 도시로 번져 나갔다. 그리고 마침내 미국 전역을 휩쓸었다. 한 젊은 청년은 시카고에서 열린 기도회에 참석하여 자신은 미국 서부 여행을 마치고 방금 도착했으며 이 기도회에서 성령님의 역사에 감동되어 다른 여행을 포기했다고 말했다.

뉴욕의 어떤 장로교 목회자들의 기도회에서 당시 뉴욕에서 가장 훌륭한 목회자였던 가디너 스프링(Gardiner Spring) 박사가 이렇게 말했다. "드디어 우리에게 부흥이 왔습니다. 이때를 놓치지 말고 복음을 전하며 설교합시다." 그의 말이 끝나자마자 한 사람이 일어나 말했다. "그렇습니다. 이 기회를 놓치지 맙시다. 하지만 우리 가운데 누가 설교해야 합니까? 저는 스프링 목사님이 뉴욕에서 가장 훌륭한 사람이고 또 그것을 감당할 자격을 갖추고 있으니 스프링 목사님이 먼저 설교해야 한다고 생각합니다."

그리하여 가디너 스프링 목사가 집회를 열고 설교한다고 광고했다. 하지만 설교를 들으러 오는 사람보다 기도회에 오는 사람이 더 많았다. 그래서 그들은 부흥회를 중단하고 기도하기 시작했다. 그렇게 전 미국은 기도의 불길 속에 완전히 휩싸였고, 결코 전에도 없었고 후에도 없을 하나님의 능력을 받고 뒤흔들렸다.

나는 우리 도시에 그런 놀라운 부흥이 일어나기를 오랫동안 갈망했다. 아니 뉴욕뿐만 아니라 미국과 전 세계가 부흥의 불길에 휩싸이기를 진심으로 원했다. 진정한 부흥은 위대한 설교나 아름답고 훌륭한 노래나 빈틈없이 능란한 조직과 수단에서 오지 않는다. 오직 능력 있는 기도와 영혼을 중생케 하며 확신케 하는 성령님의 능력에서 온다.

옳고 그름을 다른 사람이나 나에게 와서 말하지 말라. 오직 하나님께 나아가 해결하고 확신을 얻어야 한다. 기도는 그리스도인의 사역 가운데 다른 무엇보다 훨씬 더 중요하다. 당신의 교회가, 당신이 사는 도시가, 당신이 사는 나라가 복을 받길 원한다면 기도, 기도, 기도하라.

1857년 미국에서 일어난 하나님의 역사와 관련된 소식이 북아일랜드에 퍼졌다. 그러자 아일랜드 장로교총회는 미국에 사절단을 보내 그 놀라운 부흥의 역사를 조사하고 연구해 보고하도록 지시했다. 사절단은 미국에서 일어난 하나님의 기적과 부흥을 면밀히 조사한 뒤 그 다음해 장로교 총회에서 그 사실을 보고했다. 사람들은 보고를 듣고 아일랜드에도 미국과 같은 부흥을 달라고 간절히 기도하기 시작했다.

북아일랜드의 켈스라는 조그만 마을에서 네 사람의 그리스도인이 토요일 밤마다 모여서 부흥을 일으켜 달라고 기도했다. 그들은 온밤을 지새워 기도했다. 참으로 겸손한 사람들이었는데, 한 사람은 농부였고, 또 한 사람은 대장장이였으며, 또 한 사람은 교사였고, 나머지 한 사람은 잘 모르겠다. 아무튼 그 마지막 사람도 미천한 지위의 사람이었다.

그때 나는 알렉산더와 런던에서 집회를 열고 있었고, 하나님은 놀라운 능력으로 그곳에 역사하셨다. 그러자 켈스 마을에서 기도하던 네 사람 중 글래스고에 살던 한 사람이 자신의 손자를 런던에 보냈다. 그리고 하나님이 역사하신 것이 사실인지 알렉산더와 나의 의견을 듣고 돌아와 보고하게 했다.

그 후, 네 사람은 얼마 동안 기도하고 복음을 전하러 나갔으나 실패하고 말았다. 결국 모든 것을 포기하고 돌아와 다시 기도를 계속했다. 하나님은 그들의 기도를 들으시고 응답하셨다. 그리하여 하나님의 놀라운 능력이 아일랜드 여러 곳에 계속해서 일어나기 시작했다.

재판소는 소송이 없어 한가해졌고 형무소는 죄수가 없어 문을 닫았다. 또 어떤 곳에서는 들판에 곡식을 그대로 두어도 도둑맞는 일이 없었다. 사람들이 하나님의 일에 깊은 흥미와 관심을 가져 그러한 일에 신경을 쓸 여유가 없었기 때문이다. 소망이 없고 완악하며 악명 높은 많은 죄인이 회심하고 완전히 변화되었다.

또 한 가지, 콜레인에 밀어닥친 부흥에 관해 언급하고자 한다. 1903년 알렉산더와 내가 아일랜드 벨파스트에 있을 때, 부흥 43주년 기념행사가 콜레인에서 열렸다. 준비 위원들은 벨파스트에 사람을 보내 알렉산더와 나를 초청하고 43년 전에 일어난 콜레인의 부흥을 축하하려고 했지만 안타깝게도 우리는 갈 수 없었다.

그래서 나는 1860년 당시 장로교총회 총회장인 윌리엄 깁슨(William Gibson) 목사가 쓴 『은총의 해』(The Year of Grace)라는 책에서 그때의 부흥의 역사를 조심스럽게 읽었다. 그 부흥의 유래는 다음과 같았다.

어느 날 저녁, 젊은 청년 세 명이 콜레인에 있는 어떤 시장에서 공중집회를 열었다. 그 도시의 목회자들은 집회가 어떻게 되는지 보기 위해 호기심을 가지고 시장으로 내려갔다. 그런데 놀랍게도 1만 5,000명이 넘는 사람들이 시장으로 계속 쏟아져 들어갔다. 그들은 당황과 놀라움 속에 서로 쳐다보며 이렇게 말했다. "이 젊은 사람들이 이렇게 많은 사람을 감당할 수 없습니다. 우리가 복음을 전해야 되겠습니다."

그들은 시장 네 곳에 강단을 설치하고 한 사람씩 강단에 올라가 설교했다. 얼마 되지 않아 하나님으로부터 온 성령님의 능력이 모든 회중을 휘감아 버렸다. 이것을 본 그들은 더 이상 길게 설교할 수 없었다. 곧이어 시장 한쪽 구석에서 크게 울부짖는 소리가 들리더니 어떤 사람이 너무도 강렬한 죄의식에 휩싸여 땅에 쓰러졌고, 사람들은 그를 아직 완성되지 않은 시청으로 옮겼다. 이때 바로 다른 구석에서 다시 큰 소리가 나더니, 또 다른 남자가 죄를 깨닫게 하는 성령님의 능력에 의해 땅에 엎드러져 버렸다. 그도 역시 시청으로 옮겨졌다.

강단 이곳저곳에서 하나님의 말씀과 죄에 대한 성령님의 도전을 받은 사람들의 회개의 울부짖음과 통회, 자복의 역사가 무섭게 일어났다. 결국 그곳에 참석했던 목회자들은 집회를 중단했다. 그리고 밤새도록 시청에서 죄에 대한 성령님의 도전을 받은 사람들을 상담해 주었고 그들과 함께 기도했다. 시청은 말 그대로 부흥관으로 변해 버렸다.

그다음 날에도 계속해서 수많은 영혼이 자기 죄를 회개했고 그리스도인들은 자신의 비밀스러운 죄를 자백하며 목사와 상담하기 위해 시청 현관 앞에 줄지어 기다렸다. 어떤 장로교 목회자는 그들을 상담하고 치료하느라 새벽 해가 뜰 때부터 다음 날 새벽까지 집에 돌아갈 수 없었다고 말했다.

콜레인은 완전히 하나님의 능력에 사로잡혀 놀랍게 변화되었고 성령님의 아름다운 역사가 끊이지 않았다. 그곳 사람들은 미완성된 시청을 기념하고 부흥의 역사를 축하하며 시청을 하나님께 헌당했다. 그 후에도 43년 동안 해마다 콜레인에 찾아온 부흥을 기념하고 축하했다. 나는 그들이 매년 그때를 기억하며 지금까지 지켜 왔다고 생각한다.

1901년 1월 기도 주간의 마지막 날이었다. 시카고 성경학교에서 여학생을 감독하는 한 자매가 나에게 와서 말했다. "토레이 목사님, 기도 주간이 끝난 후에도 적어도 일주일에 한 번씩 기도회를 열고, 특히 세계의 부흥을 위해 기도하면 좋겠습니다."

그녀의 제안이 교수 회의에서 통과되어 매주 토요일 밤 9시부터 10시까지 수업이 끝난 후 세계의 부흥을 간절히 원하는 사람들이 모여 기도회를 갖기로 했다. 그리고 매주 토요일 밤, 300명 내지 400명이 모여 오직 세계의 부흥을 위해 기도했다.

얼마 안 가서 일본과 그 외의 다른 나라에서 하나님이 역사하신다는 소식이 들렸다. 그러나 원하는 만큼 많은 나라에서 부흥의 소식을 듣지는 못했다. 그래도 우리는 실망하지 않고 큰 기대를 가지고 합심해서 간절히 기도했다. 그러자 우리를 유심히 살피던 사람들이 나와 기도회를 주도하는 학생들에게 이렇게 물었다. "부흥이 왔습니까?"

"우리가 알기로는 아직 오지 않았습니다."

"그럼 언제 부흥이 옵니까?"

"우리는 모릅니다."

"그렇다면 언제까지 기도를 계속할 작정입니까?"

"부흥이 올 때까지 기도할 것입니다."

우리는 그 후에도 몇 달 동안 지속적으로 기도했다. 그러던 어느 날, 멀리 떨어진 호주에서 두 사람이 우리 학교에 강의를 들으러 왔다. 그들은 우리의 강의를 얼마 동안 듣다가 나에게 개인 면담을 요청했다. 그들은 호주를 떠날 때 영국의 케직, 그 외 다른 곳과 미국의 여러 집회에 참석하라는 명령을 받았다고 했다. 그리고 호주에서 부흥회를 인도할 사람을 초청해 오라는 지시도 받았다면서 나에게 호주에 와서 집회를 인도해 달라고 부탁했다.

나는 긍정도 부정도 아닌 대답을 했다. "글쎄, 내가 시카고를 떠날 수 있을지 잘 모르겠습니다. 알다시피 나는 성경학교를 섬겨야 하고 또 무디교회를 맡고 있습니다. 그렇기 때문에 시카고를 떠나는 것이 과연 가능할지 확답을 드릴 수 없습니다."

"그렇지만 목사님은 꼭 호주에 오셔야 합니다." 하고 그들은 돌아갔다. 그로부터 수개월이 지난 후 나는 세인트루이스에서 수양회를 인도하고 있었다. 그때 호주에서 나의 응답을 묻는 편지가 왔다. 그리고 올 수 있는 여비까지도 보내 주겠다고 약속했다.

나는 세인트루이스 수양회를 인도하기 전부터 호주의 집회에 대해 기도하고 생각하고 있었다. 나는 그들에게 나와 집회를 위해 기도해 달라고 부탁하고 혼자 기도하려고 수양회를 떠났다. 기도할 때 하나님은 내게 가야 한다는 확신을 주셨고 나는 그들에게 호주에 가겠다고 급전을 띄웠다.

호주에 도착했을 때, 알렉산더와 나는 십여 명이 그곳에서 위대한 부흥이 일어나게 해 달라고 수년 동안 계속 기도하고 있었다는 사실을 알게 되었다. 그들은 합심하여 '놀라운 부흥'을 위해 생명을 건 기도를 했다. 그들은 언제까지 계속 기도해야 되는지는 아무런 관심도 없었다.

처음에 그 기도회를 인도한 사람은 바로 『성령 충만한 생활』(The Spirit Filled Life)이라는 책을 저술한 존 맥닐(John MacNeil) 목사였다. 그러나 그는 우리가 호주에 도착하기 전에 소천했다. 두 번째로 그 기도회를 인도한 앨런 웹(Allen Webb) 목사도 우리가 멜버른에서 인도한 집회의 첫 주간에 그리스도 안에 잠들었다. 그는 우리의 집회를 돕기 위해 멜버른에 와서 부흥회를 위해 간절히 기도하다가 주님의 부름을 받았다.

또 세 번째 기도회가 있었는데 우리가 호주에 초청받기 전, 그들은 기도하는 중에 많은 무리가 박람회장으로 몰려드는 환상을 보았다. 그 박람회장뿐만 아니라 거리마다 셀 수 없는 무리가 쏟아져 나와 복음을 듣는 환상을 목격했다. 세 번째 기도 모임을 인도하던 어떤 사람은 드디어 이 환상이 이루어지는 것을 보고 하나님이 그에게 보여 주신 놀라운 역사를 분명히 깨달았다.

또한 우리는 다음과 같이 놀라운 사실도 발견했다. 멜버른에 사는 한 여자가 기도에 관한 책을 읽고 '끝까지 기도하라'라는 짧은 문구에 아주 깊은 감명을 받았다. 그녀는 곧 우리가 그곳에 도착하기 전에 그 도시의 모든 장소에서 기도회를 조직하여 기도하기 시작했다. 우리가 멜버른에 도착했을 때는 이미 1,700여 명이 그곳에서 매주 기도회를 갖고 있었다. 우리는 멜버른에서 4주 동안 집회를 열었다.

처음 2주는 많은 목회자와 복음 전도자가 멜버른 전역의 시청에서 매일 한 시와 두 시, 세 시에 기도회를 열었다. 남은 2주 동안은 8,000명이 앉을 수 있는 박람회장에서 기도회를 가졌다. 박람회장에서 기도회가 열린 첫날은 사람들이 너무 많이 와서 경찰까지 동원되었다. 경찰은 사람들이 밀려와 수용 인원을 초과하자 더 이상 들어오지 못하게 막았다. 그래서 많은 사람이 들어오지 못하고 밖에 서 있어야만 했다.

집회하는 4주 동안 예수 그리스도를 주님으로 영접하고 믿음을 고백한 사람이 8,642명이나 되었다. 그 후 우리가 몇 개월 뒤 다시 멜버른에 돌아갔을 때는 8,642명 중에 6,000명이 다시 집회에 왔으며 대부분이 교회에 출석해 헌신적으로 일하고 있었다. 나머지도 곧 교회에 나가 봉사하겠다고 약속했다.

멜버른에서 일어난 하나님의 역사에 대한 소식이 호주 전역뿐만 아니라 인도, 잉글랜드, 스코틀랜드, 아일랜드까지 퍼져 나갔다. 그러자 잉글랜드와 스코틀랜드, 아일랜드에도 주요 도시마다 하나님의 놀라운 역사가 일어났다. 전 세계의 부흥은 시카고와 호주의 기도회에서 사람들이 간절히 기도한 결과였다.

1904년 내가 직접 목격한 웨일스 지방의 부흥도 이와 비슷한 방법으로 시작되었다. 당시에 알렉산더와 나는 한 달 동안 웨일스 카디프 지방에 와서 집회를 해 달라는 초청을 받았다. 우리가 그곳에 간다는 소식은 약 1년 전부터 퍼져 있었다. 그동안 그곳의 그리스도인들은 하나님이 카디프뿐만 아니라 잉글랜드와 스코틀랜드 전역에 부흥을 주시길 간절히 기도했다.

우리가 카디프에 도착했을 때에도 그들은 1년 동안 카디프 외곽에 있는 페나스라는 곳에서 매일 아침 6시부터 7시까지 기도회를 열고 놀라운 부흥을 달라고 간절히 기도하고 있었다. 수많은 사람이 몰려와 열정적으로 찬송했다. 그러나 우리는 그것으로 만족할 수 없었다. 우리는 하루를 '금식하며 기도하는 날'로 잡고 기도했다. 그리고 웨일스와 카디프 전역에 금식 기도를 하도록 선포했다.

그곳에는 세스 조슈아(Seth Joshua)라는 사람이 있었다. 그는 나중에 웨일스 지방의 부흥을 위해 하나님께 크게 사용된 사람으로 기도회를 인도한 훌륭한 하나님의 사람이었다. 조슈아는 그 금식 기도일에 하나님이 그곳에서 역사하신 놀라운 사실을 내게 편지로 보내왔다. 나는 바로 그날, 조슈아가 에번 로버츠(Evan Roberts)라는 목사 옆에 무릎을 꿇고 기도했을 때, 하나님의 능력이 그 목사에게 임했다고 생각한다. 그 하나님의 능력은 다시 놀라운 방법으로 카디프 지역에 임했다. 그리고 약속한 한 달이 끝날 즈음에 우리는 일정이 잡혀 있어서 다시 리버풀에 가게 되었다.

놀랍게도 집회는 우리가 없는 가운데서도 1년 동안이나 계속되었다. 매일 밤마다 집회가 열려 수많은 사람이 구원을 체험했고, 카디프에서 일어난 부흥의 불길은 삽시간에 웨일스로 번져 나갔다. 우리가 리버풀에 도착하자 카디프에 있는 집회 총무에게서 편지가 왔다. 편지는 그의 동료가 주일에 웨일스 골짜기의 어느 교회에서 설교했는데, 하나님의 능력이 역사해서 100명이 회개하고 구원받았다는 내용이었다.

에번 로버츠 목사의 인도 아래 부흥의 불길이 영국 전역에 퍼져 나가 하나님의 기적의 역사를 맛보게 되었고, 1년 동안 무려 10만 명의 영혼이 구원받았다.

오늘날 이 땅에 사는 우리에게 가장 절실히 요구되는 것은 물 붓듯이 쏟아지는 성령님의 능력이다. 현대 부흥에서 가장 큰 문제는 그 부흥이 하나님께서 보내신 부흥이 아닌 인간에 의해 조작된 것이라는 사실이다. 즉, 현대의 부흥은 기도에 의해 이루어진 것이 아니라 인간의 묘한 수단과 방법, 조작에 의해 만들어진 것이다.

진정한 부흥은 위조된 오순절의 형태가 아닌 기도의 능력에서 온다. 부흥을 흉내 내지 말자. 위대한 부흥을 위해 기도하자. 참된 부흥이 오게 해 달라고 울며 부르짖자. 그런 부흥이 올 때까지 계속해서 하나님께 매달리며 목숨을 걸고 기도하자. 그때 비로소 진정한 부흥이 올 것이다.

기도는 해외 선교에
복과 승리를 가져온다

"무리를 보시고 불쌍히 여기시니 이는 그들이 목자 없는 양과 같이 고생하며 기진함이라 이에 제자들에게 이르시되 추수할 것은 많되 일꾼이 적으니 그러므로 추수하는 주인에게 청하여 추수할 일꾼들을 보내 주소서 하라 하시니라"(마 9:36-38).

우리는 말씀을 통해 기도는 선교에 복을 가져온다는 주님의 교훈을 깨달을 수 있다. 많은 나라에 곡식들이 희어졌으니 그것을 추수할 신실하고 충성된 일꾼이 필요하다. 기도는 추수하기 위해 들에 나가는 사람들에게 복과 능력을 가져온다. 그래서 오늘날 해외 선교에서 가장 절실히 필요한 것도 기도다. 물론 추수할 사람과 돈도 필요하지만 그보다 훨씬 더 필요한 것이 기도다. 우리가 기도하기만 하면 추수할 많은 사람이 모이며 돈도 생긴다. 그러나 사람들이 몰려와도 기도 없이는 그들이 사용될 수 없다. 즉, 기도의 후원 없이는 추수의 열매를 얻을 수 없다.

미국의 놀라운 실력과 개성과 열정을 가진 사람들이 학생들로 하여금 해외 선교에 관심과 흥미를 갖도록 격려하고 소개했다. 그리하여 수많은 사람이 선교를 자원하여 모여들었다. 그러나 그들은 많은 재능과 열정을 가졌지만 진실로 기도하지는 않았다. 그 결과 그들의 선교 사역이 종종 실패로 끝나 버렸다.

선교 현장에 나가는 사람들이 진정한 선교는 제쳐 놓고 세속적인 사역만 계속한다면, 선교 사역을 위해 진정으로 기도하지 않는다면, 결국 틀림없이 쓰디쓴 실패와 후회의 잔을 마시게 되리라고 나는 확신한다. 그런 실패를 중국과 몇몇 다른 나라에서 분명히 목격했기 때문이다.

해외 선교에서 가장 심각하게 등장하는 문제는 선교에 나가는 사람들이 하나님으로부터 기도 응답을 받지 않고 다만 훌륭한 인격을 가진 사람의 선동과 자신의 능력에 근거해 무분별하게 결단한다는 것이다.

이 문제는 선교 자금에 있어서도 마찬가지다. 선교를 위해 얼마만큼 많은 돈이 투자되었는가는 문제가 아니다. 선교를 하는 선교사와 함께 진정한 기도의 후원이 없다면 그 돈은 완전히 낭비되고 만다. 진정한 기도 없이 선교를 위해 쓰는 돈은 복이 아니라 오히려 저주다.

하지만 많은 기도와 그 기도의 후원으로 탄생한 훌륭한 선교회도 있다. 사실 세계 선교 역사에서 '중국내륙선교회(CIM, 현재는 OMF International)' 만큼 모든 선교 사역에 많은 열매를 맺고 귀감이 된 선교회는 아마 없을 것이다. 그들의 선교 사역은 영원히 그 가치와 수고가 높이 평가될 것이다. 이 사역 또한 기도 없이는 도저히 성취될 수 없었다.

그러면 해외 선교를 위해 무엇을 기도해야 하는가?

1. 추수할 일꾼을 위해 기도하라

예수님이 추수할 일꾼을 위해 기도하라고 말씀하신 것처럼 우리도 하나님께 추수할 일꾼을 보내 달라고 기도해야 한다. 다시 주님의 말씀을 들어 보자.

"추수할 것은 많되 일꾼이 적으니 그러므로 추수하는 주인에게 청하여 추수할 일꾼들을 보내 주소서 하라"(마 9:37-38).

이는 추수할 일꾼이 필요하다는 것뿐만 아니라 올바르게 추수할 사람이 필요하다는 사실을 의미한다. 물론 추수할 많은 사람이 필요하다는 것은 두말할 여지가 없다. 오늘날처럼 추수할 밭이 희어져 있던 때가 또 있을까? 그러나 추수를 위해 수고할 일꾼이 너무 적다. 더 안타까운 사실은 올바르고 충성되게 추수할 사람이 너무나 적다는 것이다.

만일 중국에 파송된 선교사들이 그곳에 남아 하나님의 종으로서의 사명을 더 성실하게 실천했다면 오늘날 중국은 완전히 달라졌을 것이다.

당시 어떤 선교회의 권고로 중국을 방문한 사람들은 중국에서 선교하는 사람들의 생활을 보고 큰 충격을 받았다. 왜냐하면 그곳에서 선교한다는 현직 선교사들의 생활 태도와 사역이 형편없었기 때문이다. 대부분의 중국 그리스도인들은 선교사인 척하면서 형편없는 언행과 생활을 하는 사람들에게 염증을 느껴 그들의 선교를 배격하고 거부해야 한다고 주장하고 있었다. 선교 사역을 위해 헌신적인 공헌을 한 나이 많은 선교사들은 그 구원받은 사람들의 상태를 보고 분노하여 어쩔 줄 몰라 했다.

2. 이미 선교지에 나가 있는 선교사들을 위해 기도하라

우리는 이미 기도가 복음 사역자들에게 얼마나 큰 능력을 가져오는지 안다. 사실 기도는 가장 효과적인 선교 사역을 위해 절대적으로 필요하다. 만일 본국에서 다른 나라로 선교사를 파송해 놓고 그들과 그들의 사역을 위해 간절히 기도하지 않는다면 그 선교 사역은 실패로 돌아갈 수밖에 없다는 사실을 기억해야 한다.

그러므로 모든 그리스도인은 해외에 나가 선교하고 있는 선교사들을 위해 구체적이고 분명하게, 그러면서도 끊임없이 진심으로 기도해야 한다. 국내에서 선교사들과 그들의 사역을 위해 기도하는 사람들이 많아지면 많아질수록 선교 사역은 성공하게 되며, 놀라운 열매를 수없이 맺어 하나님께 큰 영광을 돌리게 된다는 사실을 명심하라.

3. 선교지에 성령님의 놀라운 역사가 이루어지도록 기도하라

성령님의 능력으로 일어난 진정한 부흥이 세계의 선교지에서도 일어나기를 간절히 기도하라. 선교지에서의 부흥은 국내의 부흥과 똑같은 방법으로 온다. 그 방법은 바로 하나님께 기도하며 응답받는 것이다.

이런 실례는 얼마든지 볼 수 있다. 우리가 잘 아는 찰스 피니(Charles Finney)는 국내뿐만 아니라 국외의 선교 사역에서도 모범을 보인 기도의 사람으로 인정받는다. 그가 죽은 후에 일기가 발견되었는데, 그는 특별히 국외 선교지를 위해 무거운 기도의 짐을 지고 간절히 기도할 때 그 지역에 놀라운 부흥이 일어났다고 기록했다.

오늘날 형편없는 선교 결과에 대한 사람들의 비판이 거세졌다. 그렇다면 비판하는 사람들에게 묻고 싶다. 당신은 과연 해외 선교와 그 사역을 위해 얼마만큼, 어떻게 기도했는가? 부진한 해외 선교의 결과는 부진한 기도의 당연한 결과다. 우리는 진실하고 희생적인 기도로 선교 사역에 복을 받고 영광스러운 결과를 얻을 수 있다.

4. 선교지에서 구원받은 그리스도인들을 위해 기도하라

국내에 있는 우리는 선교지에서 복음을 듣고 구원받은 그리스도인들이 새로운 생활을 하는 데 얼마만큼 많은 장애물이 있으며 고통과 고난을 받는지 알 수 없다. 우리는 그들이 그 나라와 사회의 전통과 관습, 생활과 종교로 인해서 얼마만큼 무서운 핍박과 환난을 당하고 있는지 알 수 없다.

내 아들이 중국 그리스도인을 몇 명 알고 있는데, 그들은 하나님을 깊이 깨닫고 그리스도와 같이 헌신하는 사랑의 삶을 살기 위해 얼마나 혹독한 비난과 핍박을 당하는지 모른다고 말했다. 이 말이 사실이라면 우리가 선교지에서 영혼을 구원받게 하는 일도 중요하지만, 구원받은 이들이 믿음을 지키며 계속해서 승리하게 하는 일도 매우 중요하다는 사실을 결코 잊어서는 안 된다.

그러므로 그곳의 그리스도인들은 우리의 기도를 절대적으로 필요로 한다. 선교지에서 그리스도께 돌아온 사람들을 위해 간절히 기도할 때 '그 기도는 역사하는 힘이 크다.'

5. 선교지에 있는 교회를 위해 기도하라

우리는 선교지에서 믿음을 지키는 그리스도인 개인을 위해 기도할 뿐만 아니라 그들이 형성하여 활동하고 있는 교회를 위해서도 기도해야 한다. 그곳의 모든 교회는 특수한 문제를 가지고 있다. 예를 들어 한국에서는 전통과 문화와 사회적인 상이점으로 많은 교회가 시련을 당했다. 사실 선교지를 직접 방문해 보지 않고서는 그들의 어려움을 잘 이해하기 어렵다.

마귀는 온갖 수단과 방법을 동원하여 선교지에서 하나님의 일을 방해하며 교회를 핍박한다. 이러한 일은 아프리카나 인도, 또 다른 나라에서도 공통적으로 부딪히는 현상이다. 그러므로 우리는 고난을 받는 세계 여러 나라의 교회를 위해 하나님께 간절히 기도해야 한다.

6. 국내에서 선교의 여러 일을 하는 직원과 사역자를 위해 기도하라

7. 선교비를 위해 기도하라

많은 선교 기관과 단체들이 자금난에 빠져 굉장한 고통을 당하고 있다. 그 기관이나 단체에 종사하는 사람들이 성실하고 충성스러운 사람들이라는 것은 의심할 여지가 없다. 그들은 더 많은 선교 자금을 필요로 한다. 그렇기에 우리 모두는 선교 자금을 위해 기도해야 한다. 돈을 마련할 수 있는 방법은 기도하는 것이다. 우리가 기도할 때 하나님은 사람들의 마음을 움직여 그들이 헌금하게 하시며 선교에 관심을 갖게 하실 것이다.

참된 기도가 우리에게 가져오는 복은 이외에도 여러 가지가 있다. 그러나 이 장에서는 특히 두 가지 사실을 강조했다. 기도는 첫째, 교회에 복을 가져온다. 둘째, 해외 선교에 복과 승리를 가져온다.

오늘날의 교회에 거대하고 깊으며 철저하고 폭넓은 부흥이 얼마나 필요한가? 해외 선교 사역에서도 놀라운 승리와 복이 얼마나 필요한지 모른다. 이것을 위해 값을 치른다면 우리는 이 두 가지를 모두 얻을 수 있다. 그 값은 바로 성령님의 능력 안에서 하는 참되고 지속적이며 마음을 움직이는 기도, 결단을 위해 하나님께 간절히 부르짖는 기도라는 것을 명심해야 한다.

**THE POWER OF PRAYER
AND THE PRAYER OF POWER**

기도 응답을 받기 원한다면 성령님의 능력을 전적으로 의지하라.
성령님은 우리가 하나님 앞으로 나아갈 수 있도록.
우리의 기도가 상달되도록 도와주신다.
우리에게 능력 있는 기도를 할 수 있는 간절한 마음을 주시며,
우리의 기도에 능력을 주신다.

THE POWER OF PRAYER AND THE PRAYER OF POWER

2부

하나님이
들으시는 기도

04

응답받는 기도의 비결

> "이에 베드로는 옥에 갇혔고
> 교회는 그를 위하여
> 간절히 하나님께 기도하더라"(행 12:5).

이 장에서는 '응답받는 기도의 비결'이라는 주제로 같이 생각해 보려고 한다. 그리스도인의 기도 생활에서 이것만큼 중요한 것은 없다. 기도 응답의 중요성과 응답받는 기도의 비결을 성경에서 찾으며 이 문제에 대해 깊이 생각해 보자.

내가 로스앤젤레스에 있는 사업가들에게 가서 그 도시의 어떤 은행에 가면 원하는 때에 융자를 받을 수 있다 말했다고 상상해 보라. 그 사업가들은 나의 말을 듣고 어떻게 생각하겠는가? 이 소식은 그들에게 제일 큰 기쁨과 용기, 격려가 될 것이다.

기도도 이와 같다. 기도는 자본금이 무한히 준비된, 우주에서 가장 거대한 자금을 비축한 천국 은행에서 우리가 원하는 만큼을 찾을 수 있는 방법이다. 내가 만일 모년 모월 모시에 천국 은행에 가서 당신이 원하는 모든 것을 얻을 수 있는 비결을 가르쳐 준다면, 당신은 가장 중대한 정보를 얻는 것이며, 그 순간은 생애 최대의 감격의 순간이 될 것이다.

성경은 이 모든 비결을 우리에게 가르쳐 준다. 즉, 어떻게 천국 은행에 가서 원하는 것을 얻을 수 있는지 그 방법을 우리에게 제시해 준다. 많은 그리스도인의 실제적 체험을 통해 이 방법에 대한 성경의 가르침이 진리며 사실이라는 것을 확신할 수 있었다. 그러니 하나님의 말씀 가운데서 이 모든 기도 응답에 대한 비결을 찾아보자.

먼저 사도행전 12장에서 가장 훌륭한 기도와 가장 놀라운 기도 응답에 대한 기록을 읽을 수 있다. 당시 헤롯왕은 요한의 형제 야고보를 살해했는데, 유대인들이 기뻐했다. 그래서 그는 모든 사도의 지도자인 베드로도 체포해 살해하려고 했다. 헤롯왕은 베드로를 잡아 감옥에 가두었는데 그때는 유대인들에게 큰 명절인 무교절이었다.

헤롯왕과 유대인들은 당장 베드로를 죽이고 싶었지만 무교절과 유월절을 욕되게 하기 싫어서 절기가 끝나기까지 베드로를 잠시 동안 감옥에 가두었다. 그들은 유월절이 끝나자마자 베드로를 처형하기로 굳게 마음먹고 그날이 오기를 기다렸다. 이제 유월절이 끝나기 바로 전날 밤이 되었다. 내일 아침이면 베드로는 끌려 나가 죽임을 당해야만 했다.

베드로가 살 수 있는 희망은 거의 없었다. 아니 그 희망의 끈은 완전히 끊어져 버렸다. 베드로는 아주 견고하고 깊은 지하 감옥에 갇혔는데, 열여섯 명의 군인이 감옥을 지키며 서 있었고 양쪽 팔목에는 쇠사슬을 매어 다른 두 병사의 팔목에 연결해 놓고 같이 자게 했다. 정말 베드로는 조금도 살아날 가능성이 없었다.

하지만 이렇게 위급한 상황에 예루살렘의 그리스도인들은 베드로를 구원해 달라고 간절히 기도했다. 그들이 베드로를 구하려면 어떻게 해야 했을까? 폭도를 조직해 지하 감옥을 습격해야 했을까? 아니다. 지하 감옥은 잘 훈련된 로마 군인들이 지키고 있기에 어느 폭도도 그들을 당해 낼 수 없었다. 그리고 지하 감옥 자체도 너무나 견고하게 지어졌기 때문에 폭도의 습격으로는 베드로를 탈출시킬 수 없었다.

그렇다면 당시 예루살렘의 유명한 그리스도인들의 서명을 받아 헤롯 왕에게 베드로를 풀어 달라는 진정서나 탄원서를 보내야 했을까? 아니다. 사실 그렇게 하면 혹시 효력이 있었을지도 모른다. 그러나 그때 예루살렘에 살던 그리스도인 수천 명 가운데 영향을 미칠 수 있는 사람은 극소수였다. 수천 명의 그리스도인이 서명한 탄원서를 냈다면 교활한 헤롯은 그것을 정치적으로 이용했을 것이다. 예루살렘의 그리스도인들은 그런 어리석은 짓을 하지는 않았다.

그들은 예루살렘에 사는 그리스도인들로부터 거액의 돈을 모금해 헤롯에게 뇌물로 바치면서 베드로를 풀어 달라고 간청해야 했을까? 아니다. 그들은 그런 비성경적이고 비신앙적인 방법을 사용하지 않았다. 물론 헤롯에게 거액의 뇌물을 갖다 바쳤다면 혹시 성공했을지도 모른다. 헤롯은 특히 그런 접근 방법을 상당히 좋아했기 때문이다. 그러나 그들은 그런 마귀적 수단과 방법을 절대로 사용하지 않았다.

그렇다면 도대체 어떻게 했는가? 그들은 바로 기도회를 열고 베드로를 감옥에서 구해 달라고 간절히 기도했다. 과연 이런 광신자들이 모여 기도하는 것만큼 무모하고 우스운 일이 있는가? 그들의 기도로 깊은 지하 감옥에서 곧 처형되기를 기다리는 베드로를 구출할 수 있겠는가?

그의 구출을 위해 기도회가 열린 것을 베드로를 반대하는 사람들이 알았다면 조롱과 비웃음을 금치 않았을 것이다. 그리고 그 미친 사람들을 저주했을 것이다. 말할 것도 없이 그들은 서로 이렇게 말했을 것이다. "어리석은 광신자들의 기도가 어떻게 될지 한번 두고 보자."

그러나 베드로를 구출하기 위한 기도회는 완전히 성공했다. 베드로는 죽음에 대한 어떤 두려움도 없었으며 오히려 하나님의 능력 가운데 아주 평온히 쉬고 있었다. 다음 날 처형될 줄 알면서도 그날 밤에 깊은 잠에 빠졌다는 것으로 그 사실을 알 수 있다.

베드로가 열여섯 명의 군사들이 지키는 가운데 두 명의 군인에게 쇠사슬로 묶여 깊이 잠들어 있을 때 홀연히 하늘로부터 광채가 비치더니 '하나님의 천사'가 그의 곁에 섰다. 그 천사는 깊이 잠들어 있는 베드로의 옆구리를 쳐서 깨우며 급히 일어나라고 재촉했다. 그 즉시 베드로의 두 팔목에 매인 쇠사슬이 벗겨졌다.

베드로가 급히 일어나자 하나님의 천사는 다시 베드로에게 "띠를 띠고 신을 신으라."라고 말했다. 베드로가 그렇게 하자 천사는 다시 "겉옷을 입고 따라오라."라고 명령했다. 베드로는 그 순간 꿈을 꾸고 환상을 본다고 생각했다. 그러나 꿈속에서도 베드로는 하나님께 순종하기를 원했다. 그래서 그는 천사를 따라 밖으로 나갔다.

감옥을 지키던 군사들은 모두 잠들어 버렸고 베드로는 첫째 파수꾼과 둘째 파수꾼을 지나 성으로 통하는 큰 쇠문에 이르렀다. 그 쇠문은 하나님의 손에 의해 저절로 열렸다. 하나님의 천사와 베드로는 조용히 그곳을 빠져나와 거리로 향했다.

베드로가 안전해지자 천사는 곧 떠나갔다. 차가운 밤공기를 마시고서야 베드로는 정신을 차렸고 이렇게 말했다. "내가 이제야 참으로 주께서 그의 천사를 보내어 나를 헤롯의 손과 유대 백성의 모든 기대에서 벗어나게 하신 줄 알겠노라"(행 12:11). 그리고 잠시 생각하더니 이렇게 중얼거렸다. "틀림없이 마가의 어머니의 집에서 기도회가 있을 것이다. 그곳으로 가야겠다."

얼마 후 마가의 어머니 집에 모여 기도하던 사람들은 요란하게 문을 두드리는 소리를 듣고 깜짝 놀랐다. 그중에는 아주 열심히 기도하며 주님을 사랑하는 '로데'라는 어린 여자아이도 있었다. 아이는 기도하다가 벌떡 일어나 문을 향해 뛰어나가면서 말했다. "지금 문을 두드리는 사람은 틀림없이 베드로 사도님이야. 하나님이 우리의 기도를 틀림없이 들으셨어. 하나님이 그분을 구해주셨고 지금 문밖에 서 있는 사람은 사도님이 분명해!"

문에 다다르자 아이는 "베드로 사도님이시죠?" 하고 흥분한 목소리로 물었다. "그렇다."라는 대답을 듣자마자 아이는 너무 기뻐 미처 문도 열어 주지 못하고 다시 뛰어 들어가 기도하는 사람들에게 이렇게 외쳤다. "하나님이 우리의 기도에 응답하셨어요. 우리 기도가 응답되었다구요. 베드로 사도님이 문밖에 서 있어요."

"로데야, 네가 미쳤니?" 그 사실을 믿지 않는 그리스도인들은 이렇게 소리쳤다.

"아니에요, 저는 미치지 않았어요. 틀림없이 베드로 사도님이에요. 하나님이 우리의 기도를 들으셨어요. 저는 베드로 사도님의 목소리를 분명히 기억해요. 사도님이 여기에 오실 줄 알았어요. 지금 그분이 문밖에 있어요."

그러나 그들은 모두 이렇게 말했다. "그것은 베드로 사도님이 아니라 베드로 사도님의 유령일 거야. 그분은 어젯밤 죽임을 당하셨단다. 그분의 유령이 와서 문을 두드리는 것이야." 그런데 베드로가 계속 문을 두드리자 그들은 마지못해 문을 열었다. 거기에는 하나님이 그들의 기도에 응답하셨음을 나타내는 산 증거인 베드로가 서 있었다.

그 집에서 기도하던 많은 사람 가운데 오직 로데라는 어린 여자아이의 이름만 기록된 이유를 아는가? 기도회에는 예루살렘의 유명한 감독이나 장로도 있었을 것이다. 하지만 그들의 이름은 단 한 사람도 기록되지 않았다. 오직 로데라는 이름만 있었다. 그 이유가 무엇인가? 로데가 비록 어린아이일지라도 참된 믿음을 가지고 있었기 때문이다. 그러므로 성경에 그 이름이 기록될 가치와 이유가 있는 것이다.

'로데'라는 이름의 의미는 장미꽃이라는 뜻이다. 로데는 정말 하나님께 향기 나는 장미꽃이었다. 비록 하찮은 종의 신분이었지만 하나님에 대한 믿음과 사랑, 확신의 향기가 항상 솟아나고 있었다. 진정 이런 믿음의 향기보다 더 하나님을 기쁘시게 해 드리는 것은 없다.

우리는 본문을 통해 그들이 어떻게 기도했는지, 기도한 것을 어떻게 응답받았는지 발견할 수 있다. 그리고 기도하는 방법과 응답받는 비결을 배울 수 있다. 다시 한번 말씀을 읽어 보자.

"교회는 그를 위하여 간절히 하나님께 기도하더라"(행 12:5).

우리는 이 구절에서 기도 응답의 비결을 다음 네 가지 중요한 단어를 통해 깨달을 수 있다. 첫째는 '하나님께', 둘째는 '간절히' 혹은 '끊임없이', 셋째는 '교회는', 넷째는 '그를 위하여'다. 이제 네 가지 중요한 단어를 하나하나 살펴보자.

하나님께

네 가지 단어 중에서 가장 중요한 것은 '하나님께'라는 단어다. 우리의 기도가 응답받는 기도가 되기 위해서는 바로 하나님께 드려지는 기도가 되어야 한다. 어떤 사람은 이렇게 묻는다. "모든 기도는 다 하나님께 상달되지 않습니까?" 아니다. 많은 기도 가운데 오직 극소수의 기도만이 하나님께 상달된다.

내가 생각하기에 어떤 때는 백 가지 중에 한 가지도 하나님께 상달되지 않는 경우도 있다. 이렇게 말하면 당신은 "아, 당신의 말을 이해할 수 있습니다. 하나님을 믿지 않고 이방인들이 우상이나 거짓 신에게 기도하는 것을 말하고 있군요."라고 할 것이다. 그러나 아니다. 내가 말하는 기도는 소위 그리스도인이라고 하는 사람들이 하는 기도를 뜻한다.

나는 여전히 백 가지 중에 한 가지도 하나님께 상달되지 않는다고 생각한다. 여기에 대해 당신은 "로마 가톨릭 신자들이 성모 마리아와 성인들에게 기도한다는 의미군요."라고 말할지도 모른다. 그것도 아니다. 내가 말하는 기도하는 사람이란 소위 개신교 신자를 의미한다. 나는 개신교 신자들의 모든 기도가 하나님께 상달되는 것은 아니라고 생각한다. "그러면 도대체 무슨 말이 하고 싶은 겁니까?" 하고 반문할 것이다. 이제 나의 확신과 견해를 설명하겠다.

잠깐 멈추고 다음의 사실을 생각해 보자. 당신은 일어나 공중 기도를 할 때, 무릎을 꿇고 개인 기도를 할 때 정말로 하나님이 천지를 창조하셨고 모든 권세를 가지고 계시며 그들의 기도에 응답하시는 하나님이라 믿고 그렇게 기도하는가?

수많은 그리스도인은 진심으로 하나님이 위대하시다고 고백하기보다 하나님을 우리의 기도에 어쩔 수 없이 응답하시는 분으로 인식하고 있다. 우리는 과연 하나님의 살아 계심과 그분의 능력과 무한한 지식과 사랑을 체험으로 알고 신뢰하는가? 과연 하나님이 그들의 기도에 신실하게 응답하시며, 우리의 기도를 통해 그리스도가 영광을 받으신다는 사실을 알고 있는가?

우리는 입술로만 하나님의 이름을 부를 뿐 마음 깊은 곳에서는 진정으로 하나님의 모든 것을 인정하지 않는다. 입술로만 하나님의 능력을 믿을 뿐이다. 우리는 기도할 때 아무런 의미도 없이 그저 하나님의 이름만 부를 때가 얼마나 많은가? 당신은 마음속 가장 깊은 곳에서 진심으로 하나님을 부르고 있는가?

우리의 기도가 능력 있는 기도, 응답받는 기도가 되기 위해서는 먼저 우리가 하나님의 영광스러운 임재 가운데 들어가 그분과 함께 대화해야 한다. 우리가 공중 기도를 하거나 개인 기도를 할 때, 하나님의 임재 가운데 들어가 정말로 깊은 교제가 이루어지지 않는다면 결코 한마디도 기도할 수 없다. 아니 기도해서는 안 된다.

하나님께, 하나님께, 하나님께. 이 '하나님께'라는 단어를 당신의 마음속 깊이 명심하기 바란다. 당신이 능력 있는 하나님의 임재 속에 들어가 하나님과 정말로 깊은 교제가 이루어지고 있다고 확신하기 전까지는 결코 한마디도 기도하지 말라.

나의 간증을 조심스럽게 이야기하겠다. 내가 어느 순간 하나님을 멀리 떠나 방황하고 있을 때, 그리스도인이 되었음에도 불구하고 마치 예수 그리스도를 영접하지 않은 것처럼 생각될 때가 있었다. 그러나 나는 매일 밤마다 기도했다. 성경이 하나님의 말씀인가, 예수 그리스도는 하나님의 아들이신가, 하나님은 인격적인 분이신가에 대해 의심하게 되었지만, 그래도 매일 밤마다 기도했다. 나는 내가 어릴 적부터 그렇게 자라왔으며 또 기도하는 것이 당연하게 내게 스며들어 습관이 된 것을 기쁘게 생각한다. 덕분에 나는 그 길로 하나님의 모든 것에 대한 깊은 회의와 불가지론의 함정에서 탈출해 하나님과 말씀을 신뢰하게 되었다. 하지만 그럼에도 불구하고 기도는 여전히 습관적 행위를 탈피하지 못했다. 그 결과 하나님과 깊은 관계를 맺지 못하고 겉으로만 돌았다. 내가 구원받은 후, 하나님의 사역을 시작한 후에도 기도 생활은 하나의 습관으로만 계속되었다.

그러던 어느 날 나는 기도의 진정한 의미를 깨달았다. 기도는 살아 계신 하나님과 만나는 것이며, 하나님의 임재 가운데로 들어가는 것이며, 그 결과로 기도한 것을 응답받는 것이다. 이 진리를 깨달은 후 나의 기도 생활은 완전히 변화되었다. 전에는 기도가 단순히 의무였으며 때로는 그것이 아주 지겹기도 했다. 그러나 이제는 기도가 의무일 뿐만 아니라 내 삶에서 가장 귀한 특권이 되었다.

전에는 이런 생각도 했다. '얼마 동안 기도해야 하는가?' 이것은 기도를 지루해했던 나의 어리석고도 서글픈 생각이었다. 그러나 지금, 나는 바뀌었다. '어찌 이 놀라운 특권과 의무를 소홀히 하겠는가?' 이것은 기도의 능력과 특권을 깨닫고 체험한 후에 변화된 나의 확신과 간증이다. 이전의 지루하고 무능력하며 부정적이었던 기도가 달콤하고 능력 있으며 긍정적인 기도로 바뀌었다.

어떤 영국 사람이 버킹엄 궁전에 들어가 여왕을 만나라는 명령을 받았다고 상상해 보자. 그가 명령을 받고 여왕 앞에 나가기 위해 궁전 대기실에서 기다리고 있다. 여왕을 만나기 전, 대기실에서 기다리는 동안 그는 무슨 생각을 하겠는가? 혹시 당신은 그가 '나는 여왕과 얼마나 지루한 시간을 보내야 하는가?'라는 생각을 할 것이라고 여기는가? 결코 그렇지 않다. 그는 이렇게 생각하며 기뻐했을 것이다. '여왕이 나와 이야기할 시간을 얼마나 줄 것인가? 그 감격적인 시간을 얼마나 더 내줄 것인가?'

이와 같이 기도는 지상의 어떤 왕이나 여왕과도 비교할 수조차 없는 영원하고도 전능하신 우리 왕과의 깊은 만남과 대화다. 기도의 능력을 체험한 사람은 전능하신 왕 중의 왕께서 그와 만나 주시는 그 시간을 지상의 어떤 귀중한 시간보다도 귀하게 여길 것이다. 그런 사람은 주님과의 대화 시간을 절대로 지루하거나 무의미하게 보내지 않는다. 그에게 주님과 만나는 시간은 일생일대의 감격적인 순간이 될 것이다.

나는 당신이 '하나님께'라는 단어를 마음속 깊이 깨닫기 원한다. 그리고 당신이 오늘부터 능력 있는 기도 생활을 시작하기를 기도한다. 당신은 공중 기도나 개인 기도를 할 때마다 하나님의 임재를 깨닫고 그 속에 깊이 들어가야만 진정한 기도를 할 수 있다는 사실을 명심하라. 이것은 정말 놀라운 비결이다.

여기서 한 가지 중요한 질문이 생긴다. 하나님의 임재 가운데로 들어가며, 또한 우리가 하나님의 임재 속에 들어왔다는 것은 어떻게 확신할 수 있을까?

몇 년 전 나는 시카고에서 이 성경 본문으로 설교한 적이 있다. 그날 설교를 끝냈을 때 아주 똑똑하며 영적으로 깊은 그리스도인 자매가 내게 와서 물었다. "토레이 목사님, 저도 '하나님께'라는 말의 의미를 알고 있습니다. 그런데 어떻게 능력의 하나님의 임재 가운데로 들어갈 수 있으며 어떻게 하나님의 임재 가운데 들어왔다는 사실을 확실히 깨달을 수 있습니까?"

이것이야말로 능력 있는 기도 생활에서 가장 중대한 질문이다. 여기에 대한 유일한 해답은 바로 하나님의 말씀인 성경에서 찾을 수 있는데, 다음 두 부분에서 해답을 구할 수 있다.

1. 예수의 피를 힘입어

"그러므로 형제들아 우리가 예수의 피를 힘입어 성소에 들어갈 담력을 얻었나니"(히 10:19).

우리는 "예수의 피를 힘입어" 하나님의 임재 가운데 들어간다. 하나님의 전능하신 능력의 자리에 들어가기 위해서는 오직 이 방법밖에 없다. 다른 방법은 용납될 수 없다. 그러면 예수님의 피를 힘입는다는 것은 도대체 무엇을 의미하는가? 다음과 같이 설명할 수 있다.

당신과 나 그리고 모든 사람은 하나님 앞에서 죄인이다. 하나님은 너무 거룩하시기 때문에 하나님을 모시고 있는 천사들도 그분 앞에서는 얼굴과 발을 가려야만 했다(사 6:2). 그래서 예수 그리스도는 우리를 위해 갈보리 십자가에서 죽으시고 우리의 죄를 완전히 속량하셨다. 구주 예수 그리스도는 당신과 나의 흉악한 죄를 다 짊어지고 죗값을 모두 치르셨다. 주님이 하나님의 저주를 받아 우리 대신 하나님 앞에 희생 제물이 되신 것이다.

우리가 진심으로 예수님을 구주와 주님으로 마음속에 영접하고 그분의 피로 말미암아 죄를 용서받는 순간, 우리의 모든 죄는 씻어지며 의인이라 칭함을 받고 사람들 위에 계시는 하나님과 그분의 유일한 아들인 예수 그리스도께 나아갈 수 있게 된다.

우리는 하나님의 존전에 나아갈 때 우리의 얼굴과 발을 가릴 필요가 없다. 왜냐하면 우리는 "그가 사랑하시는 자"(엡 1:6)로 완전히 인정되었기 때문이다.

"예수의 피를 힘입어 성소에", 즉 하나님의 임재 가운데로 들어간다는 의미는 무엇인가? 그것은 우리가 하나님께 가까이 갈 때 자신의 모든 의로움을 포기하고 내가 가장 비참한 죄인이라는 사실을 겸손히 인정하는 것이다. 그리고 모든 죄는 예수 그리스도의 보혈로 완전히 속죄되었다는 사실을 분명히 믿는 것이다. 그렇게 우리는 '예수의 피를 힘입어' 하나님의 가장 거룩한 곳으로 담대하게 나아갈 수 있다.

이 땅의 어느 누구도 자신의 의로운 행위로는 하나님 앞에 나아갈 수 없다. 인간은 자기의 선행으로 하나님께 기도 응답이나 복을 받을 수도 없다. 그런데 세상에서 가장 추악한 죄인이라 할지라도 자신의 죄를 철저히 회개하고 예수 그리스도가 자신의 죄를 위해 피 흘려 죽으셨음을 믿는다면, 언제라도 하나님 앞에 담대히 나아갈 수 있으며 하나님께 구한 모든 것을 응답받을 수 있다.

이 얼마나 놀라운 일인가? 그렇다. 이것은 진리며 하나님의 불변의 약속이다. 그 하나님께 한없는 감사와 영광을 돌리자.

기도의 능력을 믿지 않는 크리스천 사이언스 교도는 진정으로 기도할 수 없다. 소위 그들이 말하는 기도는 사상에 대한 단순한 묵상이나 집중적인 생각일 뿐이다.

크리스천 사이언스교를 만든 메리 베이커 에디(Mary Baker Eddy)는 인격적인 하나님의 존재와 그리스도께서 구속하신 보혈의 유효성을 부인했다. 그녀는 예수 그리스도가 갈보리 십자가에서 흘리신 보혈은 아무런 의미가 없다고 말했다. 그녀는 이름만 그리스도인일 뿐 물과 성령으로 거듭나지 못한 사람이다. 이러한 태도는 인격적인 하나님께 복을 구하는 것이 아니다. 즉, 성경적으로 기도할 수 있는 기초와 배경, 조건을 갖추지 않은 크리스천 사이언스교도는 진정으로 기도할 수 없다.

또한 유니테리언교도도 참된 기도를 할 수 없다. 아무리 그들의 입술에 하나님의 이름이 오르내리고, 그분을 아버지라 부르며, 온갖 미사여구를 구사해 기도할지라도 하나님과 아무 상관없는 기도를 할 뿐이다. 예수 그리스도는 "내가 곧 길이요 진리요 생명이니 나로 말미암지 않고는 아버지께로 올 자가 없느니라"(요 14:6)라고 말씀하셨다.

수년 전 나는 시카고에서 어떤 중요한 모임에 참석했다. 그 모임에는 시카고에서 가장 유명한 유니테리언 사역자 한 사람도 참석했다. 내가 설교를 마치자 그 사역자가 와서 말을 건넸다.

"목사님, 저는 가끔 목사님의 교회에서 설교를 듣고 있습니다."

나는 "아, 그래요? 정말 반갑습니다." 하고 대답했다.

그러자 그는 다시 말을 이었다. "특히 목사님이 인도하시는 기도회에 참석해 많은 은혜를 받습니다. 금요일 밤에 열리는 기도회에 자주 참석해 아주 좋은 시간을 갖고 있습니다."

그의 말을 듣고 나는 이렇게 대답했다. "그러시다니 참 기쁜 일입니다. 그러나 물어 볼 것이 있는데, 왜 당신의 교회에서는 기도회를 갖지 않습니까?"

그는 나의 질문에 솔직하게 대답했다. "목사님이 그런 의미심장한 질문을 하니 정직하게 대답하겠습니다. 제가 기도회를 갖지 않는 중요한 이유는 기도회에 대한 두려움 때문입니다. 저는 그동안 여러 차례 기도회를 가졌지만 매번 실패로 끝나 버리고 말았습니다. 그래서 더는 기도회를 가질 수 없습니다."

그들의 기도회가 실패로 끝나는 것은 너무나 당연하다. 그리스도의 구속적 보혈을 부인하기 때문이다. 그러므로 그들은 하나님께 도저히 나아갈 수 없으며 하나님의 영광스러운 임재 가운데 들어간다는 것은 상상할 수도 없다.

요즘 정통 그리스도인이라는 사람들 중에도 예수 그리스도의 구속의 보혈을 부인하는 사람이 상당히 많은 것 같다. 그들은 우리의 죄를 대신해 갈보리 십자가에서 죽으신 예수님의 피로 말미암아 죄를 용서받는다는 사실을 믿지 않는다. 그렇기에 진정으로 하나님께 기도할 수 없다.

그들 가운데 많은 사람은 성경이 말하는 바, 즉 그리스도의 대속적인 죽음과 피 흘림을 통해서만 우리의 죄가 용서받는다는 분명한 진리를 부인하며, 이것을 신학적으로 체계화시켜 계속해서 주장한다. 그들의 이러한 신학이야말로 정말 형편없는 신학이다.

알렉산더와 나는 런던의 로열 앨버트 홀에서 집회를 인도하고 있었다. 그러던 어느 날 어떤 사람이 집회 기간 중에 주운 찬송가 한 권을 나에게 우편으로 부쳤다. 그런데 그는 찬송가를 다 읽고 나서 그 책에 나오는 그리스도의 피에 대한 말은 모조리 다 없애 버렸다.

그리고 다음과 같은 편지도 동봉했다. "저는 이 찬송가를 보면서 그리스도의 피라는 말이 나올 때마다 그 부분을 잘라 버렸습니다. 이제 그 찬송가를 목사님께 보냅니다. 자, 그리스도의 보혈이 제거된 찬송을 불러 보시기 바랍니다. 훨씬 의미가 깊고 멋있을 겁니다."

나는 그날 오후에 조각난 찬송가를 집회에 가지고 가서 사람들에게 보이며 담대히 말했다. "저는 어떠한 희생이 있어도 찬송가에서 그리스도의 피를 제거하지 않을 것입니다. 저의 신학에서 그리스도의 피를 제거하면 하나님께 담대히 나아가는 길이 완전히 차단됩니다. 그러므로 저는 그리스도의 피를 목숨을 다해 지킬 것입니다."

당신이 그리스도의 구속의 피를 믿지 않는다면 기도를 중단하라. 그러나 진심으로 보혈의 능력을 믿고 의지한다면 당신은 모든 죄를 완전히 용서받고 주님으로부터 의롭다는 놀라운 칭찬을 받을 것이다. 당신은 그리스도의 보혈의 기초 위에서만 하나님께 기도할 수 있다.

2. 성령 안에서

"이는 그로 말미암아 우리 둘이 한 성령 안에서 아버지께 나아감을 얻게 하려 하심이라"(엡 2:18).

우리는 본문에서 하나님께 나아가기 위해서는 두 분을 통해서만 가능하다는 사실을 발견할 수 있다. 한 분은 예수 그리스도시고 또 한 분은 바로 성령님이시다. 우리는 첫 번째 진술에서 예수 그리스도의 보혈을 언급했다. 그러면 이제는 성령님에 대해 생각해 보자.

우리가 하나님의 깊은 임재 가운데로 들어가기 위해서는 성령님의 역사가 있어야 한다. 당신이 거룩한 하나님의 임재 속에 들어갔다는 사실을 확인할 수 있는 비결은 오직 성령님의 역사라는 것을 명심하라. 당신과 내가 기도할 때, 우리를 하나님 앞으로 인도하며 그분께 소개하고 대면시키는 분이 바로 성령님이시다. 성령님은 또한 우리를 대신해 말할 수 없는 탄식으로 하나님께 기도하고 계신다. 본문에서 '나아감'이라는 말의 헬라어 원어는 라틴어에서 영어로 번역된 '인도하다' 혹은 '대면시키다'라는 말과 같은 어원에서 시작되었다.

우리를 하나님께 인도하고, 하나님의 거룩하시며 영광스러운 임재 가운데로 이끌어 가는 것은 성령님의 역사다. 우리의 기도가 하나님께 상달되고, 하나님을 기쁘시게 하며, 하나님의 마음을 움직이게 하기 위해서는 성령님의 역사를 의지해야 한다. 성령님의 역사가 없는 기도는 아무런 의미가 없다.

당신은 기도할 때 다음과 같은 경험을 해본 적이 있는가? 무릎을 꿇고 기도하는데 마치 아무도 없는 허공에 기도하는 것처럼 느껴지는 것이다. 그렇다면 우리는 그런 상황에서 어떻게 해야 하는가? 기도하고 싶은 마음이 생기기까지 무작정 기다려야 하는가? 기도하기 싫다고, 기도가 잘 안 된다고 기도를 중단해야 하는가? 아니다. 결코 아니다. 기도가 안 되고 기도하기 싫은 순간이 진정으로 기도해야 하는 순간이다. 당신은 이렇게 하나님께 말씀드리라. "하나님, 저는 지금 기도가 되지 않을 뿐더러 기도하고 싶지도 않습니다."

하나님께 솔직하게 말씀드릴 때 벌써 그 자체로 당신은 기도한 것이다. 그리고 나서는 어떻게 해야 하는가? 조용히 침묵을 지키고 하나님을 바라보면서 그분의 약속을 이루게 해 달라고 기도하라. 성령님을 보내 주셔서 하나님의 임재 가운데로 인도해 달라고 간절히 기도하라. 그리고 성령님의 역사를 기대하며 믿음으로 기다리라. 그때 성령님은 우리를 말할 수 없이 영광스러운 하나님의 임재 가운데로 인도하실 것이며, 올바른 기도를 할 수 있도록 도와주시고 역사하실 것이다.

나도 이와 같은 경험을 한 적이 있다. 처음에 내가 기도하려고 무릎을 꿇었을 때는 하나님의 임재를 도무지 느낄 수 없었다. 그리고 아무도 없는 허공에 대고 기도하는 것처럼 느껴졌다. 그때 나는 하나님을 바라보면서 그분을 전적으로 의지했고, 성령님을 보내 주셔서 어떻게 기도해야 하는지 가르쳐 달라고 기도했다. 또한 성령님의 역사로 하나님의 마음속에 들어갈 수 있게 해 달라고 간절히 기도했다.

드디어 성령님이 내 안에 역사하셨다. 그분은 내 기도를 힘 있게 도와주시며 내 영혼의 눈을 열어 하나님을 보게 하셨다. 나는 성령님의 놀라운 역사로 영적 눈을 통해 하나님의 영광을 볼 수 있게 되었다.

어느 날 밤, 나는 시카고 남부에 있는 한 교회에서 설교를 마치고 밖으로 나오는데 어떤 중년 남자와 마주쳤다. 나는 그에게 그리스도인이냐고 물었다.

그는 아니라고 대답하면서 다음과 같이 물었다. "저는 무신론자입니다. 그런데 목사님은 하나님을 보았습니까?"

나는 그 질문에 "그렇습니다. 저는 하나님을 보았습니다." 하고 재빠르게 대답했다.

그 남자는 내 말을 듣고 깜짝 놀랐다. 그리고 한동안 아무 말이 없었다. 물론 내 육신의 눈으로 하나님을 보았다는 의미는 아니었다. 나는 두 가지 눈을 가졌다는 것에 하나님께 감사드린다. 첫 번째는 육적인 눈이고 두 번째는 영적인 눈이다. 나는 육적인 눈의 시력이 아무리 좋아도 그 눈만 가진 사람을 볼 때마다 연민의 마음을 금할 수 없다. 나는 행복하게도 육적인 눈으로 당신을 볼 수 있고 영적인 눈으로 하나님을 볼 수 있다.

하나님은 나에게 아주 좋은 육적인 눈을 주셨다. 덕분에 내 나이 67세가 되었어도 안경을 쓰지 않아도 잘 볼 수 있다. 그러나 육적인 눈은 그 시력을 상실할 수 있지만, 하나님을 만나고 바라볼 수 있는 영적인 눈은 다른 어떤 무엇과도 바꿀 수 없는 귀한 하나님의 선물이다. 당신은 참으로 영적인 눈을 가지고 있으며 날마다 하나님과 만나며 그분을 바라보고 있는가?

우리가 하나님의 임재에 들어가며, 그 임재 속에 들어왔다는 확신을 얻기 위한 두 가지 중요한 방법은 첫째, 예수 그리스도의 피와 둘째, 성령님의 역사다. 이 두 가지 외에 다른 방법은 전혀 없다.

우리는 이 문제와 병행해 또 한 가지 중요한 교리인 삼위일체에 대해 생각하고자 한다. 삼위일체 교리는 우리의 신앙에, 특히 기도 생활에 대단히 실제적인 중요성을 갖는다. 많은 사람은 삼위일체 교리가 상당히 추상적이고 비실제적이며 또 그것을 해석하고 적용시키는 것은 대단히 어려운 문제라고 생각한다. 그러나 삼위일체 교리는 우리의 모든 영적 생활을 포함하고 있으며, 특히 기도 생활 가운데 가장 실제적인 문제고 더할 나위 없이 귀중한 교리다.

우리는 하나님 아버지가 필요하다. 우리의 기도 대상이 하나님이시기 때문이다. 우리는 그분의 아들 예수 그리스도가 필요하다. 우리는 예수 그리스도를 통해 하나님 아버지께 갈 수 있기 때문이다. 또한 우리는 성령님이 필요하다. 그것은 우리가 참된 기도를 할 수 있도록 하나님께 기도하며 우리를 인도하는 분이 바로 성령님이시기 때문이다.

우리가 예수 그리스도를 통해 성령님의 능력 안에서 하나님 아버지께 올바르게 기도할 때, 하나님은 틀림없이 우리의 기도에 응답하신다.

간절히

다시 사도행전 12장 5절에 나타나는 응답받는 기도의 비결을 상고해 보자. 그 두 번째 비결은 바로 '간절히'다.

"교회는 그를 위하여 간절히 하나님께 기도하더라"(행 12:5).

이 단어에는 두 가지 다른 번역이 있다. KJV성경에는 '계속해서' 혹은 '끊임없이'라고 번역되어 있고, RV성경에는 '간절히'라고 번역되어 있다.

그중 '간절히'가 '끊임없이'보다 훨씬 더 원어의 의미에 가깝다. 그러나 '간절히'라는 표현도 원어를 제대로 옮기지는 못했다. 이 단어의 헬라어는 에크테노스(ektenos)로, '계속해서 뻗쳐 나가다'라는 뜻이다.

KJV성경 번역자들은 기도를 끊임없이 뻗쳐 나간다는 의미로 생각하고 '끊임없이'라는 단어로 번역했다. 하지만 이 번역은 무엇인가 잘못되었다. 신약성경에서 '에크테노스'라는 단어가 그런 의미로 사용된 적이 결코 없기 때문이다. (성경 이외의 곳에서 이 단어가 '끊임없이'라는 의미로 사용되었는지는 모르겠다.) 반면 에크테노스는 어떤 상태를 묘사해 주는 단어다. 이 표현은 바로 한 영혼이 하나님께 절박하고도 간절한 심정으로 나아가는 상태를 묘사한다.

달리기 경주를 본 적이 있을 것이다. 선수들이 출발선에서 출발을 알리는 소리를 기다리고 있다. 출발을 알리는 소리가 날 때까지 선수들은 온 신경을 곤두세우고 반쯤 윗몸을 수그리고 기다린다. 출발을 알리는 신호가 떨어지자마자 온 신경과 몸을 움직여 목표를 향해 달린다. 어떤 선수는 이마에 굵은 핏줄이 서기까지 한다. 모든 선수는 승리자가 되기를 원한다. 이처럼 에크테노스는 한 영혼이 절박하고도 간절한 상태로 온 힘을 다해 하나님을 향하여 달려가는 것을 뜻한다.

이와 동일한 단어가 누가복음 22장 44절에서도 사용되었다. "예수께서 힘쓰고 애써 더욱 간절히 기도하시니 땀이 땅에 떨어지는 핏방울 같이 되더라." 이미 지적한 대로 예수님은 아주 긴박하고도 간절한 심정으로 하나님께 달려가고 있었다.

아마 이 헬라어 단어 에크테노스는 '간절히'라고 번역해야 가장 정확할 것이다. 사실 '끊임없이'와 '간절히'는 같은 어근에서 왔으며 접두사만 다르다. "교회는 그를 위하여 아주 절박하고 간절하게 하나님께 빌더라." '끊임없이'도 나쁜 번역은 아니지만 "교회는 그를 위하여 '간절히' 하나님께 빌더라."가 더 좋은 표현이다.

하나님은 긴급하고도 절박한 심정으로 간절히 기도하는 사람에게 귀를 기울이며 응답하신다. 이 교훈은 성경 여러 부분에 나타난다. 예레미야에서도 그것을 발견할 수 있다.

"너희가 온 마음으로 나를 구하면 나를 찾을 것이요 나를 만나리라"(렘 29:13).

여기서 왜 우리의 많은 기도가 하나님께 응답받지 못하는지 해답을 찾을 수 있다. 바로 우리 기도에는 절박하고도 간절한 마음이 없기 때문이다. 그래서 하나님도 우리 기도에 별로 관심을 갖지 않으신다.

당신은 오늘 아침에 기도했는가? 아마 의심 없이 그렇다고 대답할 것이다. 그렇다면 다시 묻겠다. "당신은 오늘 아침에 무엇을 위해서 기도했는가?" 이 질문에 대해서는 대답하기를 주저할지도 모른다. 그러고는 "사실은 오늘 아침에 제가 무엇을 기도했는지 기억나지 않습니다."라고 말할 것이다. 그렇기 때문에 하나님도 당신의 기도에 응답할 것을 잊어버리신다.

당신은 날마다 기도하고 다음 날 또다시 같은 내용을 기도한다. 그저 단순히 기계적으로 무릎을 꿇고 기도하는 것이다. 그러면서도 자신은 지금 기도하고 있다고 생각한다. 그리고 다시 어제 한 기도를 오늘도 계속 반복하며 다른 십여 가지의 일을 생각한다. 이러한 기도는 아무런 의미가 없으며 하나님의 이름을 망령되이 부르는 것이다.

오늘날 수많은 그리스도인이 이런 무기력한 기도 생활로 인해 하나님의 능력과 성령님의 감화에서 떠난 비참한 생활을 하고 있다. 그들의 기도는 날마다 앵무새처럼 반복되고, 그들은 여전히 삶의 현장에서 밀어닥치는 문제를 부둥켜안고 신음한다.

당신의 기도 생활은 어떤가? 당신의 기도는 하나님께 간절히 드려지고 있는가? 기도 내용은 성경적인가? 오늘 아침 기도한 내용을 분명히 기억하고 있는가? 그리고 당신의 기도를 하나님이 분명히 듣고 이루어 주실 것이라는 확신을 가지고 있는가?

당신이 지금 가식적이고 위선적이며 아무런 간절함이 없는 기도를 하고 있다면 즉각 중지하라. 그리고 기도의 태도와 내용을 완전히 바꾸라. 당신이 성령님의 도우심으로 기도하며, 간절한 마음으로 하나님께 부르짖었다면 하나님은 그 기도에 응답하신다.

우리가 만일 능력 있는 기도를 드리기 원한다면 절박한 심정으로 온 영혼을 쏟아붓듯이 기도해야 한다. 성경은 이러한 교훈을 또다시 보여 준다. 예를 들어 사도 바울은 로마서에서 이렇게 말한다.

"형제들아 내가 우리 주 예수 그리스도와 성령의 사랑으로 말미암아 너희를 권하노니 너희 기도에 나와 힘을 같이하여 나를 위하여 하나님께 빌어"(롬 15:30).

이 구절에서 '힘을 같이하여 빌어'라는 말은 헬라어로 순아고니조마이(sunagonizomai)라는 말인데, 아고니조마이(agonizomai)는 '싸우다', '씨름하다'라는 뜻이다. 그러므로 이 구절은 이렇게 번역할 수 있다. "형제들아 내가 우리 주 예수 그리스도와 성령님의 사랑으로 말미암아 너희를 권하노니 너희 기도에 나와 힘을 같이하여 나를 위하여 하나님과 씨름하자."

최근에 우리는 '믿음의 안식'이라는 말을 많이 듣는다. '믿음의 안식'은 그리스도인은 조용히 살아야 하며, 기도할 때는 어린아이처럼 단순히 하나님 앞에 나아와 구해야 한다는 의미다. 물론 이 말에도 진리가 포함되어 있다.

진리는 양면성을 가진다. 진리의 양면 중 한 면은 '믿음의 안식'이고 또 한 면은 '믿음의 싸움'이다. 성경은 '믿음의 안식'보다 '믿음의 싸움'을 더 강조한다. 이 기도의 '싸움' 혹은 '씨름'은 우리의 기도를 들어 달라고 강제적으로 하나님께 요구하거나 하나님과 씨름하는 것이 아니다. 성경은 오히려 우리의 싸움의 대상을 이렇게 말한다.

> "우리의 씨름은 혈과 육을 상대하는 것이 아니요 통치자들과 권세들과 이 어두움의 세상 주관자들과 하늘에 있는 악의 영들을 상대함이라"(에베소서 6:12).

우리의 적은 사탄과 그의 모든 세력이다. 하지만 우리가 기도할 때 사탄의 모든 세력과 역사는 무너지고 우리를 결코 대항하지 못할 것이다.

간혹 기도할 때, 마치 지옥의 모든 세력이 우리와 하나님의 사이를 가로막고 방해하는 것처럼 느껴질 때가 있다. 그럴 때는 어떻게 해야 하는가? 기도를 포기해야 하는가? 아니다. 결코 기도를 포기해서는 안 된다. 무릎을 꿇고 그 문제를 해결하기까지 간절히 기도하며 하나님과 씨름해야 한다.

몇 년 전 나는 세인트루이스에서 제임스 브룩스(James H. Brookes) 박사가 목회하는 교회의 수양회에 참석했다. 그 수양회에서 강의를 맡은 강사 중에는 미국에서 가장 탁월한 성경 교사도 한 사람 있었다. 그는 그 날 '믿음의 안식'에 대해 설교했다.

그는 설교 중에 '기도의 씨름'에 대한 성경 구절이 있으면 자기에게 보여 달라고 말했다. 많은 청중 가운데 아무도 그 성경 구절을 말해 주는 사람이 없었다. 그때 강단에 앉아 있던 나는 (다른 연사에게 반박하는 것을 좋아하진 않지만 아무도 말해 주지 않아 어쩔 수 없었다.) 로마서 15장 30절을 펴 보이면서 "여기에 그 구절이 있습니다."라고 작은 목소리로 말했다. 그는 헬라어에 아주 해박한 지식을 가진 정직한 사람이었다. 그는 그 말씀의 헬라어를 보더니 그것을 솔직히 시인했다.

그렇다. 성경은 우리에게 '기도의 씨름'을 하라고 명령한다. 우리는 진실로 성령님의 능력으로 우리의 기도를 응답받기 위해서 하나님과 씨름해야 한다.

'힘을 같이하여 빌라'는 말은 아곤(agon)이라는 어근에서 유래했다. 그러기에 이미 언급한 누가복음 22장 44절을 다음과 같이 번역할 수 있다. "예수께서 힘쓰고 애쓰는 고통 가운데 더욱 간절히 기도하시니 땀이 땅에 떨어지는 핏방울같이 되더라." 우리도 이렇게 기도해야 한다.

또 한 가지 예를 들어 보자. 골로새서는 우리에게 능력 있는 기도의 비결을 제시해 준다.

> "그리스도 예수의 종인 너희에게서 온 에바브라가 너희에게 문안하느니라 그가 항상 너희를 위하여 애써 기도하여 너희로 하나님의 모든 뜻 가운데서 완전하고 확신 있게 서기를 구하나니"(골 4:12).

(RV성경은 '애써 기도하여'라는 말 대신 '너희를 위하여 기도의 씨름을 한다'고 번역했는데, 이는 로마서 15장 30절에 나온 표현과 같은 말이다.) '애써 기도하여'라는 말은 대단히 강력한 표현이다. 이 말은 강렬한 고통 혹은 고통스러운 수고라는 의미다. 당신은 기도의 고통이나 간절함을 아는가? 고통스러울 정도로 간절한 기도를 하고 있는가? 우리는 마음에도 없는 기도를 얼마나 쉽게 하며, 하나님의 이름을 얼마나 쉽게 부르는가!

수 세기에 걸쳐 많은 하나님의 사람이 고통스러울 정도로 간절하게 기도하여 위대한 역사를 이루었다. 데이비드 브레이너드(David Brainerd)는 그들 중 한 사람으로 놀라운 그리스도인이다. 그는 육적으로는 매우 연약한 사람이었지만 영적으로는 훌륭한 하나님의 사람이었다.

그는 수년 동안 앓던 폐병으로 인해 거의 죽음에 이르게 되었다. 그것도 인생의 초기에 발병한 것이었다. 극한 상황에서도 브레이너드는 북펜실베이니아의 원시림에 거주하는 북미 인디언에게 가서 복음을 전하라는 하나님의 명령을 받았다. 그는 때로 엄청난 소명을 받고 숲속에 들어가 차디찬 눈 속에서 무릎을 꿇고 간절히 기도하며 하나님과 씨름했다. 추운 겨울밤을 지새우며 아주 간절히 기도한 나머지 땀이 온몸을 적시기도 했다. 드디어 하나님은 그의 간절한 기도를 들으시고 미국 역사상 전무후무한 위대한 부흥을 북미 인디언들에게 주셨다.

브레이너드는 장인 조너선 에드워즈를 위해서도 하나님께 간절히 기도하며 매달렸다. 그러자 하나님은 그의 기도에 응답하셔서 조너선 에드워즈를 변화시켜 역사상 가장 위대하고 훌륭한 복음 전도자로 만드셨다. 실로 에드워즈는 미국이 낳은 가장 훌륭한 사상가이자 하나님의 사람이 되었다.

조너선 에드워즈가 엔필드의 교회에서 성령님의 능력을 힘입어 『진노한 하나님의 손에 붙들린 죄인들』(생명의말씀사 역간)이라는 제목을 가지고 설교하자 마치 교회의 터가 흔들리는 것 같았고 모든 청중이 지옥으로 굴러 떨어질 것 같은 능력의 기적이 일어났다. 그들은 그 능력의 메시지를 듣고 모두 일어나 교회의 기둥을 잡고 하나님께 부르짖으며 회개하고 예수 그리스도를 구주로 고백했다.

데이비드 브레이너드처럼 기도하는 사람이 우리에게 있다면 조너선 에드워즈와 같이 능력 있는 설교자들이 우리 가운데 일어날 것이다.

내가 뉴욕주에서 어떤 수양회를 인도하는 중에 하나님의 사람 데이비드 브레이너드에 대해 이야기했을 때, 청중 가운데 조너선 에드워즈의 손자이자 그에 대한 전문가인 파크(Park) 박사가 와서 말했다. "저는 항상 데이비드 브레이너드에게 비범한 무언가가 있다고 느꼈습니다."

나는 그의 말을 듣고 다음과 같이 대답했다. "박사님, 우리가 그에 대해 생각할 때, 그가 가진 독특한 능력을 깨닫는 것은 무엇보다도 중요합니다. 그는 우리와 다릅니다. 우리가 상상할 수조차 없는 엄청나게 간절한 기도를 드린 사람입니다. 하나님은 그의 목숨 건 기도를 들으시고 응답하셨습니다."

정말 그렇다. 데이비드 브레이너드와 같이 우리도 하나님의 능력을 간절히 사모하며 기도해야 한다. 진정한 기도의 목적은 어디에 있는가? 기도의 대상이 되신 하나님을 영광스럽게 하는 데 있다. 기도는 나 자신의 유익과 행복과 존귀를 위해서 하는 것이 아니다. 진정한 기도의 능력은 어디서 오는가? 우리가 온 마음을 다해 타는 듯한 심정을 가지고 기도할 때 온다.

그렇다면 여기에서 매우 실제적인 문제가 제기된다. 그것은 바로 우리가 어떤 방법으로, 어떻게 간절히 기도해야 하는가다. 성경은 이 문제에 대해 아주 간단하면서도 분명하게 대답한다. 우리가 간절하게 기도하는 방법에는 두 가지 길, 즉 바른 길과 잘못된 길이 있다.

우선 나쁜 방법, 즉 비성경적인 기도 방법을 생각해 보자. 비성경적인 방법은 육체의 힘을 가지고 기도를 이루려는 것이다. 당신은 다음과 같이 기도하는 사람을 본 적이 있는가? 많은 그리스도인이 의자 곁에 무릎을 꿇고 기도한다. 처음에는 아주 조용히 기도하다가 점점 소리가 커지며 나중에는 미친 듯이 하나님을 부르며 의자를 치기 시작한다. 그러다가 더욱 심해져 입에서 거품을 뿜어내며 온 힘을 다해 내용도 없는 기도를 큰 소리로 한다.

이런 방법은 바로 육신의 힘만 소비하는 무익한 기도다. 태도만 보면 거창하고 간절히 기도하는 것 같지만 실상은 허공만 치는 기도를 반복하는 것이다. 하나님은 이처럼 가식적인 기도를 싫어하신다. 물론 큰 소리로 기도하는 태도는 아무래도 좋다. 그러나 꼭 그렇게 소리를 지르고 미친 듯이 기도해야만 하나님이 들으시는가? 중요한 것은 기도의 외적 태도보다 기도하는 사람의 마음이다. 진정한 마음의 간절함 없이 그저 소리만 크게 지르고 교회 의자를 치고 뒹굴며 기도하는 것은 위선적인 기도며 아무 능력도 없는 기도다.

우리의 마음을 울리고 하나님의 마음을 감동시키는 간절한 기도 방법이 바로 로마서에 있다. 이 말씀에서 하나님은 올바른 기도 방법을 우리에게 계시하신다.

"이와 같이 성령도 우리의 연약함을 도우시나니 우리는 마땅히 기도할 바를 알지 못하나 오직 성령이 말할 수 없는 탄식으로 우리를 위하여 친히 간구하시느니라 마음을 살피시는 이가 성령의 생각을 아시나니 이는 성령이 하나님의 뜻대로 성도를 위하여 간구하심이니라"(롬 8:26-27).

바로 이 방법이다. 성경적 기도 방법은 성령님을 바라보는 것이다. 이것이 간절히 기도하는 유일한 방법이다. 하나님이 원하시는 것은 당신이나 내가 만들어 낸 간절함이 아니라 우리 마음속에서 강하게 역사하시는 성령님에 의한 간절함이다. 당신이 하나님께 기도할 때 아무런 간절함이 없다면 그것은 말, 오직 말뿐인 형식적인 기도가 된다. 당신의 마음속에는 진정한 기도의 간절함이 없는 것이다.

우리는 이럴 때 어떻게 해야 하는가? 기도하고 싶은 마음이 일어날 때까지 기도를 중단하고 기다려야 하는가? 아니다. 그렇게 기도하고 싶지 않은 순간이 올 때가 바로 진정으로 기도해야 하는 때다. 그러면 어떻게 해야 하는가?

잠잠히 하나님이 우리 마음속에 보내신 성령님의 역사를 바라보라. 성령님은 우리의 마음속에 놀랍게 역사하기 시작하시며 우리에게 그분의 약속을 따라서 간절히 기도할 수 있는 마음과 능력을 주신다. 성령님이 우리 안에서 역사하시고 도우실 때, 우리는 정말 간절히 기도할 수 있다. 이처럼 성령님의 역사를 바라보며 기도할 때, 성령님은 우리에게 간절한 마음을 주시고 '말할 수 없는 탄식으로' 우리를 위해 간절히 기도하신다.

한 번의 기도를 하더라도 응답받는 기도를 하자. 오직 성령님의 도우심으로 간절히, 정말 목숨을 바치는 간절함으로 기도하자.

교회는

이제 '교회는'이라는 말을 생각해 보자. 하나님이 특별히 응답하기를 기뻐하시는 기도가 있는데, 그것은 바로 연합된 기도다. 그리스도인 한 사람의 기도에도 능력이 있으며 그 개인 기도는 위대한 역사를 이룬다. 그러나 연합된 기도는 훨씬 더 큰 능력이 있다. 예수님은 그 진리에 대해 이렇게 말씀하셨다.

> "진실로 다시 너희에게 이르노니 너희 중의 두 사람이 땅에서 합심하여 무엇이든지 구하면 하늘에 계신 내 아버지께서 그들을 위하여 이루게 하시리라 두세 사람이 내 이름으로 모인 곳에는 나도 그들 중에 있느니라"(마 18:19-20).

하나님은 자신의 백성이 연합하여 기도하는 것을 기뻐하시며 그들 가운데 능력으로 역사하신다. 진실한 신자 한 사람의 기도에는 능력이 있다. 그러나 두 사람이 합심하고 연합하여 기도하면 훨씬 더 큰 능력이 나타난다.

그때 연합은 진정한 연합이어야 한다. 이 말은 주님이 하신 말씀 가운데 잘 설명되어 있다. 주님은 "너희 중의 두 사람이 땅에서 합심하여 무엇이든지 구하면 하늘에 계신 내 아버지께서 그들을 위하여 이루게 하시리라"(마 18:19)라고 하셨다.

이 말씀은 자주 오용되며, 상습적으로 남용되는 약속의 말씀이다. 이 성경 구절은 다음과 같이 자주 인용된다. "진실로 너희에게 이르노니 너희 중의 두 사람이 땅에서 무엇이든지 구하면 하늘에 계신 내 아버지께서 그들을 위하여 이루게 하시리라." 그러나 여기에는 중요한 단어가 하나 빠졌다. 다시 그 단어를 넣어 정확하게 읽어 보자. "진실로 다시 너희에게 이르노니 너희 중의 두 사람이 땅에서 '합심하여' 무엇이든지 구하면 하늘에 계신 내 아버지께서 그들을 위하여 이루게 하시리라."

어떤 사람은 "그 말이 있든 없든 별 차이가 없다."라고 말할지도 모른다. 그러나 이것은 굉장히 큰 차이를 가져다준다. 한 가지 예를 들어 보자. 어떤 사람이 마음에 무거운 짐을 가지고 있다고 가정하자. 그가 당신에게 와서 같이 합심해 그 문제를 위해 기도하자고 간청했다. 그래서 당신은 그 문제를 위해 같이 기도했다.

당신은 그 기도에 '동의'하지만 정말 마음을 합하여 기도하지는 않았다. 그 사람은 마음에 간절함이 있기 때문에 간절히 기도했지만, 당신에게는 그와 같은 간절함이 없기 때문에 간절히 기도할 수 없었다. 당신은 정말 마음을 합하여 기도할 수 없었다.

그러나 성령님으로 말미암아 하나님이 당신과 그의 마음에 동일하게 무거운 짐을 두신다면 당신과 그는 성령님의 연합 속에서 간절히 기도하게 된다. 이렇게 기도할 때는 땅의 권세나 지옥의 권세가 당신과 그의 기도를 방해하지 못한다. 하나님 아버지는 당신과 그가 합심해서 기도할 때 틀림없이 응답하신다.

그를 위하여

마지막으로 '그를 위하여'라는 말을 생각해 보자. 진정한 기도는 어떤 사람을 위한 분명한 기도여야 한다. 하나님은 이렇게 분명한 기도를 원하시며 그러한 기도에 응답하신다. 그런데 우리의 기도는 얼마나 일반적이고 애매하며 희미한가? 우리는 아주 분명하고 확실한 기도를 해야 한다.

막연하게 기도하면 하나님도 막연하게 응답하신다. 우리가 분명하게 기도할 때 하나님도 분명하게 응답하신다. 종종 우리는 기도의 분명한 목적과 목표, 문제를 갖지 않고 그냥 아무렇게나 기도한다. 이렇게 막연한 기도는 어떤 능력이나 응답을 기대할 수 없다.

다른 그리스도인에게 기도를 부탁할 때는 기도의 내용과 문제의 핵심을 분명하게 이야기해 주어야 한다. 아직도 많은 그리스도인이 기도를 부탁할 때 "무엇을 위해 기도하기를 원하느냐?"라고 물어 보면 "그런 것은 알 필요 없고 그냥 기도해 달라."라고 말하는 일이 많다. 그것은 잘못된 기도 형태다. 그러므로 분명하고 정확하게 기도하자.

이 장을 마치면서 다시 한번 강조하는 것은 기도 응답을 받기 원한다면 성령님의 능력을 전적으로 의지해야 한다는 것이다. 우리가 첫 번째 단어에서 살펴본 것처럼, 성령님은 우리가 하나님 앞으로 나아갈 수 있도록, 우리의 기도가 상달되도록 도와주신다. 또한 성령님은 우리에게 능력 있는 기도를 할 수 있는 간절한 마음을 주시며, 우리를 연합하게 하셔서 연합된 기도의 능력을 보여 주신다. 마지막으로 성령님은 분명한 기도를 하도록 깨닫게 해주며 우리의 기도에 능력을 주신다.

이 모든 것을 한마디로 요약하면, 하나님이 응답하시는 기도는 하나님께 드려지는 기도며, 그 아들 예수 그리스도의 구속의 피에 근거한 기도며, 성령님의 능력과 인도하심을 받는 기도다. 이 사실을 기억하기 바란다.

05

응답받지 못하는 그리스도인

"무엇이든지 구하는 바를 그에게서 받나니
이는 우리가 그의 계명을 지키고
그 앞에서 기뻐하시는 것을 행함이라"(요일 3:22).

앞 장에서 우리는 기도 응답을 받기 위해 어떻게 기도해야 하는지 성경을 통해 발견하고 함께 연구했다. 이제는 '응답받는 그리스도인과 응답받지 못하는 그리스도인'이라는 주제를 가지고 고찰해 보자.

오늘날 수많은 그리스도인은 하나님이 말씀 가운데서 주신 기도 응답의 약속이 모든 그리스도인에게 주어진 것이라고 생각한다. 즉 하나님은 어떠한 사람의 기도든 응답하시며, 우리는 이 약속을 믿고 주장할 수 있다는 것이다.

그러나 이것은 하나님의 진리와는 너무나도 동떨어진 생각이다. 하나님은 모든 사람의 기도에 응답하시지 않고 한정된 특별한 사람에게만 응답하신다. 하나님은 말씀을 통해 응답의 대상은 무제한이 아니라 한정적이라고 하셨다. 나의 말이 바로 이해되지 않을지도 모르겠지만 사실이다. 하나님의 말씀 가운데 가장 보편적으로 오해되는 것 중 하나가 바로 이 부분이다.

하나님이 기도 응답을 하시겠다는 약속은 모든 사람이 아닌 어떤 특별한 사람들에 대한 약속이다. 하나님의 약속은 기도 응답에 대한 조건을 갖춘 특별한 사람에게 적용된다. 내가 이 말을 할 때, 많은 그리스도인이 실망하고 그들의 마음속에는 기도 응답에 대한 회의와 불안, 갈등이 일어났을지도 모른다. 그들은 자신이 기도한 것을 응답받지 못하며 하나님의 약속은 실패로 돌아갔다고 생각할 것이다.

그러나 기도 응답에 대한 하나님의 약속은 실패로 돌아가지 않았다. 하나님은 "어떤 사람이 기도 응답을 받는가?"에 대한 해답을 누구라도 쉽게 이해할 수 있도록 아주 평이한 말로 가르쳐 주셨다.

이에 대한 가장 정확하고 분명한 하나님의 말씀이 요한일서에 제시되어 있다. 이제 그 말씀을 읽어 보자.

> "무엇이든지 구하는 바를 그에게서 받나니 이는 우리가 그의 계명을 지키고 그 앞에서 기뻐하시는 것을 행함이라"(요일 3:22).

당신은 사도 요한이 기록한 이 놀라운 말씀을 눈여겨보았는가? 이 말씀의 깊은 의미를 깨달았는가? 그는 무엇이든지 구하는 것을 응답받는다고 말한다. 여기에 대해 많은 사람이 "어떻게 구하는 것마다 응답받는가?"라고 묻는다. 또 어떤 사람은 "나는 하나님께 기도한 것을 모두 응답받지는 않고 기도한 것 중에 많은 부분을 응답받는다."라고 말한다. 또 어떤 사람은 "나는 기도한 것 중에 몇 가지만 응답받는다."라고 말하기도 하고, 어떤 사람은 "나는 기도한 것 중 하나라도 응답받고 있는지 모르겠다."라고 말하기도 한다.

그러나 사도 요한은 "무엇이든지 구하는 것마다 응답받는다."라고 하며, 뒤이어 왜 그렇게 말할 수 있는지 이유를 설명한다. 그는 하나님과 올바른 관계를 맺을 때 기도하는 것마다 응답받는다고 말했다. 그러므로 우리도 '기도하는 것마다 응답받을 수 있다.'

하나님은 계명을 지키는 사람의 기도에 응답하신다

영어 성경에서 '왜냐하면', '그 이유는', '그러므로'라는 단어들을 발견할 때마다 이 단어들이 어떤 사실에 대한 이유를 지적하고 있음을 유의해서 읽어야 한다. 요한은 여기서 우리가 기도하는 것마다 하나님이 응답하시는 이유를 말한다.

본문은 '우리가'라는 말로 시작한다. 이 말에는 사도 요한이나 당신이나 내가 모두 포함된다. 우리가 기도하는 것마다 응답을 받을 수 있는 이유는 바로 그분의 계명을 지키고 그분의 앞에서 기뻐하시는 것을 행하기 때문이다. 사도 요한은 본문을 통해 하나님이 두 부류의 사람에게 응답하신다고 말한다.

첫 번째 부류의 사람은 '그분의 계명을 지키는 사람'이다. 하나님은 하나님의 계명을 지키는 사람의 기도에 응답하신다. 이 말은 곧 '날마다 하나님의 말씀을 읽고 그분의 뜻을 발견하며, 그분의 뜻을 항상 행하는 사람의 기도에 응답하신다'는 의미다. 하나님은 상호 관계를 요구하신다. 그분은 우리가 그분의 말씀을 들으면 우리 기도에 응답하시겠다고 약속하셨다. 만일 우리가 하나님의 계명에 대해 아주 예민한 귀를 가지고 있다면 하나님도 우리의 간구에 대해 아주 예민한 귀를 가지고 들으신다. 만일 우리가 하나님의 계명에 대해 귀머거리가 되어 있다면 하나님의 귀도 우리의 간구에 대해 둔해진다. 만일 우리가 하나님의 요구 사항을 실천한다면 하나님도 우리의 요구 사항을 들어주신다. 그러나 우리가 하나님의 말씀에 깊은 관심을 보이지 않는다면 하나님도 우리의 기도에 관심을 갖지 않으신다.

이 모든 말을 한 문장으로 요약하면 다음과 같다. 우리가 하나님으로부터 기도 응답을 받기 원한다면 날마다 하나님의 말씀을 부지런히 공부하고, 하나님의 뜻을 찾으며, 하나님의 뜻을 항상 실천해야 한다.

여기서 우리가 기도에 응답받지 못하는 가장 보편적인 이유를 발견하게 된다. 하나님의 말씀을 공부하는 일에 소홀히 하는 사람, 자신에 대한 하나님의 뜻과 특별한 목적을 아는 일에 관심이 없는 사람, 자신에 대한 하나님의 뜻을 발견하고도 일상생활에서 그것을 실행하지 않는 사람의 기도는 하나님이 응답하실 수가 없다.

내가 초창기에 목회하던 교회에는 계속 예배만 참석하는 어떤 부인이 있었다. 그 부인은 정식으로 교회에 등록하지 않고 교회에서 아무 활동도 하지 않으며 예배에만 빠짐없이 출석했다. 그녀는 도시에서 가장 훌륭한 지식층 여자 중의 한 사람이었다. 하루는 어떤 사람이 내게 와서 그 부인이 전에 내가 목회했던 교회에 정식으로 등록하고 교회 활동에 참여했던 여자라고 말해 주었다.

그리고 어느 주일 아침, 나는 교회에서 집으로 가다가 우연히 그녀와 동행하게 되었다. 알고 보니 그녀의 집은 우리 집과 같은 동네에 있었다.

나는 그녀에게 더 이야기를 나누자고 권하며 우리 집에 초대했다. 그녀는 잠시 머뭇거리더니 우리 집에 들어왔다. 나는 이렇게 말을 건넸다. "부인은 전에 제가 목회하던 교회에 출석하셨다지요?"

"그렇습니다. 교회에 출석하며 봉사도 했지요."

"아, 그래요? 반갑습니다. 그런데 왜 지금은 등록하지 않고 예배에만 참석하시나요?"

그녀가 대답했다. "저는 이제 성경을 믿지 않기 때문이에요."

"성경을 믿지 않는다니요? 그게 무슨 말입니까?"

그녀는 슬픈 표정을 지으며 말했다. "그래요. 저는 더 이상 성경을 믿지 않습니다."

나는 다시 물었다. "왜 성경을 믿지 않습니까?"

그녀는 이렇게 대답했다. "그 이유는 제가 성경의 약속을 시험해 보았지만 결국 사실이 아님을 발견하게 되었기 때문입니다."

"그러면 부인이 체험했고, 그것이 진리가 아니라는 사실을 입증할 수 있는 성경 구절을 하나 말씀해 주시지 않겠습니까?" 하고 나는 조심스럽게 물었다.

그녀는 이렇게 대답했다. "성경에서 하나님은 너희가 기도할 때 믿고 기도한 것은 받은 줄로 알라고 말씀하시지 않았습니까?"

나는 "그렇습니다. 굉장히 의미 깊은 말씀이죠." 하며 수긍했다.

그러자 그녀는 사연을 털어놓았다. "저의 남편은 굉장히 아팠습니다. 저는 남편의 회복을 위해 간절히 기도하고 하나님이 그를 일으켜 세워 주실 것을 분명히 믿었지요. 그럼에도 불구하고 남편은 죽고 말았습니다. 결국 기도가 실패했으니 성경 말씀은 진리가 아니지 않습니까?"

나는 결코 그렇지 않다고 대답했다.

"어째서 실패하지 않았다는 겁니까?" 하고 그녀는 소리쳤다.

나는 기도 응답에 대한 하나님의 약속은 실패로 끝나지 않았다고 한 번 더 이야기했다.

그녀는 다시 이렇게 질문했다. "하나님은 너희가 기도할 때 구하는 것마다 주시겠다고 약속하지 않으셨습니까?"

나는 "그렇습니다. 하나님은 그 약속을 틀림없이 이행하십니다." 하고 부드럽게 말했다.

"그런데 왜 저에게는 그 기도가 응답되지 않았을까요?"

나는 그녀에게 물었다. "너희가 기도할 때 구하는 것마다 응답받는 것을 믿으라고 말했습니다. 그런데 부인은 '너희가'라는 부류 속에 들어가 있습니까?"

"그것이 무슨 뜻이죠?"

"부인은 하나님의 약속에 해당하는 사람 중의 하나입니까?"

그녀는 이렇게 반문했다. "그러면 그 말씀은 그리스도를 구주로 고백하는 모든 그리스도인에게 해당하는 말이 아니라는 뜻입니까?"

나는 단호히 말했다. "부인, 그렇지 않습니다. 하나님은 모든 그리스도인이 아니라 하나님이 요구하시는 어떤 부류의 사람들의 기도에 응답하겠다고 분명히 말씀하셨습니다."

그제야 그녀는 기도 응답에 대한 하나님의 약속과 뜻을 보여 달라고 간청했다. 나는 즉시 요한일서 3장 22절을 펴서 그녀에게 읽도록 권했다. "무엇이든지 구하는 바를 그에게서 받나니 이는 우리가 그의 계명을 지키고 그 앞에서 기뻐하시는 것을 행함이라."

성경 구절을 다 읽은 후에 나는 다시 이렇게 말했다. "우리는 여기서 하나님은 '우리'라는 특별한 부류의 사람들의 기도에 응답하신다는 사실을 깨달아야 합니다. 그들은 하나님의 계명을 지키고 그분 앞에서 그분이 기뻐하시는 것을 행하는 사람들입니다. 그렇다면 부인은 하나님의 계명을 지키고 있습니까? 그분 앞에서 그분이 기뻐하시는 것을 행하고 있습니까? 부인은 모든 일에 하나님의 영광을 위해 살고 있습니까?"

이 말을 들은 그녀는 "물론 그렇게 살지 못합니다."라고 고백했다.

나는 이렇게 대답했다. "그렇다면, 그 약속이 부인에게 한 것입니까?"

그녀가 말했다. "아니요. 그렇지 않아요."

나는 다시 물었다. "그럼에도 하나님의 약속이 실패했나요?"

그녀는 갑자기 얼굴이 환하게 밝아지더니 환성을 크게 질렀다. "아, 이제야 하나님의 약속을 깨달았습니다!" 그리고 그녀는 잘못을 시인하고 아주 기쁜 마음으로 집에 돌아가 하나님과 올바른 관계를 맺었으며, 교회에서 가장 유능하고 활동적이며 훌륭한 교인이 되었다.

세상에는 이 부인과 같은 그리스도인들이 많다. 그들은 기도 응답에 대한 하나님의 약속을 오해하고 있기 때문에 그들의 기도는 결국 실패로 돌아갈 수밖에 없다. 당신은 어떤가? 당신은 본문에 나오는 '우리'에 속하는 그리스도인인가?

여기서 '우리'는 날마다 하나님의 말씀을 진지하게 부지런히 공부하며, 자신의 삶에 대한 하나님의 뜻을 발견하고, 그 발견한 것을 일상생활에 항상 실천하는 사람을 가리킨다. 당신이 그런 사람이라면 기도 응답을 받을 수 있으며 하나님이 요구하시는 조건을 갖추게 된다. 그러나 그렇지 않다면 당신은 하나님이 기도 응답을 약속한 사람이 아니다.

이 문제에 대해 우리 교회에서 있었던 일을 하나 더 소개하겠다. 두 자매가 있었는데 한 자매는 교회에 아주 열심히 나오는 근면한 사람이었고, 또 한 자매는 다른 자매를 돕는 가정부였다. 어느 날 밤 내가 집회를 마치고 나자 가정부인 자매가 와서 "토레이 목사님, 목사님하고 이야기하고 싶은 것이 있습니다." 하고 면담을 신청했다.

나는 무엇 때문에 상담하기를 원하냐고 물었다.

"저는 지금 큰 문제에 빠져 어떻게 해야 할지 모르겠습니다." 그녀는 당황해하며 이렇게 말했다.

나는 도대체 무슨 문제냐고 물었다.

그녀는 하나님이 자신의 기도를 들어주시지 않기 때문에 어찌할 바를 모르겠다고 대답했다.

그래서 그녀에게 이렇게 말했다. "진정하세요. 하나님이 당신의 기도에 응답하겠다고 약속하신 적이 있나요? 하나님은 말씀 속에서 누구의 기도에 응답하시는지 분명히 약속하셨습니다."

그러고 나서 나는 다시 요한일서 3장 22절을 펴서 그녀에게 읽도록 했다. "무엇이든지 구하는 바를 그에게서 받나니 이는 우리가 그의 계명을 지키고 그 앞에서 기뻐하시는 것을 행함이라."

"이 성경 말씀을 읽고 과연 무엇을 깨달았나요? 당신은 날마다 하나님의 말씀을 부지런히, 진지하게 공부하며 당신을 향한 하나님의 뜻을 발견하며 그것을 당신의 생활에 적용하고 있습니까?" 하고 물었다.

그녀는 그렇게 하지 못한다고 솔직하게 대답했다.

나는 그때 자매에게 말했다. "아직도 하나님이 당신의 기도에 응답하지 않으시는 것을 이해하기 어렵나요?"

그녀는 이렇게 말했다. "아니요. 아닙니다. 이제야 하나님의 뜻을 깨닫고 발견했습니다."

나는 당신에게도 똑같은 질문을 하고 싶다. 당신은 정말 날마다 하나님의 말씀을 부지런히 그리고 진지하게 공부하며 하나님의 뜻을 발견하는가? 또한 그 뜻을 실생활에 옮기는가? 그렇다면 하나님은 그분의 신실하신 약속에 의해 당신의 기도를 듣고 응답하실 것이다. 그러나 당신이 하나님의 말씀을 소홀히 여기며, 말씀을 공부하지 않고, 그분의 뜻을 찾지 못하면 당신의 기도 생활은 틀림없이 실패로 돌아갈 것이다. 그런 당신에게는 하나님이 당신의 기도에 응답하시기를 기대할 권리가 없다. 왜냐하면 하나님은 그것을 약속하지 않으셨기 때문이다. 하나님은 응답하지 않으시겠다고 말씀 가운데 분명히 하셨다.

기도 응답에 관한 하나님의 약속은 요한일서 외에도 여러 곳에서 발견할 수 있다. 그중에서도 가장 놀라운 성경 구절 중 하나는 이것이다.

> "너희가 내 이름으로 무엇을 구하든지 내가 행하리니 이는 아버지로 하여금 아들로 말미암아 영광을 받으시게 하려 함이라 내 이름으로 무엇이든지 내게 구하면 내가 행하리라"(요 14:13-14).

대부분의 사람들이 이 구절을 인용할 때 이 부분만 생각하므로 예수님의 이름으로 무엇이든 구하면 예수 그리스도가 그것을 주신다는 인상을 갖게 된다. 그러나 예수님은 이 구절에서 끝나지 않고 그다음 구절에서 계속해서 말씀하셨다.

"너희가 나를 사랑하면 나의 계명을 지키리라 내가 아버지께 구하겠으니 그가 또 다른 보혜사를 너희에게 주사 영원토록 너희와 함께 있게 하리니 그는 진리의 영이라 세상은 능히 그를 받지 못하나니 이는 그를 보지도 못하고 알지도 못함이라 그러나 너희는 그를 아나니 그는 너희와 함께 거하심이요 또 너희 속에 계시겠음이라"(요 14:15-17).

다른 말로, 예수님은 제자들에게 만일 그들이 예수님을 사랑하고 그분의 명령을 지키면, 또 그분의 말씀을 날마다 읽고 공부하며 계명의 의미를 발견하고 그것을 항상 실천하면, 아버지 하나님께 기도하여 성령님을 보내 주시겠다고 약속하셨다. 그 성령님이 제자들의 기도를 인도하셨기 때문에 제자들은 '하나님의 뜻대로' 기도하며 하나님의 명령을 지키는 사람이 될 수 있었다. 예수님은 이렇게 그분의 명령을 지키고 성령님의 인도를 받는 사람이 예수님의 이름으로 무엇이든지 구하면 시행하겠다고 말씀하셨다.

성경 전체에서 우리의 기도에 대한 하나님의 응답에 관해 아주 중요한 성경 구절을 하나 더 보자. 그것은 바로 요한복음 15장에 나온다.

"너희가 내 안에 거하고 내 말이 너희 안에 거하면 무엇이든지 원하는 대로 구하라 그리하면 이루리라"(요 15:7).

많은 사람이 이 말씀을 그저 이렇게 읽는다. "너희가 내 안에 거하면 무엇이든지 원하는 대로 구하라 그리하면 이루리라." 그러나 이것은 잘못되었다. 이 구절에서 가장 중요한 단어들이 빠졌기 때문이다. 다시 한 번 조심스럽게 본문을 읽어 보자. "너희가 내 안에 거하고 내 말이 너희 안에 거하면 무엇이든지 원하는 대로 구하라 그리하면 이루리라."

여기서 주님은 우리가 그분 안에 필연적으로 거해야 할 뿐만 아니라 그분의 말씀이 우리 안에 거해야 한다고 강력하게 이야기하셨다. 그렇게 함으로써 우리가 원하는 대로 기도했을 때 응답을 받는다고 예수님은 다시 한번 말씀하셨다.

그리스도의 말씀이 우리 안에 거하기 위해서는 그분의 말씀을 공부해야 한다. 말씀을 우리 안에 넣지 않으면 말씀은 우리 안에 머물 수 없고, 말씀을 열심히 공부하지 않으면 말씀이 우리 안에서 확실히 깨달아질 수도 없다.

하지만 그리스도의 말씀이 우리 안에 거하는 것만으로는 부족하다. 그분의 말씀이 우리 안에 '거하며 머물러야' 한다. 즉, 오직 그리스도의 말씀을 공부하고 그분의 말씀에 성실히 순종해야 한다. 이것이 말씀이 우리 안에 거하며 머무를 수 있는 유일한 방법이다.

> "아버지께서 나를 사랑하신 것 같이 나도 너희를 사랑하였으니 나의 사랑 안에 거하라 내가 아버지의 계명을 지켜 그의 사랑 안에 거하는 것 같이 너희도 내 계명을 지키면 내 사랑 안에 거하리라"(요 15:9-10).

요한복음 15장을 계속해서 더 읽어 내려가면 기도에 대한 하나님의 약속은 그분의 말씀을 열심히 공부하고 그분의 뜻을 발견하며 그분의 말씀에 항상 순종하는 사람들에게 해당되고 적용된다는 사실을 깨달을 수 있다.

당신은 지금 하나님이 기도에 응답하지 않으셔서 신앙에 큰 혼란을 겪고 있는가? 전혀 혼란스러워할 일이 아니다. 생각해 보라. 당신은 하나님의 뜻을 발견하기 위해 날마다 말씀을 깊이 공부하는가? 발견한 뜻을 날마다 행하는가? 여러 활동을 하면서 정작 하나님이 원하시는 뜻은 행하지 않고 있지는 않은가? 그렇다면 당신에게는 하나님이 당신의 기도에 응답해 주시기를 기대해야 할 이유가 조금도 없다.

하나님은 당신 앞에서 기뻐하시는 것을 행하는 사람의 기도에 응답하신다

그러나 그분의 명령을 지키는 것만으로는 충분하지 않다. 하나님은 한 가지를 더 요구하셨다. 다시 요한일서 3장 22절로 돌아가자. "무엇이든지 구하는 바를 그에게서 받나니 이는 우리가 그의 계명을 지키고 그 앞에서 기뻐하시는 것을 행함이라."

이 구절에서는 '그의 계명을 지키다'와 '그 앞에서' 사이에 '그리고'라는 접속사가 있다는 사실을 주목해야 한다. 이 접속사는 대단히 중요한 의미를 내포한다.

'그리고'는 양쪽의 중요성을 연결하는 접속사로 한쪽만 생각해서는 안 된다는 의미다. 즉, 하나님이 특별히 원하시는 것만 행하는 것은 충분하지 않다. 이와 동시에 우리는 '그분 앞에서 그분이 기뻐하시는 것을 행해야' 한다. 하나님이 특별히 하라고 명령하지 않으셨을지라도 그분이 기뻐하고 좋아하시는 것을 행하라는 말이다. 하나님은 특별히 명령하지 않은 것을 우리가 행했을 때 더욱 기뻐하신다.

많은 사람이 하나님의 통치에 대해 이렇게 생각한다. 하나님은 위대한 도덕적 통치자시며, 그래서 우리에게 많은 명령을 내리시고 순종할 것을 요구하신다는 것이다. '너는 이것을 행하라', '이것도 행하라', '너는 이것을 행하지 말라', '저것도 행해서는 안 된다' 등 그리스도인의 의무는 하나님이 우리에게 명하신 대로 행하고, 하나님이 명하지 않으신 것은 그대로 두어야 한다고 말한다. 하나님의 통치에 대한 얼마나 이상한 생각인가!

하나님은 단순히 우리의 도덕적 통치자가 아니시다. 그분은 그보다 훨씬 더 좋은 분, 바로 우리의 아버지시다. 이 고백은 기도에 관해 가장 근본적인 성경적 교훈이다. 그러나 많은 사람이 기도에 응답하시는 하나님의 교훈과는 반대로 어리석고 쓸데없는, 철학적이고 학문적인 논쟁을 한다. 그들이 논쟁하는 것은 가장 근본적인 진리에 대한 깨달음이 없기 때문이다. 그들은 하나님이 우리의 기도에 구체적으로 응답하신다는 사실과, 그분은 우리의 육신적 세계와 도덕적 세계의 창조자며 통치자실 뿐만 아니라 모든 기도에 귀를 기울이며 응답하시는 살아 계신 우리의 아버지라는 사실을 체험하지 못하고 있다.

이제 아버지가 그의 자녀를 어떻게 다스리는가를 살펴보자. 아버지가 자녀들에게 "너는 이것을 해라, 너는 저것을 해야 한다, 너는 이것을 하지 마라, 너는 저것을 해서는 안 된다." 하고 많은 명령을 내리는가? 아버지는 그의 자녀들이 명령한 것만 하고 명령하지 않은 것은 하지 않을 때 기뻐하고 즐거워하는가? 아니다. 만일 그렇다면 그는 현명한 아버지가 아니다.

현명한 아버지라면 자녀들보다 인생을 더 많이 체험하고 무엇이 더 현명한지 알기 때문에 자녀들에게 몇 가지 행위에 대한 규칙을 정해 준다. 그러나 자녀들이 정해 준 규칙만 순종한다면 아버지가 만족하고 기뻐하겠는가? 아니다. 아버지는 자녀들이 자신을 완전히 알고 그와 친밀해지기를 기대한다. 그러므로 자녀들은 아버지가 무엇을 기뻐하며 무엇을 싫어하는지 본능적으로 알아서 아버지가 기뻐하시는 것을 행하게 된다. 아버지가 말씀하실 때까지 기다리지 않고 즉시 행한다.

우리 가정의 예를 들어 보자. 아내와 나는 아이들에게 이것은 하고 저것은 하지 말라고 하는 많은 규칙과 명령을 내리지 않았다. 우리는 아이들보다 더 많이 인생을 체험하고, 아이들에 대한 최선이 무엇인지 알기 때문에 몇 가지 행동 원칙만 이야기해 주었다. 그리고 아이들에게 왜 그러한 행동 원칙을 주었는지에 대해 항상 설명해 주지는 않았다. 이는 아이들이 부모의 권위에 대한 순종을 배우도록 하기 위해서였다.

오늘날 미국의 가정이나 학교 그리고 국가에서 권위에 대한 순종의 원리가 거의 파괴되어 있다. 현대의 많은 교육자는 가정이나 사회에서 자녀에게 명령할 때 모든 것을 일일이 설명해 주어야 한다고 주장한다. 그뿐만 아니라 그들은 자녀의 '인격'을 최대한 존중하고 침해해서는 안 되며, 자녀를 '부모와 학교의 권위에서' 탈피시켜야 한다고 주장한다.

이것은 현대 교육에서 가장 위험한 사상이다. 이런 무서운 교육을 받고 자란 자녀는 가정과 학교에 반항하며 성장한 후에, 사회와 국가에 반항하게 된다.

현세대에 이처럼 위험한 교육이 시행되고 있기 때문에, 그리스도인 부모는 자녀에게 권위에 순종하는 것과 그것이 하나님의 뜻임을 더욱 분명히 가르쳐야 한다. 다시 말해 가정에서는 부모의 권위에 순종하며, 학교에서는 교사에게 순종하고, 국가에 대해서는 정부 통치자들에게 순종하는 법을 가르쳐야 한다. 그렇게 함으로써 자녀는 부모로부터 어떤 것을 하라는 명령을 받았을 때 "왜 그렇게 해야 하느냐?"라는 도전적이고 반항적인 태도를 취하지 않고 순종하게 된다.

당신이 자녀에게 무엇을 하라고 명령했는데도 불구하고 따르지 않았다든지, 하지 말라고 말했는데도 그것을 한다면 이는 부모에 대한 큰 경종이며 깊이 생각해 봐야 할 문제다.

나와 아내는 수년 동안 아이들에게 권위에 대한 순종의 원리와 방법을 계속 가르쳤다. 그 후 아이들은 부모에게 순종하며 내가 기뻐하는 일을 한다. 그들은 작은 일에도 불순종하는 말이나 태도를 보이지 않는다.

우리는 이것만으로 만족하면 안 된다. 부모는 자녀를 위해 몇 가지 행동 규칙과 원칙을 세우지만, 정말은 그 자녀가 부모의 심정을 깊이 알고 부모가 기뻐하는 것을 본능적으로 알아, 그것을 하라고 하기 전에 먼저 하기를 원한다. 부모는 우리 자녀가 명령한 것만 하고, 특별히 말하지 않으면 하지 않는 것을 볼 때 큰 슬픔을 느낀다.

이제 하나님 앞에서 우리의 모든 행동과 모든 결정을 깊이 생각하며, 모든 것이 하나님을 기쁘시게 하고 있는지 냉철하게 자문해야 한다. 우리가 항상 하나님을 기쁘게 해 드리는 말과 행동을 하며, 하나님이 금하시는 것은 무슨 일이 있어도 하지 않는다면, 더 나아가 모든 일을 하나님의 영광을 위해서 한다면 틀림없이 하나님은 당신의 기도에 귀 기울이실 것이다. 우리가 하나님 앞에서 항상 하나님을 기쁘게 해 드린다면 그분은 우리의 모든 기도를 이루어 주신다.

당신은 이런 말을 들을 때 "나는 도저히 항상 하나님을 기쁘게 할 수 없다."라며 체념할지도 모른다. 그러나 하나님은 우리에게 불가능한 일은 명령하지 않으신다.

당신은 과연 당신의 모든 언행과 결정이 하나님을 기쁘시게 한다고 생각하는가? 아니, 당신이 지금 하고 있는 모든 일과 언행이 하나님을 영광스럽게 하는가? 당신은 하나님이 하라고 하신 일만 하고 언급하지 않으신 일은 당신 마음대로 하고 있지는 않은가? 당신은 기도 응답을 받기 위해 하나님의 요구 조건을 얼마나 충족시키고 있는가?

여기서 오늘날 많은 젊은 그리스도인(나이 든 그리스도인도 포함해서)을 곤혹스럽게 만드는 질문에 답하는 아주 간단한 방법을 알아보자. 예를 들면 이런 질문이다. '그리스도인이 극장에 가도 되는가? 그리스도인이 클럽에 가도 되는가? 그리스도인이 카드놀이를 해도 되는가?' 이 외에도 사람들은 수많은 문제를 가지고 어떻게 해야 할지 몰라 당황하고 망설이며 갈등한다. 그들은 이렇게 묻는다. "하나님은 성경의 어느 곳에서 '너는 극장에 가지 말지니라, 너는 춤을 추지 말지니라, 너는 카드놀이를 해서는 안 되느니라' 하고 명령하셨는가?"

이는 어리석은 질문이다. 성경에는 그런 명령이 없다. 그러면 이런 경우에는 어떻게 해야 하는가? 당신이 만약 하나님의 신실한 자녀라면 이렇게 질문해야 한다. "이것은 나의 아버지를 기쁘게 하는 일인가? 이것은 나의 아버지 하나님을 즐겁게 하는 일인가?"

한 가지 예를 들어 보자. 특히 그리스도인이 극장에 가는 문제로 고민하는데, 내가 극장에 안 가는 것보다 가는 것이 하나님을 더 기쁘게 한다면 다른 사람들이 어떻게 생각하고 행동하든 간에 나는 극장에 가겠다. 그러나 내가 극장에 가지 않는 것이 하나님을 더 기쁘게 해 드린다면 다른 사람들이 다 갈지라도 나는 가지 않겠다.

나는 시카고에 살 때 여러 극장, 특히 일류 극장에서 자주 초대권을 받았다. 그 초대권에는 훌륭한 유명 인사들(그중에는 어떤 박사나 감독도 있었다.)과 함께 나도 초청한다는 말이 적혀 있었다. 사실 거기에 초청된 사람들은 사회적으로, 종교적으로, 인격적으로 인정받는 훌륭한 사람들이었다.

극장 측은 내가 참석해 주면 영화나 연극이 더욱 빛날 것이라고 말했다. 그러나 나는 그런 속임수에 쉽게 넘어가지 않았다. 어떤 훌륭하고 유명한 감독이나 박사가 온다 해도 나에게는 상관없다.

문제는 오직 내게 있다. 내가 그 초청을 거부하기보다 그곳에 가는 것이 하나님을 더 기쁘게 해 드린다는 확신이 있다면 어떤 유명한 감독이나 박사가 오든 안 오든 그곳에 가겠다. 하지만 그곳에 가는 것보다 가지 않는 것이 하나님을 더 기쁘게 해 드린다면 시카고의 모든 박사와 목사가 간다고 할지라도 나는 가지 않겠다.

모든 그리스도인은 이런 문제를 스스로 기도하면서 결정해야 한다. 올바른 결정을 하는 데 누구도 간섭해서는 안 된다. 이런 종류의 모든 문제가 성경이 제시한 대로 하나님을 기쁘게 해 드리는 일이라고 생각되면 자신 있게 결정하고, 하나님을 불쾌하게 만드는 일이라고 양심적으로 판단되면 여지없이 거부해야 한다.

극장의 예를 또 하나 들어 보자. 하나님의 자녀가 극장에서 연극을 보는 것이 하나님을 기쁘시게 하는 것인가? 자, 여기 우리 모두가 극장에 대해서 이미 알고 있는 사실, 설령 모른다고 해도 쉽게 알 수 있는 사실이 있다. 우리는 각각의 연극마다, 또 각각의 영화마다 큰 차이가 있다는 것을 안다. 어떤 연극은 정말 높은 도덕적 수준을 가지고 우리에게 큰 영향을 주지만, 어떤 연극은 도덕적으로 그렇게 좋지 않은 것도 있다. 그리고 어떤 영화나 연극은 관객을 타락시킬 만큼 아주 형편없는 것도 있다.

또한 우리는 여러 부류의 배우가 있다는 것도 안다. 어떤 배우는 높은 도덕적 수준을 가졌는가 하면, 어떤 배우는 현대 사회에서 가장 타락하고 부패한 문제를 가진 사람도 있다. 어떤 배우는 높은 도덕적 이상을 가지고 공연하지만 어떤 배우는 도덕적 이상을 전혀 갖추지 않은 채 무대에서 공연한다.

그러면 이런 문제에 대해 당신은 "그리스도인이 극장에 가도 되느냐, 마느냐에 대한 결정은 연극이나 영화가 높은 도덕적 성격을 띠며 배우도 높은 도덕적 이상을 실현하는가에 따라 결정해야 된다."라고 대답할지도 모른다.

이런 방법으로 결정한다면 우리는 많은 극장에 갈 수 없을 것이다. 이것은 단순하게 생각하고 결정할 문제가 아니다. 극장은 하나의 사회 공공 기관이며 건물이다. 우리는 종종 가장 높은 순수성과 윤리와 도덕성을 지닌 영화와 연극을 보기도 한다. 그러한 영화나 연극은 이 사회에 지대한 영향을 끼치고 많은 감동을 준다. 중요한 것은 극장, 즉 극장 건물 자체를 말하는 것이 아니다. 또 무대 자체를 문제 삼는 것도 아니다.

문제는 바로 그 연극의 내용과 목적, 배우들의 인격과 영적, 도덕적, 정신적 수준이 어떠한가다.

오늘날 연극이나 영화로 인해 수많은 사람이 타락하는 경우가 얼마나 많은가? 그 영향력은 실로 가공할 만하다. 많은 배우가 가장 높은 도덕적 이상과 기대를 가지고 무대에 서서 공연한다. 그러나 공연을 마친 후 배우는 둘 중 하나를 선택하게 된다. 영화나 연극을 그만두든지 아니면 실망 가운데 계속하든지 하는 것이다. 어떤 사람은 실망과 회의와 후회 속에서 마지못해서, 어떤 사람은 아예 모든 것을 포기하기도 한다.

내가 연극이나 영화에 대해 악의나 부정적인 생각을 가진 것은 아니다. 하지만 솔직히 말해 오늘날 연극이나 영화가 그리스도인의 영적 혹은 정신적 성장에 도움을 주는 경우는 극히 드물다.

알렉산더와 내가 런던에서 집회를 하는데 허버트 비어봄 트리(Herbert Beerbohm Tree)라는 유명한 극작가이자 연출가가 숙소로 찾아왔다. 그는 당시 연극계에서 정상급 인물로 추앙받는 사람이며, 탁월한 재능으로 인해 영국 국왕으로부터 높은 작위를 수여받기도 했다. 그는 그때 신문사 기자와 함께 왔는데 연극에 대해 내가 편견과 악의를 갖고 있다고 도전하며 그에 대하여 해명하고 사과할 것을 요구했다.

우리는 그 문제로 오랫동안 대화했다. 나는 알렉산더도 초청하여 대화에 참여시켰다. 대화하는 가운데 알렉산더와 나는 비어봄 트리에게 몇 가지 아주 직접적인 질문을 했다.

그는 솔직하게 답변했다. 물론, 자신의 도덕적 행위에 대해서는 아니지만, 무대 위에서의 행위에 대한 문제점을 시인했다. 그의 숨김없는 답변은 나로 하여금 연극을 전보다 더 나쁘게 생각하게 만들었다.

내가 오하이오주 클리블랜드의 어느 큰 부대에서 집회를 열고 있을 때, 어떤 극장 지배인이 내가 머무는 호텔에 전화해서 "당신의 연설에서 연극을 지지해 주십시오."라고 말했다. 내가 그 이유가 무엇이냐고 묻자, 그는 이렇게 말했다. "당신이 연극과 영화에 대해 너무나 큰 편견과 잘못된 생각을 가지고 있기 때문이오. 그래서 우리 극장을 당신에게 더 이상 빌려 줄 수 없소. 당신은 계속 설교를 통해 우리 극장에 대해 아주 안 좋게 말하고 있지 않소?"

나는 그의 격한 어조를 듣고 잠시 그를 진정시킨 다음 부드럽게 말했다. "당신이 뭔가 큰 오해를 하고 있는 것 같습니다. 사실 많은 배우가 영화와 연극으로 인해 무의식적으로 영향을 받고 그러한 생각과 생활을 합니다. 나는 그 배우들 자체를 비판하는 것이 아닙니다. 아마 당신도 오늘날의 예술이 유익보다 얼마나 큰 해독을 끼치는지 잘 알고 있으리라 생각합니다. 우리의 정신과 인격, 사랑, 헌신의 차원을 높이기보다 폭력과 환멸, 증오, 타락을 조장하는 것들이 얼마나 많습니까? 그러한 영화나 연극을 보는 사람들이 그 영향을 부지불식간에 받게 된다는 것은 속일 수 없는 사실입니다."

알렉산더와 내가 런던에서 집회를 인도하는 동안 나는 영화나 연극에 대해 몇 가지 분명한 사실을 말했다. 그러자 당시 런던에서 30여 개가 넘는 극장을 운영하던 어떤 지배인이 내게 편지를 보내왔다. 여기 그가 쓴 편지 내용을 소개하고자 한다.

"저는 런던에서 30여 개의 극장을 운영하는 지배인입니다. 저는 현재 연극에 대한 목사님의 정확한 판단에 동의합니다. 제가 지금 극장 사업을 하고 있지만 사실 이 사업을 하고 싶은 마음은 조금도 없습니다. 말씀하신 연극의 어두운 면은 사실입니다."

런던에서 우리가 집회하는 동안 연극계에 종사하던 많은 사람이 자신의 직업에 회의를 느끼고 직업을 포기했다.

그렇다면 춤은 어떤가? 그리스도인이 클럽에 가도 되는가? 이 질문에 대해 전에도 대답했지만 춤추는 것이 하나님을 기쁘게 하느냐에 달려 있다. 하나님은 춤추는 것을 더 좋아하시는가 아니면 춤추지 않는 것을 더 좋아하시는가? 이미 우리는 춤에 대한 몇 가지 진실을 안다. 우리는 이성 간 신체 접촉을 하면서 춤출 때 과연 어떤 생각과 태도를 갖는가?

내가 호주 밸러랫에 있을 때 사교춤에 대한 몇 가지 분명한 사실을 말했다. 그 결과 많은 남녀가 춤추기를 그만두었고 그 도시에서 유명한 클럽들이 문을 닫았다.

그로부터 수개월이 지난 후 나는 다시 호주를 방문하게 되었다. 내가 탄 배에는 밸러랫에 사는 한 변호사도 있었다. 그 변호사는 나를 알아보더니 와서 말을 건넸다. "혹시 토레이 목사님이 아닙니까?"

"예, 맞습니다. 제가 토레이 목사입니다."

"아, 그렇군요. 그런데 제 생각에는 몇 달 전에 밸러랫에서 목사님이 사교춤에 대해 말씀하신 것은 아무래도 잘못 말씀하신 것 같습니다."

"아, 그래요? 그렇다면 제가 무엇을 잘못 말했나요?"

그는 이렇게 대답했다. "아니, 그저 목사님이 잘못 말씀하신 것 같다는 이야기입니다. 목사님은 춤에 대해 무언가 큰 오해와 편견을 가지고 있는 것 같습니다."

"예, 선생님 말씀대로 혹시 제가 춤에 대해 오해와 편견을 가지고 있는지도 모르죠. 그러면 선생님께 한 가지 질문을 하겠습니다. 선생님도 춤을 추시나요?"

"그렇습니다."

"선생님은 결혼하셨죠?"

"그렇습니다."

"그러면 선생님의 부인도 춤을 추십니까?"

"그렇습니다. 저의 아내도 춤을 춥니다."

"만일 선생님의 부인이 다른 남자와 춤을 추며, 무도회의 은밀한 곳에서 정체불명의 남자들과 이야기하는 것을 본다면 선생님은 어떻게 하시겠습니까?"

그는 이렇게 대답했다. "그렇다면 큰 충돌이 생길 것입니다."

나는 다시 물었다. "그 무도회에 아주 매혹적인 음악이 흐르고 분위기가 무르익어 갈 때 그들은 어떤 생각과 행동을 할까요?"

그는 대답하지 못했다. 물론 춤을 추는 모든 사람이 순간마다 악한 생각을 하지는 않는다. 하지만 특정 환경에서 우리가 얼마나 유혹에 취약한지 생각한다면 우리는 있어야 할 곳을 신중히 결정하게 될 것이다.

미국 동부의 어느 대학촌에서 집회를 하고 있는데 세 사람의 젊은 남자 대학생이 나에게 왔다. "토레이 목사님, 왜 목사님은 사교춤에 대해 그렇게 악평하십니까?"

"젊은이들도 춤을 춥니까?"

"그렇습니다."

"그럼 젊은이들은 그리스도인입니까?"

"그렇습니다."

나는 이렇게 물었다. "그렇다면 젊은이들이 클럽에서 이성들과 춤을 출 때 무슨 생각을 하는지 말해 봅시다."

그리고 나는 더 이상 질문할 필요가 없었다. 젊은이들은 그들의 질문에 스스로 대답할 수 있었다.

오늘날 문명화된 현대 사회에서 사회의 각계각층, 특히 중류층이나 상류층에 유행하는 사교춤이 가장 무서운 타락 중 하나라는 사실은 많은 사람의 증언을 통해 잘 알려져 있다. 많은 젊은 남녀가 춤이 끝난 후에 어디로 가는지 안다면, 사교춤이 얼마나 위험하고 무서운 영향을 주는지 안다면 아마 그리스도인들은 다시는 그런 곳에 가지 않을 것이다. 이것은 책에서 읽은 것이 아니라 관찰에서 온 나의 경험이다.

그러면 카드놀이는 어떤가? 그리스도인이 카드놀이를 해도 괜찮은가? 솔직히 말해 연극이나 춤에 대한 생각처럼 카드놀이에 대해서도 나는 상당히 비판적인 견해를 가지고 있다. 카드놀이에 대해 아는 사람은 카드가 도박꾼들에 의해 가장 사랑받는 무기임을 인정한다.

많은 도박꾼이 처음에는 가족에게 카드놀이를 배우고 연습하다가 나중에는 직업적 도박으로 확대되고 발전하는 것을 본다. 그들은 가정에서 그저 재미로 카드놀이를 하다가 결국 자기 패망으로까지 가는 것이다. 또한 독약을 싫어하는 것처럼 카드놀이를 멀리하지 않아, 도박이 잘못임을 잘 알면서도 너무 깊이 빠져들어 돌이킬 수 없었던 것이다.

우리가 테네시주 내슈빌에서 집회하고 있을 때, 나의 아내는 근교에 위치한 형무소를 찾아갔다. 아내는 그곳에서 살인죄로 사형 선고를 받고 복역 중인 한 사형수를 만나 이야기하는 가운데 큰 교훈을 얻었다.

그 사형수는 친구들과 도박을 하다가 문제가 생겨 그 도박판에서 사람을 총으로 쏴 죽였다. 그는 어머니가 친구들과 카드놀이 하는 것을 보고 배워 자기도 한번 시도해 본 것이 결국 사형수가 되는 결과로 이어졌다고 말했다.

내가 아는 어떤 그리스도인 부모는 세 자녀를 즐겁게 해주며 그들이 밤에 나가 다른 것을 하지 않도록 애썼다. 그들에게 가정은 가장 즐겁고 재미있는 곳이었다. 자녀들은 가정의 즐거움 속에서 아주 만족하며 밤에 밖에 나가지 않고 때로는 밤새도록 부모와 놀았다.

그런데 그 부모는 아이들을 즐겁게 하기 위해 카드놀이를 했다. 세 아이 중 하나는 카드놀이를 싫어했다. 그 아이의 관심은 다른 데 있었다. 세 아이를 항상 집에만 있게 한다면 별로 큰 문제는 생기지 않았을 것이다. 하지만 아이들은 계속 육체적으로, 정신적으로 성장하고, 결국 부모의 곁을 떠나게 된다. 결국 그 부모와 카드놀이를 자주 했던 두 아이는 도박꾼이 되어 버렸다.

유명한 복음 전도자인 메이저 콜(Major Cole)이 아칸소에서 집회를 인도하고 있을 때였다. 집회 중 하루는 어느 장로교회에서 했는데, 그 집회에 참석한 사람들 중에는 아주 험상궂게 생긴 남자도 있었다. 그는 들어와서 교회의 오른쪽에 앉았다.

집회 중에 간증하는 시간이 있었는데 여러 사람이 간증을 마쳤을 때, 갑자기 그 남자가 벌떡 일어났다. 그러자 온 교인이 그를 쳐다보았다. 그는 모든 교인을 둘러보면서 이렇게 말했다.

"여러분 모두 저에게 낯익은 사람들이군요. 저는 아주 어렸을 때 이 교회에 다녔습니다. 저의 아버지는 이 교회 장로였습니다. 바로 이 자리가 우리 가족이 앉아 예배드리던 곳이었습니다. 저는 열심히 주일 학교에 참석했습니다. 우리 반은 모두 일곱 명이었는데 아주 열심이었습니다. 선생님도 아주 친절했습니다. 그 선생님은 우리에게 주일마다 성경을 잘 가르쳐 주었을 뿐만 아니라 토요일 오후에는 우리를 초청해 성경도 가르쳐 주고 우리와 함께 여러 가지 놀이도 했습니다.

그러던 어느 날 우리가 그 선생님 집에서 놀고 있을 때, 선생님은 카드를 한 뭉치 들고 오더니 우리에게 보여 주며 카드놀이를 잘할 수 있는 방법을 가르쳐 주었습니다. 우리는 그렇게 카드놀이를 시작했습니다.

얼마 안 가 카드놀이에 재미를 붙인 우리는 더 많은 시간을 카드놀이 하는 데 소비했고 결국 성경 배우는 시간을 줄이고 카드놀이 하는 시간을 더 늘리자고 선생님에게 요구했습니다. 그리고 여기에 만족하지 못하자 주일과 토요일 오후 내내 다른 곳에 가서 카드놀이를 하며 시간을 보냈습니다.

주일학교 시절이 지난 후, 우리 반 일곱 명 중 둘은 이미 교수형으로 세상에서 사라져 버렸습니다. 그리고 다른 두 명은 현재 형무소에서 복역 중이고 또 한 명은 행방불명되어 소식을 전혀 듣지 못하고 있습니다. 그 행방불명된 친구는 재판 중에 탈출해 지명 수배를 받고 있습니다. 행방이 알려지면 곧 체포될 것입니다. 이제 저도 일곱 명 중 하나로 경찰에 의해 지명 수배가 되어 있고 거처가 알려지면 곧 체포될 것입니다."

이 말을 마치자 갑자기 검은 옷을 입은 한 여자가 두 손을 내저으며 뛰어 내려오더니 이렇게 외쳤다. "오, 나의 하나님! 제가 바로 그 선생이었습니다." 그녀는 그의 발 앞에 쓰러져 죽은 듯이 있었다. 온 교인은 잠시 동안 그 여자가 죽었다고 생각했다.

자녀를 가진 부모들이여, 자녀들이 세상에 살면서도 카드놀이를 하지 않는 것이 얼마나 다행인가! 카드놀이는 무서운 마력이 있다. 만일 당신의 집에 카드 뭉치가 있다면 집에 돌아가자마자 그것을 불태워 버리라.

마지막으로 영화에 대해 한 번 더 언급하고자 한다. 당신은 영화에 대해 어떻게 생각하는가? 솔직히 말해 이 문제를 길게 논하고 싶지 않다. 영화는 이미 언급했던 연극보다도 더 사악하기 때문이다. 대부분의 사람을 사로잡는 영화는 오늘날 사람들을 형편없이 타락시키며 죄를 짓도록 유도한다.

이런 문제에 대해 다른 여러 가지를 많이 이야기하고 싶지만, 몇 가지만 예를 들어 그 원리를 제시하려고 한다. 어떤 사람은 이렇게 물을지도 모른다. "토레이 목사님, 도둑질하고 간음하며 살인하고 더러운 농담을 하는 것이 죄인 것처럼, 춤추고 연극 구경하러 다니고 카드놀이를 하며 영화를 보러 가는 것이 죄라는 말입니까?" 아니다. 나는 그런 뜻으로 말한 것이 아니다. 당신은 "그러면 도대체 뭐가 해롭다는 말입니까?" 하고 되물을지도 모른다.

나의 대답은 이렇다. 그러한 일에 탐닉하고 몰두하는 것은 하나님을 기쁘게 해 드리지 못한다. 하나님의 자녀가 그런 일에 빠져 즐기는 것은 하나님 앞에 부끄러움이 되며, 그는 자연적으로 기도의 능력을 빼앗기게 된다. 나는 우리의 모든 기도가 능력 있는 기도가 되기를 원한다. 아무리 그런 것들이 순수하고 차원 높으며 아름다운 것일지라도 나에게서 기도의 능력을 빼앗아 간다면 나는 여지없이 포기하고 말 것이다.

한 가지 기억해야 할 것은, 여기서 말한 나의 모든 말이 우리가 지켜야 할 어떤 법은 아니라는 사실이다. 우리가 더 이상 춤추면 안 되고, 카드놀이를 해서도 안 되고, 영화관이나 극장에 가서도 안 된다는 법을 만들어 놓고 그것을 통과해야만 한다는 말이 아니다. 그렇게 말한다면 그 말은 율법적인 것이 되어 버린다.

나는 지금 이런 문제를 세상의 불신자들에게 말하는 것이 아니라 하나님의 자녀들에게 말하는 것이다. 그리스도인이라고 고백하는 사람들이 현재의 삶 가운데 어떻게 하면 기도의 능력을 받을 수 있는지를 말하는 것이다. 단적으로 말해 그리스도인이 사교춤을 즐기고, 불건전한 연극이나 영화를 보고, 카드놀이에 탐닉하고, 그 외에 하나님을 기쁘시게 하지 않는 여러 가지 일을 습관적으로 한다면, 그들은 기도의 능력을 잃게 되며 하나님과의 관계가 원만하지 못하게 되고 무기력한 생활을 하게 될 것이다.

이제까지 진술한 것을 다시 한번 요약해 보자. 무엇을 구하든 하나님이 응답하시는 기도를 드리는 사람은 날마다 말씀을 공부하고 하나님의 뜻을 발견하며 그것을 일상생활에 적용하고 실천한다. 더 나아가 하나님의 말씀을 철저하게 연구하고 하나님과 깊은 관계를 맺으면서 하나님이 좋아하시는 것과 싫어하시는 것을 본능적으로 판단하여 어떠한 희생이 있더라도 그들의 삶 가운데 하나님이 기뻐하시는 일을 하려고 한다.

우리 모두 본문에 서술된 기도 응답에 대한 놀라운 특권의 자리로 들어가자. "무엇이든지 구하는 바를 그에게서 받나니 이는 우리가 그의 계명을 지키고 그 앞에서 기뻐하시는 것을 행함이라"(요일 3:22).

**THE POWER OF PRAYER
AND THE PRAYER OF POWER**

성령 안에서 기도하면 당신의 기도는
지구상에서 가장 능력 있는 기도가 될 것이며
하나님의 뜻대로 하는 기도가 될 것이다.
능력 있는 기도는 하나님이 하시는 일을 성취하며,
전능하신 하나님을 영화롭게 한다.

THE POWER OF PRAYER AND THE PRAYER OF POWER

3부

기도는
어떻게 하는가?

06

예수 그리스도의 이름으로

"너희가 내 이름으로 무엇을 구하든지 내가 행하리니
이는 아버지로 하여금 아들로 말미암아 영광을 받으시게 하려 함이라
내 이름으로 무엇이든지 내게 구하면 내가 행하리라"(요 14:13-14).

이 말씀은 기도 응답에 관한 약속 가운데 가장 친밀하면서도 놀라운 성경 구절인 동시에 가장 잘 오해받는 구절이다. 여기서 예수님은 어떤 특정한 사람들이 특정한 방법으로 기도하면 그들이 기도한 바로 그것을 시행하시겠다고 말씀하셨다. 다시 본문을 조심스럽게 읽어 보자.

"너희가 내 이름으로 무엇을 구하든지 내가 행하리니 이는 아버지로 하여금 아들로 말미암아 영광을 받으시게 하려 함이라 내 이름으로 무엇이든지 내게 구하면 내가 행하리라"(요 14:13-14).

이 성경 구절은 평범하고 단순하며 적극적이면서도 매우 귀중한, 우리에게 생기를 주는 구절이다. 이 말씀을 통해 특정한 사람들이 특정한 방법으로 하나님께 기도하면 기도한 바로 그것을 이루어 주시겠다고 하나님이 약속하셨음을 깨달을 수 있다.

오늘날에는 기도에 관한 다음과 같은 일반적인 교리가 있다.

"우리가 기도할 때 우리 기도는 여러 방법으로 유익하고 좋은 일을 한다. 그래서 우리는 기도한 것을 응답받지 못할지라도 기도한 것보다 훨씬 더 좋은 것을 응답받을 수 있다. 혹은 그렇지 않다 하더라도 기도한 것만큼 좋은 기도 응답을 받을 수 있다."

나는 기도에 대한 교리에도 어떤 진리가 있음을 의심하지 않는다. 종종 우리가 기도한 것을 응답받지 못할 때가 있는데, 그 자체가 좋은 일이 될 수도 있기 때문이다. 또한 우리는 기도할 때 너무 부주의하고 깊이 생각하지 않으며 성급하고 더 나아가 성령님의 인도하심을 거의 받지 않는다. 그러기에 우리는 기도한 바로 그것을 응답받지 못하지만 어떤 때는 응답받지 못함이 더 유익하다.

그러나 우리가 기도한 것을 하나님으로부터 응답받지 못한다면 불행한 일이다. 물론 위에서 말한 바와 같이 우리가 기도한 것보다 훨씬 더 좋은 것을 받을 수 있다는 교리는 어떤 의미에서 진리지만 그것은 성경이 가르치는 기도에 관한 교리는 아니다.

성경이 가르치는 기도에 관한 교리는 어떤 특정한 사람들이 특정한 방법으로 기도할 때, 그들이 기도한 것보다 더 좋은 것을 응답받고, 때로는 기도와 다르게 응답받을 수 있지만 그들이 기도한 그것보다 나은 것을 응답받는다는 것이다. "너희가 내 이름으로 무엇을 구하든지 내가 행하리니 이는 아버지로 하여금 아들로 말미암아 영광을 받으시게 하려 함이라 내 이름으로 무엇이든지 내게 구하면 내가 행하리라"(요 14:13-14).

이 기도에 대한 약속에는 두 가지 중요한 사항이 있다. 첫째는, 예수님의 이름으로 무엇을 구하든지 기도한 바로 그것을 응답받을 수 있는 사람은 과연 누구인가고, 둘째는, 기도한 바로 그것을 응답받기 위해 우리는 어떻게 기도해야 하는가다.

이 약속은 누구에게 해당되는가?

첫째로 과연 기도에 대한 약속은 누구에게 해당되는 것인지 생각해 보자. 성경이 잘못 해석되는 가장 일반적인 원인 중 하나는, 성경이 특정한 사람들에게 한 약속을 성경에서 결코 용납하지 않는 다른 사람들에게 적용시켜 해석하는 것이다. 다시 말해, 기도 응답을 받을 수 없다고 성경이 말했는데도 그 기도의 약속을 그들에게 적용시켜 해석하는 것이 원인이다.

하나님은 모든 사람의 기도에 응답하겠다고 약속하지 않으셨다. 세상에는 하나님이 아무런 관심도 갖지 않는 기도를 하는 사람들이 많다. 따라서 우리는 현재 공부하는 이 구절을 보면서 앞뒤의 문맥을 깊이 상고해야 한다. 그러면 하나님은 과연 어떤 방법으로 기도하는 사람들에게 응답하시는지 분명히 알 수 있다.

하나님은 아들 예수 그리스도를 통해 "너희가 내 이름으로 무엇이든지 구하면 내가 행하리라"라는 말씀을 누구에게 하셨는가? 이 기도의 응답을 받는 사람은 바로 본문의 앞 절과 뒷 절에 해당하는 사람이다.

1. 예수 그리스도를 믿는 사람

"내가 진실로 진실로 너희에게 이르노니 나를 믿는 자는 내가 하는 일을 그도 할 것이요 또한 그보다 큰 일도 하리니 이는 내가 아버지께로 감이라"(요 14:12).

요한복음 14장 12절 말씀을 주의 깊게 읽어 보라. 이 말씀을 하시고 나서 주님은 계속해서 말씀하셨다. "너희가 내 이름으로 무엇을 구하든지 내가 행하리니 이는 아버지로 하여금 아들로 말미암아 영광을 받으시게 하려 함이라 내 이름으로 무엇이든지 내게 구하면 내가 행하리라"(요 14:13-14).

본문에서 '너희가'라는 말은 주 예수 그리스도를 믿는 사람을 가리킨다. 즉, 기도에 대한 약속은 '예수 그리스도를 믿는 사람'에게 해당된다. 이 약속은 그리스도에 '대해' 믿는 사람들에게 해당되는 것이 아니라 그리스도'를' 믿는 사람들에게 해당된다는 사실에 주목해야 한다.

많은 사람이 예수 그리스도에 '대해' 믿는 것과 예수 그리스도'를' 믿는 것을 자주 혼동한다. 그러나 이 둘 사이에는 엄청난 차이가 있다. 우리의 믿음이 얼마나 훌륭하고 정통적이든, 하나님은 오직 예수 그리스도'를' 믿는 사람들의 기도에 응답하겠다고 약속하셨지, 예수 그리스도에 '대해' 믿는 사람들의 기도에 응답하겠다고 약속하지는 않으셨다.

인간은 예수 그리스도에 대해 완전하고 정확하게 믿으면서도 엄밀히 말해 그분을 전혀 믿지 않을 수 있다. 마귀도 예수 그리스도에 대해 의심 없이, 완전히, 올바르게 믿는다. 게다가 마귀는 예수 그리스도가 실제로 존재하신다는 사실을 우리보다 더 잘 안다. 그러나 마귀는 실제로 예수 그리스도를 믿지 않는다.

오늘날 예수 그리스도에 대해 완전히 정통하다는 이유로 예수 그리스도를 믿는다고 말하는 사람이 많지만 실상 그들은 전혀 믿는 것이 아니다. 그러면 예수 그리스도를 믿는다는 것은 무슨 뜻인가? 예수 그리스도를 믿는다는 것은 예수님이 말씀하신 것을 인격적으로 확실히 믿는 것이며, 그분이 우리를 위해 죽으시고 부활하셨음을 마음으로 믿고 그분을 모셔 들이는 것이다. 다시 말해 예수 그리스도를 믿는다는 것은 예수님을 우리 죄를 담당하고 십자가에서 죽으셨으며, 그렇게 우리의 죄를 용서해 주신 구세주로 영접하는 것이다. 그리고 그분이 우리의 삶을 완전히 통치하시도록 우리의 주인과 주님으로 영접하는 것을 말한다. 우리는 이 사실을 요한복음에서 찾을 수 있다.

"영접하는 자 곧 그 이름을 믿는 자들에게는 하나님의 자녀가 되는 권세를 주셨으니"(요 1:12).

성경 어디를 보더라도 예수님을 믿지 않고 그분을 삶의 주인으로 모시지 않으며, 그분과 연합되지 않은 사람의 기도를 들으시겠다고 하나님이 약속하신 곳은 없다. 그렇다고 해서 예수님을 믿지 않는 사람의 기도는 하나님이 결코 듣지 않으신다고 말하는 것이 아니다. 나는 하나님이 가끔 예수님을 믿지 않는 사람의 기도도 들으신다고 믿는다.

내가 성경적인 의미에서 그리스도를 믿기 전에 하나님은 나의 기도를 몇 가지 들으셨지만 시행하리라고는 말씀하지 않으셨다. 이것을 옛 신학자들은 '계약되지 않은 하나님의 자비'라고 묘하게 말했다. 하나님은 예수 그리스도를 믿는 사람의 기도에 응답하시겠다고 가장 확실히, 가장 적극적으로 약속하셨다. 그러나 예수 그리스도를 믿지 않는 사람의 기도에 응답하겠다고는 결코 약속하지 않으셨다. 예수 그리스도를 믿지 않는 사람은 하나님이 그의 기도에 응답하시리라는 기대를 가질 권리가 없으며, 하나님이 응답하지 않으신다는 이유로 하나님의 말씀이 거짓이라고 불평할 이유와 자격도 없다.

오늘날 많은 사람이 기도를 여러 번 했는데도 하나님이 응답하지 않으신다며 불평한다. 하나님은 결코 그런 사람의 기도에는 응답하지 않으신다. 아무리 기도하고 또 기도할지라도 그리스도를 구주와 주님으로 믿고 삶을 완전히 바치지 않는다면 그 기도는 아무런 의미가 없다.

예수 그리스도를 믿는 것은 기도의 기초가 된다. 또한 이 믿음은 우리가 필요할 때 언제든지 하나님께 가서 우리의 필요를 구하면 하나님으로부터 그것을 응답받는, 하나님과의 가장 좋은 관계로 우리를 이끈다. 이는 예수 그리스도를 믿는 것에 대한 여러 가지 좋은 결과 중 하나다. 나는 우리가 백만장자 록펠러(John D. Rockefeller)의 엄청난 재산을 갖는 것보다 기도의 기초 위에 서 있기를 바란다. 기도하기만 하면 언제든지 응답받을 수 있는 하나님과의 관계 속에 있기를 바란다.

세상을 살아가다 보면 세상 친구들이 당신을 도울 수 없을 때가 온다. 세상의 거대한 재물로도 돕지 못할 때가 올 수 있다. 그러나 하나님은 당신을 영원히, 완전히 구원하시고 도우실 수 있다. 그러므로 가장 중대한 질문이 우리에게, 아니 당신에게 닥쳐왔다. 당신은 과연 정말로 예수 그리스도를 믿는가?

당신은 혹시 예수 그리스도를 불신하고 있지는 않은가? 당신은 정말로 그분을 믿고 거듭났는가? 만일 그분을 믿지 않고 거듭나지 않았다면, 거듭날 수 있는 가장 중대한 정보를 주겠다. 이는 예수님을 지식적으로만 알고 머리로만 믿는 사람에게도 가장 중요한 정보다. 바로 지금 주 예수 그리스도를 당신의 구주와 주님으로 영접하라.

주 예수 그리스도가 당신의 죄를 위해 죽으시고 모든 죄를 다 용서하신 사실을 믿고 그분을 당신의 주인으로, 당신의 죄를 위해 죽으시고 부활하신 구세주로 지금 바로 영접하라. 그리고 당신의 삶 전체를 주님께 드리고 그분이 당신의 생각과 행동과 삶을 지배하시도록 허락하라.

2. 예수 그리스도를 사랑하는 사람

기도 응답을 받을 수 있는 행복한 사람들의 자격이 본문 다음 구절인 15절에 나온다.

"너희가 나를 사랑하면 나의 계명을 지키리라"(요 14:15).

기도 응답에 대한 약속은 예수 그리스도를 믿고 진정으로 사랑하며 그 계명을 지키는 사람에게 주어졌다. 물론 우리는 그분의 계명을 지키기 위해 그 계명을 잘 알아야 하며, 이를 알기 위해서는 그분의 뜻이 계시된 말씀을 부지런히 읽고 공부해야 한다. 그러므로 이 약속은 날마다 삶에서 하나님의 말씀을 열심히 공부하고, 자신의 언행과 생각에 대한 하나님의 뜻을 발견하며, 그 뜻을 항상 순종하고 행하는 사람에게 주어진다.

우리는 이미 요한일서 3장 22절에서 배웠다. "무엇이든지 구하는 바를 그에게서 받나니 이는 우리가 그의 계명을 지키고 그 앞에서 기뻐하시는 것을 행함이라."

성경 전체를 볼 때 하나님이 불순종하는 자녀의 기도를 들으신다는 약속은 없다. 하나님이 당신의 기도에 응답하시기를 기대한다면 우선 하나님이 성경에서 어떻게 말씀하셨는지 들어야 한다. 그리고 항상 그분의 말씀에 순종해야 한다. 그러면 당신은 언제든지 기도 응답을 받는다. 날마다 진지하게 말씀을 읽고 공부하여 하나님의 뜻을 발견하고 항상 그것을 실천하라. 이것이 기도 응답을 받을 수 있는 가장 좋은 기도의 기초다.

다시 한번 요약해 보겠다. 무엇이든지 구하는 것을 주신다는 하나님의 약속은 성경이 요구하는 특정한 방법으로 기도하는 사람, 곧 살아 있는 믿음과 순종하는 사랑으로 하나님과 연합하는 사람에게 주어진다.

어떤 사람은 이렇게 물을지도 모른다. "예수 그리스도에 대한 살아 있는 믿음과, 예수 그리스도께 사랑으로 순종하는 것 중에 무엇이 더 우리의 기도 생활에 중요한가?" 대답은 간단하다. 어느 하나라도 빠지면 안 된다. 두 가지 모두 필요하다.

당신이 예수 그리스도에 대해 살아 있는 믿음을 가지고 있으면 예수 그리스도께 순종하는 것은 필연적으로 따라온다. 사도 바울은 갈라디아서에서 이에 대해 분명히 말했다.

"그리스도 예수 안에서는 할례나 무할례나 효력이 없으되 사랑으로써 역사하는 믿음뿐이니라"(갈 5:6).

다른 한편으로 우리를 향한 예수 그리스도의 사랑을 믿지 않는다면 우리는 결코 그분을 사랑할 수 없다. 그리스도인의 출발은 그분의 사랑을 믿는 것이다. 그리고 끝까지 그분을 사랑하는 것이 그리스도인의 전부다. 사도 요한은 요한일서에서 이렇게 말했다.

"우리가 사랑함은 그가 먼저 우리를 사랑하셨음이라"(요일 4:19).

오늘날 수많은 사람이 의무로 하나님을 사랑하려고 한다. 그러한 시도는 실패로 돌아갈 수밖에 없다. 물론 하나님이 사랑의 무한한 가치시기 때문에 우리는 그분을 사랑해야 한다. 예수님이 도덕적으로 완벽하고 무한하신 분이며, 창조자시기 때문에 우리는 그분을 사랑해야 한다. 하지만 이런 이유로 그분을 사랑한다면 그 사랑은 하나님이 우리에게 원하시는 최선의 사랑이 아니다.

채닝(William E. Channing)과 당시 지적 지도자들의 인도를 받았던 유니테리언들은 의무적으로 하나님을 사랑하려고 노력하는 오류에 빠져 있었다. 우리는 의무감 때문에 억지로 하나님을 사랑해서는 안 되며 또 그렇게는 결코 사랑할 수 없다. 하나님이 우리 같이 사악하고 무가치한 죄인을 놀랍게 사랑하신 것을 진심으로 믿을 때, 우리는 아주 자연스럽게 하나님을 사랑하게 된다. 하나님을 사랑하는 것은 그분의 놀라운 사랑에 대한 신뢰의 필연적인 결과다.

영국의 유명한 복음 전도자 마크 가이 피어스(Mark Guy Pearse)가 어느 날 런던에서 집회를 인도하고 있는데, 한 소녀가 그에게 와서 고민이 가득한 얼굴로 올려다보며 말했다. "목사님, 저는 예수님을 사랑하지 않아요. 예수님을 사랑하기 원하지만 사랑하게 되지 않아요. 목사님, 제가 어떻게 하면 예수님을 사랑할 수 있는지 알려 주세요."

그러자 피어스는 열심히 간청하는 소녀를 보며 말했다. "얘야, 오늘 집에 돌아가거든 '예수님은 나를 사랑하신다. 예수님은 나를 사랑하신다. 예수님은 나를 사랑하신다.'라는 말을 계속 너 자신에게 말해 보렴. 그러면 다음 주에는 '나는 예수님을 사랑해요.'라고 말할 수 있을 거야."

다음 주일, 소녀는 다시 그에게 왔다. 그리고 행복한 눈과 빛나는 얼굴로 외쳤다. "목사님, 저는 정말 예수님을 사랑해요. 정말로 예수님을 사랑하고 있어요. 지난주에 집으로 돌아가 목사님께서 말씀하신 대로 '예수님은 나를 사랑하신다. 예수님은 나를 사랑하신다. 예수님은 나를 사랑하신다.'라는 말을 계속 저 자신에게 했어요. 그 뒤 저는 예수님의 사랑과 그분이 어떻게 저 대신 십자가에서 죽으셨는지 생각하게 되었고, 차디찬 마음이 뜨거워지기 시작했어요. 그리고 예수님을 향한 저의 사랑이 충만해진 것을 발견했어요."

예수님을 사랑하는 유일한 방법이 있다. 그것은 바로 우리와 같이 사악한 죄인들을 위해 예수님이 어떻게 죽으셨는가, 우리를 어떻게 사랑하셨는가를 마음속 깊이 믿는 것이다. '그분이 우리의 허물로 인해 어떻게 상함을 입었는가, 그분이 어떻게 징계를 받아 우리가 평화를 누리게 되었는가, 그분이 채찍에 맞음으로 우리가 어떻게 나음을 입었는가?'를 깊이 생각하고 진정으로 믿을 때 우리는 예수님을 사랑하게 된다.

우리는 예수님을 믿음으로 신앙생활을 시작한다. 즉, 우리에게 베풀어 주신 위대한 사랑을 믿음으로 그리스도인의 생활은 시작된다. 그분을 사랑하고 그 사랑을 나타내는 것이 그리스도인의 신앙생활의 전부다.

우리는 하나님의 말씀을 날마다 열심히 읽고 공부하며, 우리의 삶에 대한 그분의 뜻을 발견하며, 그 뜻을 일상에 적용하고 순종하며 행함으로 우리의 사랑을 나타낼 수 있다. 그때 비로소 우리는 기도할 수 있는 기초 위에 서게 된다.

몇 년 전 스코틀랜드의 유명한 성경 교사가 노스필드에서 사랑 없이 예수 그리스도를 믿는 것이 중요한가 아니면 믿음 없이 예수 그리스도를 사랑하는 것이 중요한가에 대해 강의한 적이 있다. 그는 사랑 없는 믿음보다 믿음 없는 사랑이 더 중요하다고 결론을 내렸다.

그의 설교가 아무리 위대한 것일지라도 그런 결론은 잘못된 가정과 오해에서 나온 것이다. 그는 우리가 믿음 없이도 사랑을 가질 수 있다고 생각했다. 그러나 우리는 그렇게 할 수 없다. 그리스도를 사랑하는 것은 그리스도를 믿는 믿음의 결과다. 그리스도를 믿는 것은 그리스도를 사랑하는 뿌리가 된다.

사랑 없는 믿음을 갖는 것이 더 좋으냐 아니면 믿음 없는 사랑을 갖는 것이 더 좋으냐에 대한 토의는 마치 뿌리는 좋지만 열매 없는 사과나무가 좋으냐 아니면 뿌리는 없지만 좋은 열매를 맺는 사과나무가 좋으냐에 대한 토의와 같다. 이것을 생각해 보자. 말할 것도 없이 뿌리 없는 나무는 결코 열매를 맺을 수 없다.

이처럼 그리스도의 사랑 안에 믿음의 뿌리를 내리지 않으면 사랑의 열매를 절대로 맺을 수 없고 그 사랑의 결과로 오는 순종도 할 수 없다. 그러므로 우리가 지금 깊이 상고하는 약속은 그리스도에 대해 살아 있는 믿음을 가지고 순종하는 사랑을 나타내는 사람에게만 해당된다.

예수님의 이름으로 기도하라

살아 있는 믿음으로 예수 그리스도와 연합해 그분을 사랑하고 순종하는 사람이 기도 응답을 받기 위해서는 어떻게 기도해야 하는가?

"너희가 내 이름으로 무엇을 구하든지 내가 행하리니 이는 아버지로 하여금 아들로 말미암아 영광을 받으시게 하려 함이라 내 이름으로 무엇이든지 내게 구하면 내가 행하리라"(요 14:13-14).

우리가 하나님께 기도한 바로 그것을 응답받기 위해서는 주 예수님의 이름으로 기도해야 한다. 예수 그리스도의 이름으로 기도할 때 하나님의 마음을 움직일 수 있다. 하나님의 마음을 감동시키고 움직이기 위해서는 다른 방법이 없다. 다른 어느 누구라도 예수 그리스도를 통하지 않고서는 하나님께 접근할 수 없다.

"내가 곧 길이요 진리요 생명이니 나로 말미암지 않고는 아버지께로 올 자가 없느니라"(요 14:6).

그러면 도대체 예수님의 이름으로 기도한다는 것은 무슨 의미인가? 나는 지금까지 이에 대한 여러 가지 해석을 들어 왔다. 어떤 사람은 예수님의 이름으로 기도하는 것은 애매모호하고 그 뜻이 복합적이며 깊고 신비하다고 말한다. 그래서인지 그들의 해석은 읽거나 들을 때 도대체 무엇을 말하는지 모르겠고 더 혼란에 빠지는 것 같다.

가장 유명한 성경 교사 두 사람은 이렇게 정의했다. '예수님의 이름으로 기도하는 것은 곧 예수님의 인격으로 기도하는 것을 의미한다.' 나는 이들의 정의에 의심을 품지는 않는다. 그러나 그들의 정의는 내 마음속에 명확한 설명을 주지 못했다.

사실 예수님의 이름으로 기도한다는 진리는 어떤 사람이 말한 것처럼 신비스러운 것이 아니다. 오히려 어린아이라도 이해할 수 있는 아주 단순한 진리다. 나는 성경의 진리를 어렵게 해석하는 것을 이해할 수가 없다. 성경은 평범한 사람도 모두 이해할 수 있는 책이다. 우리가 성경을 해석할 때 꼭 신학자나 철학자의 도움을 받을 필요는 없다. 주 예수님은 친히 말씀하셨다.

"천지의 주재이신 아버지여 이것을 지혜롭고 슬기 있는 자들에게는 숨기시고 어린 아이들에게는 나타내심을 감사하나이다"(마 11:25).

성경의 진리 가운데 대부분은 평범한 사람, 어린아이라도 그 진리가 무엇인지 이해할 수 있으며 그것에 순종할 수 있다. 그러나 성경을 지나치게 깊이, 억지로 해석하려다가 큰 문제를 일으키는 경우가 상당히 많다. 그래서 온갖 이단이 우후죽순처럼 일어난다.

성경의 평범한 진리를 지나치게 생각하고 해석한 나머지 말씀이 나타내는 진리와 전혀 다른 주장을 하는 사람을 볼 때 안타까움을 금할 수 없다. 그들은 "하나님이 무엇을 말씀하시는지 도무지 이해할 수 없다."라고 말한다. 그러나 하나님은 우리에게 그 진리를 분명히 알리신다.

당신과 나의 모든 의지를 온전히 하나님께 굴복시키며, 우리의 생각으로 성경을 함부로 판단하지 않고, 진정으로 그분의 뜻을 알기를 간절히 원한다면 그 뜻을 분명히 알 수 있게 된다. '내 이름으로'라는 이 구절도 우리가 진지한 마음으로 진정한 의미가 무엇인지 추구하면 분명히 깨달을 수 있고 하나님은 우리에게 그 의미를 계시해 주신다.

당신이 성경에 등장하는 어떤 단어나 구절을 보고도 무슨 의미인지 모를 때는 사전이나 주석, 어떤 신학 책을 찾아볼 것이 아니라, 그 단어나 구절에 관계되는 모든 것을 성경에서 찾아보고 또 그것이 성경에서 어떻게 사용되었는지 유심히 살펴보아야 한다. 이를 위해서는 관주 성경이 필요한데, 그 단어나 구절과 비슷한 용어를 여러모로 찾아본다면 진정한 의미를 찾을 수 있다. 성경의 단어나 구절의 의미를 제대로 이해하려면 그 단어가 성경 전체에서 어떻게, 어떤 방법으로, 어떤 경우에 쓰였는가를 알아야 하며, 이런 방법을 다 사용해 본 후에 그것을 이해하고 해석할 수 있다.

이제 '내 이름으로'라는 구절을 위의 방법으로 해석해 보자. 먼저 나는 이 구절의 동의어인 '그의 이름으로' 혹은 '예수 그리스도의 이름으로'라는 표현을 성경에서 모조리 찾아보았다. 그리고 이 구절이 성경 가운데 일상생활의 대화에서 자주 쓰였다는 것을 발견하게 되었다.

우리는 어떤 사람에게 무엇을 청구할 때 그 사람의 이름으로 청구하는 경우가 많다. 사람의 이름은 그 사람의 인격과 성품을 대표하기 때문이다. 우리가 어떤 사람의 이름으로 무엇을 하거나 어디를 갈 때는 자신이 초점이 되는 것이 아니라 우리가 빌려 쓰는 이름의 소유자가 초점이 된다. 그러므로 그때 우리 자신은 아무 권리도 없다.

한 가지 예를 들어 보자. 내가 수표에 '5달러를 토레이 씨에게 지불해 주시오.'라고 쓰고 밑에 내 이름을 사인한 다음 은행의 지불 창구에 가서 직원에게 그 수표를 주었다고 가정해 보자. 나는 무엇을 하고 있는가? 나에게 5달러를 지불하라고 요구하고 있다. 누구의 이름으로 그것을 요구하고 있는가? 내 이름으로 요구하고 있다.

그 후에는 어떻게 되겠는가? 그 은행 직원은 수표를 받아 조사하고는 나를 쳐다보며 이렇게 물을 것이다. "토레이 씨, 우리 은행에 예금한 돈이 있습니까?" "하나도 없습니다."

그럼 직원은 뭐라고 말하겠는가? 아마 이렇게 말할 것이다. "우리는 토레이 씨를 도와드리고 5달러를 지급하고 싶습니다. 하지만 그렇게 하는 것은 옳지 않습니다. 당신은 우리 은행에 돈을 예금하지 않았기 때문입니다. 우리는 단 5달러도 지불할 수 없으며 또 당신에게는 그 돈을 지급받을 권리가 없습니다." 이것은 당연한 이야기다.

이와 정반대의 이야기가 있다. 어떤 사람이 은행에 10만 달러를 예금해 놓고 나를 부르더니 이렇게 말했다고 가정해 보자. "토레이 목사님, 저는 목사님의 성경학교 사역에 깊은 관심을 가지고 있습니다. 그래서 제가 예금해 놓은 돈 중에서 얼마를 헌금하고 싶습니다." 그리고 나서 수표를 꺼내 'R. A. 토레이 씨에게 5천 달러를 지불하시오.'라고 쓰고 밑에 자기 이름을 적어 나에게 주었다.

나는 은행에 가서 수표를 직원에게 주면서 5천 달러를 지급하라고 청구할 것이다. 누구의 이름으로 청구하고 있는가? 내 이름으로 하고 있는가? 아니다. 그 은행에 10만 달러를 예금하고 수표에 자기 이름을 서명한 사람의 이름으로 청구하고 있다.

그렇다면 어떤 일이 일어나겠는가? 직원이 수표에 서명한 이름을 본다면 내가 그 은행에 돈을 예금했는지는 물어보지 않을 것이다. 직원은 수표에 서명된 이름과 그 사람이 은행에 10만 달러를 예금한 사실을 확인한 다음 5천 달러를 나에게 지불할 것이다.

예수 그리스도의 이름으로 기도하는 것도 이와 같다. 바로 우리는 예수님이 무한히 예금해 놓으신 천국 은행에 가는 것이다. 천국 은행에는 당신도 나도, 혹은 이 땅의 어떤 사람도 예금할 수 없다. 오직 예수 그리스도만이 예금하신다.

우리가 살아 있는 믿음을 가지고 그분과 연합하고 사랑하며 순종하면, 우리는 필요할 때 예수 그리스도의 이름이 서명된 수표를 가지고 천국 은행에 가서 필요한 것을 청구할 수 있다. 예수 그리스도의 이름으로 기도한다는 것은, 우리가 하나님께 예금해 놓은 것이 하나도 없기 때문에 하나님으로부터 받을 자격이 없다는 것을 인정하면서 우리 자신의 노력이나 선행, 행위가 아니고 오직 예수 그리스도를 믿음으로 하나님께 청구하는 것이다.

이와 같은 방법으로 하나님께 나아갈 때 그것이 얼마나 크든 관계없이 우리는 필요로 하고 요구하는 모든 것을 하나님께 받을 수 있다.

그리스도의 이름으로 기도한다는 것은 단지 '예수님의 이름으로' 혹은 '그의 이름으로'라는 구절을 기도 끝에 붙이는 것이 아니다. 많은 그리스도인이 자기의 올바른 행위를 근거로 하나님께 접근하고 기도하며 '예수님의 이름으로' 끝을 맺는다. '예수님의 이름으로'라는 말을 기도 끝에 사용하지만 실제로는 예수 그리스도의 이름으로 기도하는 것이 아니라 자기 이름으로 기도하는 것이다. 그들은 오직 예수 그리스도만이 하나님께 청구할 수 있다는 사실을 믿지 않고, 그분의 이름을 신뢰하지 않으며, 자신을 의지하면서 기도하기 때문에 기도 응답을 받을 수 없다.

예수 그리스도의 이름으로 기도한다는 것은, 우리가 예수 그리스도를 통해서만 기도 응답을 받을 수 있다는 의미다. 그런데 자신의 의로운 행위와 선행의 기초 위에서 기도하면서 끝에서만 예수님의 이름으로 기도한다면 그 기도는 하나님과 아무런 관계가 없다.

많은 사람이 기도의 응답을 얻지 못하는 이유가 바로 여기에 있다. 그들은 그리스도인의 삶이 너무도 순결하고 확고부동하며, 그들이 아주 훌륭한 봉사 생활을 하기 때문에 하나님으로부터 기도 응답을 받을 권리가 있다고 생각한다. 그러나 기도 응답은 우리가 선행을 하고 아주 놀라운 봉사 생활을 했다고 주어지는 것이 아니다. 오직 예수 그리스도의 이름을 전적으로 신뢰하며, 그분을 높이고, 그분의 인격을 닮으며, 그분을 통해야만 기도 응답을 받을 수 있다는 신앙이 우리에게 있을 때 우리는 기도 응답을 받을 수 있다.

내가 호주 멜버른에서 집회하고 있던 어느 날에 있었던 일이다. 사업가 모임에서 설교하고 내려왔을 때, 어떤 사람이 메모지를 내 손에 쥐여 주었다. 그 메모지에는 이렇게 쓰여 있었다.

> 토레이 목사님!
> 저는 지금 큰 혼란에 빠져 있습니다. 저는 하나님의 뜻에 따라 제가 확신하는 어떤 것을 위해 오랫동안 기도하고 있습니다. 그런데 아직도 기도 응답을 받지 못했습니다.

> 저는 장로교인으로서 30년 동안 교회에 출석하면서 아주 확고부동한 신앙의 자세로 살아왔습니다. 또한 25년 동안 주일 학교 교장으로 봉사했고 20년 동안 장로로 일해 왔습니다. 그런데도 하나님은 저의 기도에 응답하지 않으시니 저로서는 도저히 이해할 수가 없습니다. 그 이유가 무엇인지 설명해 주시기 바랍니다.

나는 다음 날 그 메모지를 들고 강단에 올라갔다. 그리고 내용을 소개하면서 회중에게 말했다. "그 문제를 설명하는 것은 대단히 쉽습니다. 그는 30년 동안 확고한 신앙 가운데 정말 열심히 일하고, 25년 동안 주일 학교 교장으로서 아주 성실하게 봉사하며, 20년 동안 교회 장로로서 수고한 사람입니다. 그래서 그는 훌륭하게 그리스도인의 삶을 살았기 때문에 하나님이 자기 기도에 응답할 책임이 있다고 생각한 것입니다. 그는 예수님의 이름이 아닌 자신의 이름으로 기도했습니다. 그런 방법으로 접근했기 때문에 하나님은 기도에 응답하지 않으신 것입니다.

하나님으로부터 기도 응답을 받기 원한다면, 하나님으로부터 기도 응답을 받을 권리가 우리에게 있다는 생각을 완전히 포기해야 합니다. 우리 중 어느 누구도 하나님으로부터 무엇을 받을 자격은 없습니다. 우리가 받을 자격이 있고, 또 받을 수 있는 것은 우리의 죗값으로 멸망해 지옥에 가는 것뿐입니다. 우리가 하나님으로부터 받을 대가는 멸망과 진노와 지옥입니다. 그러나 예수 그리스도는 하나님께 무엇을 청구할 권리와 자격을 갖고 계신 분입니다. 그러므로 기도할 때 우리 자신의 어떤 선행의 기초 위에서가 아니라 오직 예수 그리스도가 제공하신 그 기초 위에서 하나님께 나아가야 합니다.

그런데 그는 30년 동안 신실한 교인이었고 25년 동안 주일 학교 교장으로 일했으며 20년 동안 교회 장로로 봉사했다는 기초 위에서 기도했습니다. 그는 자신의 이름으로 기도하고 있는 것입니다."

집회가 끝나자 어떤 신사가 나에게 와서 말했다. "사실은 제가 그 편지를 썼습니다. 오늘 목사님께서 저의 문제의 핵심을 찌르셨습니다. 저는 30년 동안 신실한 교인으로, 25년 동안 주일 학교 교장으로, 20년 동안 교회 장로로 봉사했기 때문에 하나님은 마땅히 저의 기도에 응답할 의무가 있다고 생각했습니다. 오늘 저의 잘못을 깨달았습니다."

오늘날 수많은 신실한 그리스도인이 이와 똑같은 실수를 저지른다. 그들은 자신이 매우 신실한 교인이며 교회의 모든 활동에 아주 적극적으로 봉사하기 때문에 자신에게 기도할 권리가 있다고 생각한다. 또한 하나님은 자신의 기도에 응답하실 책임이 있다고 생각한다. 하지만 우리 중 누구에게도 하나님께 무엇을 청구할 권리는 없다. 우리는 정말 비참한 죄인이다.

오직 예수 그리스도만이 하나님께 무엇을 청구할 자격과 권리가 있으시다. 그러므로 주님이 우리에게 그분의 이름으로 하나님께 나아가서 구할 수 있는 권리를 주신다.

우리가 예수 그리스도의 이름으로 하나님께 나아가 기도할 때 하나님은 우리가 구하는 것을 그분의 이름으로 주신다. 우리는 그분의 이름 덕분에 기도할 수 있고 하나님으로부터 우리가 구한 것을 받을 수 있다.

우리는 '예수님의 이름으로'라는 구절을 기도를 마치는 표시로 쓸 때가 많다. 사실 예수님의 이름으로 기도한다고 하지만 과연 얼마나 그분의 이름을 의지하고 감사하며 기도하는가 생각할 때 부끄러운 일이다.

당신은 예수님의 이름이 얼마나 귀중한지 알고 기도하는가? 당신은 예수님의 이름으로 기도할 수 있다는 것이 얼마나 큰 특권인지 아는가? 예수 그리스도의 권리와 이름으로 하나님께 가까이 나아갈 수 있는 특권을 받은 것을 생각할 때, 우리는 얼마나 부요한 사람들인지 모르겠다.

내가 아주 어렸을 적에 아버지는 맏형이 집을 떠나자 내 바로 위의 형에게 모든 재산을 맡기고 가정의 모든 경비를 지출하고 관리하며 보호하게 하셨다. 우리의 모든 재산과 돈은 은행에 형의 이름으로 예금되어 있었다. 많은 세월이 흐른 후, 내가 장성하자 형도 집을 떠나게 되었다. 형은 떠나면서 나에게 재산을 맡기고 관리하도록 부탁했다.

형은 그의 이름으로 서명한 빈 수표 뭉치를 나에게 주면서 이렇게 말했다. "돈이 필요할 때는 언제든지 이 수표에 네가 원하는 액수를 적어 은행에 갖다 주렴. 그러면 즉시 원하는 돈을 줄 거야." 형이 서명한 빈 수표 뭉치를 받아 든 나는 얼마나 큰 부자였겠는가! 나는 필요할 때마다 수표에 원하는 돈을 기록해 은행에 가져다주고 돈을 가져올 수 있었다.

예수 그리스도는 우리를 위해 무엇을 하셨는가? 그분은 자신의 모든 돈을 우리에게 맡기셨다. 예수님은 우리가 그분의 이름으로 하나님께 가서 우리의 공로나 권리가 아니라, 그분의 권리와 은혜로 하나님께 기도할 수 있는 특권을 주셨다. 우리는 예수님의 이름으로 하나님이 우리를 위해 예비하신 하늘에 속한 모든 신령한 복과 은혜를 받을 수 있다.

사업을 포기하기 전, 무디는 아주 활동적인 그리스도인 사업가였다. 그는 가끔 시카고에서 시골로 내려가 며칠 동안 집회를 인고하고는 했다. 한번은 시카고에서 멀리 떨어진 일리노이주의 한 마을에서 집회를 열었는데, 그 지방의 어떤 판사 부인이 찾아와 자신의 남편에게 복음을 전해 달라고 간청했다.

무디는 이렇게 대답했다. "부인, 저는 부인의 남편에게 복음을 전할 수 없습니다. 부인의 남편은 교육을 많이 받은 사람이고 저는 배운 것이 없는 무식한 구둣방 직원입니다."

그러나 판사 부인은 그가 가서 복음을 전해야 한다고 아주 강력하게 말했다. 결국 무디는 가기로 승낙하고 판사에게 갔다. 그가 판사의 사무실에 도착하자 그곳에서 일하는 사무원들은 총명한 판사가 초라하고 무식한 무디를 어떻게 쫓아낼지 상상하며 킬킬거리며 웃었다.

무디는 판사의 방으로 들어가 이렇게 말했다. "판사님, 저는 감히 판사님과 같이 훌륭하고 교양 있는 사람과 이야기할 수 없습니다. 저는 시카고에서 온 구두 만드는 무식한 직공입니다. 하지만 판사님께 한 가지만 묻고 싶습니다. 판사님은 언제 거듭나셨습니까?"

무디의 당돌한 질문을 받은 판사는 아주 경멸하는 표정으로 웃으면서 말했다. "젊은이, 내가 언제 거듭났는지 말해 달라고 했지? 내가 언제 거듭났는가? 아, 내가 언제 거듭났던가? 자네, 어젯밤에는 잘 잤는가?"

무디가 판사의 이상한 표정과 당황한 태도를 보고 밖으로 나오자, 판사는 사무원들이 들을 수 있을 정도의 큰 소리로 말했다. "젊은이, 내가 언제 거듭났는가를 말해야 되는가?" 처음부터 대화를 엿들던 사무원들이 결국 참지 못하고 배를 움켜잡으며 더 크게 웃었다.

그 후 판사는 1년 만에 거듭나게 되었다. 무디는 다시 그 마을에 가서 판사에게 전화하여 이렇게 물었다. "판사님, 어떻게 거듭났는지 말씀해 주시지 않겠습니까?"

그는 대단히 반가워하면서 다음과 같이 간증했다. "무디 선생이 나에게 다녀간 후 항상 그랬듯이 아내는 교회에 갔고, 나는 집에 혼자 남아 석간신문을 읽고 있었다네. 그런데 그때 갑자기 나 자신이 말할 수 없이 비참하게 느껴졌다네. 그 순간 내가 큰 죄인이라는 사실을 깨달았지.

아내가 돌아오기 전에 나는 너무도 초라한 상태였기 때문에 감히 아내 얼굴을 볼 면목이 없어 침실로 들어가 누워 있었네. 그러자 아내가 침실로 올라와 어디가 아프냐고 물었지. 나는 몸이 좋지 않아 일찍 잠자리에 들었다고 얼버무리고 아내에게 잘 자라고 말했네.

밤새도록 괴로운 상태에서 몸부림치고, 아침이 되어서도 나 자신이 너무나 부끄럽고 불쌍한 생각이 들어 아내를 감히 쳐다볼 수도 없었다네. 아내가 아침 식사를 권했지만 도저히 먹을 수 없어 몸이 좀 불편해 먹고 싶지 않다고 변명하고 급히 집을 나왔지.

사무실에 도착했을 때도 내가 너무 초라했기 때문에 사무원들에게 휴가를 주어 모두 내보내고 사무실의 문을 다 걸어 잠갔어. 그리고 조용히 의자에 앉아 나의 초라함과 비참함을 느끼게 되었지. 내가 얼마만큼 큰 죄인인가를 확실히 깨닫게 되자 그 순간 나도 모르게 무릎을 꿇고 이렇게 말했다네. '하나님, 저의 죄를 용서해 주십시오.'

그러나 아무런 응답이 없었어. 나는 다시 진심으로 '하나님, 저의 죄를 용서해 주십시오.' 하고 외쳤지만, 그래도 아무런 응답이 없었지. 하지만 '하나님, 예수님의 이름으로 나의 죄를 용서해 주십시오.'라고 기도하지는 않았다네. 왜냐하면 나는 유니테리언으로서 예수 그리스도의 대속 사역을 믿지 않았기 때문이지. 그래서 다시 부르짖었어. '하나님, 저의 죄를 용서해 주십시오.' 그래도 역시 응답이 없었다네.

그제야 나는 내가 죄에 대해 생각하고 말할 수 없는 비참한 죄인이라는 사실을 깊이 느끼고 다시 부르짖었지. '하나님, 저의 죄를 예수 그리스도의 이름으로 용서해 주십시오.' 그 순간 내 마음속에 평안이 물밀듯이 밀려왔다네."

예수 그리스도의 이름이 아닌 다른 방법으로, 혹은 자신의 권리를 가지고 하나님께 나아가려고 하는 것은 무모한 짓이다. 우리는 우리 죄를 대속하기 위해 십자가에서 죽으신 예수 그리스도의 사역에 근거해 그분을 의지하는 마음으로 하나님 앞에 나아갈 수 있다.

또한 자신의 선행이나 봉사를 통해서는 하나님께 나아갈 수 없다. 오직 예수 그리스도가 자신의 이름으로 우리에게 주신 권리를 가져야만 하나님께 담대히 나아갈 수 있고 우리가 원하는 것을 구할 수 있다.

가끔 우리가 하나님께 엄청난 일을 구할 때면 사탄은 와서 이렇게 말한다. "하나님께 그렇게 엄청난 일을 해 달라고 기도해서는 안 돼. 너는 그런 것을 받을 수 없는 형편없는 그리스도인이야." 그렇다. 사실 우리 자신은 그런 것을 구할 수 없는 비참한 존재다. 그러나 예수 그리스도는 하실 수 있다.

내가 하나님께 큰 일을 구하면 사탄은 더 큰 소리로 외친다. "네가 감히 그런 큰 일을 어떻게 구할 수 있어? 너는 그런 것을 구할 가치조차 없는 존재야." 그러면 나는 이렇게 대답한다. "그래. 나는 그런 것을 구할 자격과 가치가 없는 사람이다. 하지만 예수 그리스도는 자격과 가치를 지닌 분이시기 때문에 나는 나의 공로로 기도하지 않고 오직 예수 그리스도의 이름으로 기도한다."

예수 그리스도의 이름이 하나님께 얼마나 귀중한지, 그리고 하나님은 아들의 이름이 존귀하게 되는 것을 얼마나 기뻐하시는지 느끼고 생각할 때마다 나는 하나님께 아주 담대하게 나아가 큰 일을 구하게 된다.

당신은 예수님의 이름으로 위대한 일을 구할 때 그 이름이 얼마나 영화롭게 되는지 깨달았는가? 예수님의 이름으로 위대한 일을 구하지 않을 때 그 이름이 얼마나 치욕스럽게 되는지 알았는가? 예수님의 이름의 능력 안에서 믿음을 갖고 그분의 이름으로 하나님께 나아가 위대한 일을 위해 기도하자.

남북 전쟁 당시, 오하이오주 콜럼버스에 외아들을 둔 어떤 부부가 있었다. 그 부부는 외아들을 볼 때마다 기쁨이 충만했다. 그런데 어느 날 전쟁이 시작되고 아들이 부모에게 와서 군에 입대하게 되었다고 말했다. 물론 부부는 외아들을 떠나보내는 것이 너무도 가슴 아팠지만 나라를 사랑했기에 전쟁에 나가 싸우는 것을 허락했다.

전선에 나간 아들은 전쟁터에서 체험한 내용을 편지에 담아 부모에게 정기적으로 보내왔다. 그 편지는 기쁨으로 가득 차 있었고 그리하여 외로운 부모도 편지 읽는 일을 큰 즐거움으로 삼았다. 그러나 정기적으로 오던 편지가 갑자기 끊어져 버렸다.

여러 날이 지났지만 편지는 오지 않았다. 몇 주가 지나도 편지가 없자 부모는 아들에게 무슨 일이 생겼나 걱정하며 큰 불안을 느꼈다. 그러던 어느 날 미국 정부로부터 한 통의 편지가 날아왔다. 편지에는 큰 전투가 벌어져 수많은 사람이 죽었는데 부부의 외아들도 싸우다가 전사했다고 적혀 있었다. 그 집에는 빛이 사라져 버렸다. 그리고 오랜 세월이 흘러 전쟁은 끝이 났다.

어느 날 아침 그들이 식사하려고 식탁에 앉았을 때 가정부가 들어와 이렇게 말했다. "누더기를 입은 남자가 와서 주인어른을 찾으며 이야기하고 싶다고 했어요. 그러나 그런 사람과 이야기하고 싶으실 것 같지 않아서 거절했더니 이 쪽지를 전해 달라고 부탁하던데요."

그녀는 낡고 꾸겨진 종잇조각을 그 아버지에게 건네주었다. 아버지는 그것을 훑어보다가 아들의 필적임을 알아차렸다. 쪽지에는 이렇게 쓰여 있었다.

부모님께

저는 총에 맞아 짧은 인생을 이렇게 영광스럽게 마칩니다. 그래서 이제 부모님께 작별 인사를 쓰고 있습니다. 제가 이것을 쓸 때, 전우들 가운데 저와 가장 친한 친구가 옆에서 무릎을 꿇고 저의 최후를 지켜보며 저를 위해 기도해 주었습니다.

전쟁이 끝나면 친구가 이 편지를 아버지께 전해 줄 것입니다. 친구가 가면 아버지의 아들처럼 잘해 주십시오.

아들 찰스.

외아들을 잃은 그 집에는 부부 외에는 아무도 없었다. 그러니 외아들을 대신해서 온 가난한 친구가 얼마나 귀중한가? 이와 마찬가지로 예수님의 이름은 당신과 나에게 너무도 좋으며 위대하다. 이처럼 좋고 위대한 것은 하늘에도 땅에도 더는 없다. 그러므로 예수님의 이름으로 하나님께 담대히 나아가서 위대한 일을 구하자.

07

믿음으로

"그를 향하여 우리가 가진 바 담대함이 이것이니 그의 뜻대로 무엇을 구하면 들으심이라 우리가 무엇이든지 구하는 바를 들으시는 줄을 안즉 우리가 그에게 구한 그것을 얻은 줄을 또한 아느니라"(요일 5:14-15).

이것은 성경에 있는 가장 놀라운 말씀 중에 하나다. 이 구절은 하나님이 우리의 기도를 들으시며, 우리가 그분께 구한 것을 응답받는다는 사실을 말해 준다. 다시 한번 본문을 조심스럽게 읽어 보자.

> "그를 향하여 우리가 가진 바 담대함이 이것이니 그의 뜻대로 무엇을 구하면 들으심이라 우리가 무엇이든지 구하는 바를 들으시는 줄을 안즉 우리가 그에게 구한 그것을 얻은 줄을 또한 아느니라"(요일 5:14-15).

이제 하나님이 우리에게 무엇을 말씀하셨는지 주의 깊게 살펴보자. 말씀은 어떤 사람이 특정한 방법으로 기도하면, 그 사람은 기도한 바로 그것을 응답받을 뿐만 아니라 응답을 받기도 전에 하나님께서 그의 기도를 들으시고 응답하실 것을 알 수 있다고 말한다.

이는 정말로 놀라운 말씀이다. 이 구절은 응답받을 자격을 갖춘 사람, 즉 성경이 요구하는 방법으로 기도하는 사람에게 분명하고 적극적인 확신을 가져다준다. 우리는 이런 확신을 가졌기 때문에 우리가 기도한 바로 그것을 하나님이 허락하시고 응답하셨음을 알 수 있다.

우리가 기도할 때 하나님께서 우리의 기도를 들으시고 응답하신다는 것을 알고, 이미 응답받은 것처럼 확신할 수 있다면 그것은 큰 기쁨일 것이다. 이보다 더 놀라운 말씀이 어디에 있는가?

이 약속은 누구에게 해당되는가?

우선 무엇보다도 하나님이 누구에게 이 약속을 하고 계시는지 유의해야 한다. 전에도 언급했지만 성경에 나타나는 약속을 이해하고 적용할 때는 이 약속이 누구에게 적용되고 해당되는지 아주 정확하게 살펴보아야 한다. 우리는 이 약속이 바로 본문 앞 절에 나오는 사람들에게 해당된다는 사실을 알 수 있다.

"내가 하나님의 아들의 이름을 믿는 너희에게 이것을 쓰는 것은 너희로 하여금 너희에게 영생이 있음을 알게 하려 함이라"(요일 5:13).

말씀을 보면, 우리가 지금 공부하는 이 약속은 다른 사람이 아닌 바로 '하나님의 아들의 이름을 믿는 사람들에게' 약속하신 것이 명백하다.

하나님의 아들의 이름을 믿지 않는 사람은 이 약속을 자신에게 적용시킬 권리가 없다. 또한 하나님의 약속이 잘못되었다고 말할 자격도 없다. 결국 잘못은 자신에게 있는 것이다. 하나님의 말씀에는 결코 잘못이나 실패가 있을 수 없다. 그 사람은 약속이 다른 사람에게 해당되는 것임에도 불구하고 계속해서 자신에게 적용시키기에 기도 생활이 실패하는 것이다.

하나님의 아들을 믿는다는 의미는 사도 요한이 복음서에서 잘 설명해 준다.

> "영접하는 자 곧 그 이름을 믿는 자들에게는 하나님의 자녀가 되는 권세를 주셨으니"(요 1:12).

이에 대해 사도 요한은 다음과 같이 설명한다. 하나님의 아들의 이름을 믿는다는 것은 곧 하나님의 아들을 영접한다는 것이다. 그것은 예수 그리스도가 우리를 위해 하신 일, 곧 우리의 죄를 담당하시고 십자가에서 죽으셨으며 부활하신 일을 믿고 그분을 나의 구주와 주님으로 영접하고 신뢰하는 것을 말한다.

또한 하나님의 아들의 이름을 믿는다는 것은 예수 그리스도께서 나의 생각과 의지와 행위를 절대적으로 주관하며 인도하시도록 그분에게 완전히 맡겨 드리는 것을 의미한다.

다시 말해 이 약속은 예수 그리스도를 인격적으로 영접하고 그분이 나의 죄를 위해 죽으시고 부활하셨음을 믿으며, 하나님의 아들이신 예수 그리스도께서 나의 모든 생각과 의지와 행위를 통제하시도록 완전히 맡겨 드린 사람에게 해당하는 것이다. 그렇지 않은 사람에게는 이 약속을 주장할 권리와 자격이 주어지지 않는다.

비록 예수님을 구주와 주님으로 믿고, 또 우리의 죄와 허물로 인해 예수님이 죽으신 사실을 믿고 정말로 구원받았다 해도 우리의 삶이 성령님의 인도와 지배, 통제를 받지 않으면 이 약속은 아무런 의미가 없다.

오늘날 구원은 간신히 받았지만 자기 생각과 의지, 고집으로 살아가기 때문에 기도 응답을 받지 못하는 사람이 교회에 얼마나 많은가? 당신은 과연 삶에서 성령님의 인도하심을 받고 있는가?

어떻게 기도해야 하나님이 우리의 기도를 들으시고 응답하셨다는 것을 알 수 있는가?

이제 이런 질문이 떠오른다. 하나님의 아들의 이름을 믿는 사람들이 하나님이 그들의 기도를 들으시고 응답하셨음을 알려면 어떻게 기도해야 하는가? 요한일서를 다시 읽어 보자.

"그를 향하여 우리가 가진 바 담대함이 이것이니 그의 뜻대로 무엇을 구하면 들으심이라"(요일 5:14).

하나님이 우리의 기도를 듣고 구한 것을 주셨음을 알기 위해서는 '그분의 뜻대로' 기도해야 한다. 우리는 하나님의 아들의 이름을 믿고 그분의 뜻대로 무엇을 구하면, 하나님이 우리의 기도를 들으셨고 우리가 구한 그것을 주신다고 확신할 수 있다. 그 이유는 하나님이 말씀 가운데서 그렇게 약속하셨기 때문이다.

우리는 감정적으로 느껴서 혹은 성령님의 내적 조명으로 아는 것이 아니라 하나님이 그 약속을 말씀 속에서 분명하게 하셨기 때문에 응답 받을 것을 안다. 바로 이것이 가장 정확하고도 확실한 이유다. 하나님은 절대로 거짓말하지 않으신다.

그런데 우리는 어떻게 하나님의 뜻이 무엇인지 알 수 있을까? 즉, '내가 지금 하나님의 뜻대로 기도하고 있다'고 어떻게 확신할 수 있을까? 우리는 우리가 기도하는 여러 상황 속에서 하나님의 뜻을 분명하게 알 수 있다.

1. 말씀에 있는 약속을 통해 하나님의 뜻을 알 수 있다

성경을 우리에게 주신 것은 하나님의 뜻을 계시하기 위해서다. 따라서 하나님의 말씀에 나타난 어떤 분명한 약속은 바로 그것이 하나님의 뜻이라고 확신해도 된다. 왜냐하면 하나님이 성경에서 여러 번 그렇게 말씀하셨기 때문이다.

하나님의 아들의 이름을 믿는 우리가 하나님께 나아가 성경에서 분명히 약속한 사실을 위해 기도할 때, 우리는 하나님이 우리의 기도를 들으시고 기도한 바로 그것을 주신다는 사실을 절대적으로 확신한다. 우리는 그렇게 느껴서가 아니라 하나님이 그렇게 말씀하셨다는 그 약속만으로도 응답을 확신하기에 충분해야 한다.

한 가지 예를 들면 하나님은 야고보서 1장 5절에서 이렇게 말씀하셨다. "너희 중에 누구든지 지혜가 부족하거든 모든 사람에게 후히 주시고 꾸짖지 아니하시는 하나님께 구하라 그리하면 주시리라." 우리는 하나님의 아들을 믿는 성도로서 하나님께 나아가 지혜를 구할 때, 그분이 우리의 기도를 들으시고 지혜를 주신다는 절대적 확신을 가질 수 있다.

몇 년 전 미네소타주 화이트 베어 레이크에서 YMCA수양회를 인도하며 기도에 대해 강의한 적이 있다. 나는 그 집회를 끝내자마자 급히 기차를 타고 다른 도시로 가는 중이었다. 그때 내 옆자리에는 미니애폴리스에서 온 목회자 한 사람이 앉아 있었다. 나중에 알고 보니 그는 내가 인도했던 수양회에 처음부터 끝까지 참석했던 사람이었다.

그는 바로 나를 쫓아왔는데 굉장히 흥분한 표정이었다. 그러면서 이렇게 말했다. "토레이 목사님, 오늘 아침에 목사님이 젊은 사람들에게 기도에 대해 말씀하셨는데 저는 도저히 그것을 인정할 수 없습니다. 기회만 있다면 그들에게 목사님의 말씀이 잘못이라는 사실을 분명히 밝히겠습니다."

나는 흥분한 그의 말을 듣고 "아, 그런가요? 제가 성경대로 말하지 않았다면 그들에게 그렇게 하십시오. 그러나 제가 성경대로 말했다면 목사님이 어떻게 그렇게 할 수 있는지 곰곰이 생각해 보셔야 합니다."라고 말했다.

"목사님은 우리가 기도하면 바로 그것을 응답받는다고 젊은 사람들에게 말했고 또 그러한 영향을 미쳤습니다."

나는 다시 이렇게 대답했다. "글쎄요, 제가 그런 영향을 끼쳤는지 잘 모르겠습니다. 하지만 저는 그 말이 진리라는 사실을 굳게 믿고 또 그렇게 말하려고 작정했습니다."

"그것은 잘못입니다. 목사님은 '만일 하나님의 뜻이라면'이라고 말했어야 합니다."

나는 대답했다. "만일 목사님이 기도한 것이 하나님의 뜻이 아니라면, '만일 하나님의 뜻이라면'이라고 하는 것이 옳습니다. 그러나 목사님이 기도한 것이 확실히 하나님의 뜻임을 분명히 안다면 '만일 하나님의 뜻이라면'이라는 말을 왜 붙입니까?"

그는 다시 반문했다. "우리가 정말 하나님의 뜻을 알 수 있습니까?"

나는 이렇게 대답했다. "하나님이 우리에게 성경을 주신 목적은 하나님의 뜻을 우리에게 계시해 주시기 위함이 아닙니까? 만약 목사님이 성경에 나오는 어떤 분명한 약속을 발견하고 그것을 하나님께 기도했다면, 목사님은 하나님의 뜻대로 그것을 구했다는 사실을 확신할 수 있지 않습니까?

예를 들어 야고보서 1장 5절을 보면 '너희 중에 누구든지 지혜가 부족하거든 모든 사람에게 후히 주시고 꾸짖지 아니하시는 하나님께 구하라 그리하면 주시리라'고 하셨는데, 목사님이 지혜를 달라고 기도했다면 하나님이 주실 것임을 확신하지 못하겠습니까?"

"저는 그 지혜가 무엇인지 모르겠습니다." 그러고 난 뒤 그는 더 이상 질문하지 않았다.

그 후로 그가 내가 말한 것을 뒤엎었다는 소문은 듣지 못했다. 오히려 그는 우리가 하나님의 뜻대로 구하기만 하면 하나님은 틀림없이 주신다는 사실을 확신하고 그것을 담대하게 전했다는 놀라운 소식을 들었다.

당신이 하나님의 말씀 안에서 어떤 분명한 약속을 받았다면 그 약속 앞에 '만일'이라는 말을 붙일 필요가 없다. 하나님의 모든 약속은 그리스도 예수 안에서 '예'이고 '아멘'이다(고후 1:20). 당신이 하나님의 말씀에서 어떤 분명한 약속을 발견했다면 그 기도를 절대적으로 확신할 수 있다. 따라서 당신의 기도에 '만일'이라는 단어를 사용해서는 안 된다. 당신은 하나님의 뜻대로 기도하고 있다는 사실을 당신 스스로도 알 수 있다.

하나님이 당신의 기도를 들으셨음을 알 수 있다는 것은 얼마나 놀라운 특권인가! 또 기도한 것을 틀림없이 응답받는다는 확신을 갖는 것은 얼마나 놀라운 특권인가! 당신이 기도한 것을 이미 손 안에 쥔 것처럼 절대적인 확신을 가지고 기도의 자리에서 일어나는 것은 얼마나 놀라운 특권인가!

다음 이야기를 상상해 보면서 이 진리를 더 확실히 이해하자. 어느 추운 겨울 아침, 나는 시카고의 사우스 클라크 거리를 걷고 있었다. 거리에는 아주 가난한 사람들이 우글거렸다. 그중 한 사람이 추위에 떨며 나에게 와서 말했다. "토레이 목사님, 너무 춥습니다. 코트가 필요합니다. 저에게 코트를 주시면 안 되겠습니까?"

그래서 이렇게 대답했다. "오늘 오후 2시, 피어슨 거리에 있는 우리 집으로 오면 코트를 주겠소."

2시가 되자마자 그 사람이 찾아왔다. 나는 문 앞에서 그를 만나 집 안으로 안내했다. 그때 그는 "토레이 목사님, 오늘 오후 2시에 집으로 오면 코트를 주겠다고 저에게 약속하셨습니다. 만일 목사님이 코트를 주기 원하신다면 저에게 주십시오."라고 했다.

이 말을 듣고 내가 뭐라고 했겠는가? "형제여, 방금 나에게 뭐라고 했습니까?"

"만일 목사님이 저에게 코트를 주기 원하신다면 그 코트를 달라고 했습니다."

"그런데 왜 '만일'이라는 말을 합니까? 제가 코트를 주겠다고 분명히 말하지 않았습니까?"

"그렇습니다."

"그런데 왜 그런 말을 합니까? 형제는 저의 말을 의심하는 겁니까?"

"아닙니다."

"그러면 왜 '만일'이라는 말을 사용합니까?"

왜 우리는 하나님의 분명한 약속을 들었음에도 불구하고 '만일'이라는 단어를 사용하는가? 하나님이 당신에게 거짓말하신다고 생각하는가? 물론 하나님의 뜻을 알 수 없는 경우도 있다. 그럴 때는 '하나님의 뜻이라면'이라는 말을 사용할 수 있다. 왜냐하면 우리가 하나님의 뜻을 모를 때라도 우리의 기도는 항상 하나님의 뜻에 복종해야 하며, 하나님의 진실한 자녀에게 하나님의 뜻은 가장 소중하기 때문이다.

그러나 성경에 그분의 뜻이 분명히 나타나 있다면 '만일'이라는 단어를 사용할 필요가 없다. 그런 경우 '만일'이라는 단어를 사용하는 것은 곧 하나님을 의심하는 것이며, 그분의 말씀을 의심하는 것이며, '하나님을 거짓말쟁이로 만드는 것'이다.

요한일서 5장 14절은 성경 말씀 가운데 가장 오용되는 구절 중 하나다. 하나님은 우리가 기도할 때 말씀을 통해 확신을 주신다. 그런데도 우리는 확신을 갖지 못하며 이 구절에 대해서도 잘못 생각한다.

가끔 젊고 열성적인 형제가 큰 확신을 가지고 어떤 일을 위해 기도할 때면, 신중하게 생각하고 행동하는 다른 형제가 와서 이렇게 말한다.

"형제여, 기도할 때 그처럼 확신을 가져서는 안 되네. 혹시 하나님의 뜻이 아닐지도 모르기 때문이지. 우리는 하나님의 뜻에 순종해야 하네. 형제는 '만일 주님의 뜻이라면'이라고 기도해야 하네."

이런 사람은 자신의 기도에 항상 부정적이고 불확실한 생각을 가지고 있다. 그는 요한일서 5장 14절을 이렇게 이해한다. "그를 향하여 우리가 가진 것은 이것이니 곧 불확실한 것이다. 그러므로 우리는 결코 하나님의 뜻을 알 수 없다. 그리고 우리의 기도를 하나님이 들으셨다는 것도 결코 확신할 수 없다."

이는 사탄의 방법이다. 성경에는 결코 그렇게 기록되지 않았다. 말씀이 어떻게 말하는지 다시 한번 확인해 보자. "그를 향하여 우리가 가진 바 담대함(불확실한 것이 아니라 절대적 확신)이 이것이니 그의 뜻대로 무엇을 구하면 들으심이라 우리가 무엇이든지 구하는 바를 들으시는 줄을 안즉 우리가 그에게 구한 그것을 얻은 줄을 또한 아느니라"(요일 5:14-15, 괄호 내용은 저자 추가).

교활한 사탄은 우리가 기도할 때 하나님이 말씀을 통해 확신을 주신다는 진리를 믿지 못하게 하고, 의심하게 하며, 그것을 왜곡하게 한다.

2. 우리가 기도하는 문제가 성경에 분명히 계시되어 있지 않을 때는 어떻게 하나님의 뜻을 알 수 있는가?

하지만 많은 경우 우리가 기도하는 것이 성경에 계시되어 있지 않다. 그렇다면 어떻게 하나님의 뜻을 발견할 수 있는가? 여기에 대한 대답은 로마서가 가르쳐 준다.

"이와 같이 성령도 우리의 연약함을 도우시나니 우리는 마땅히 기도할 바를 알지 못하나 오직 성령이 말할 수 없는 탄식으로 우리를 위하여 친히 간구하시느니라 마음을 살피시는 이가 성령의 생각을 아시나니 이는 성령이 하나님의 뜻대로 성도를 위하여 간구하심이니라"(롬 8:26-27).

우리가 기도하는 문제에 대해 하나님의 뜻을 알려 주며, 우리가 하나님의 뜻대로 간구하게 돕는 것이 성령님의 사역이다. 우리는 많은 경우 성경에 그분의 분명한 약속과 말씀이 계시되지 않아 하나님의 뜻을 발견하지 못해서 안타까워하고 고심한다. 그러나 성경에 분명한 약속을 하지 않으신 것도 하나님의 뜻이다.

이처럼 우리가 기도하는 내용이 하나님의 말씀에 분명히 계시되어 있지 않을 때 하나님의 방법은 성령님의 직접적인 조명을 통해 그분의 뜻을 알게 하는 것이다. 우리가 기도하는 것이 하나님의 말씀에 확실히 계시되어 있지 않아 당황스럽고 초조할 때, 성령님은 우리에게 직접 역사하셔서 하나님의 뜻을 분명하게 가르쳐 주신다.

이 진리에 대해 한 가지 예를 들어 보자. 내가 시카고 무디교회에서 목회할 때, 한 교인의 딸이 심하게 아팠다. 그 아이는 처음에 홍역을 앓았는데 그 병이 뇌수막염으로 변했다. 아이가 위독해지자 의사는 어머니에게 "제가 아이를 위해 할 수 있는 일이 더 이상 없습니다. 아이는 살 수 없습니다."라고 말했다.

그 말을 들은 어머니는 즉시 기도를 요청하려고 우리 집에 달려왔다. 그때 나는 시카고에서 멀리 떨어진 피츠버그에서 집회를 하고 있었다.

그녀는 나를 만나지 못하고 대신 부목사 저코비(W. S. Jacoby)와 또 다른 동역자와 함께 집에 갔다. 그들은 아이를 위해 간절히 기도했다.

내가 그날 밤 피츠버그에서 돌아왔을 때 그들도 우리 집에 막 도착했다. 부목사인 저코비는 "토레이 목사님, 저의 생애에 기도 응답을 받았다면 아이를 위해 기도한 바로 오늘입니다."라고 말했다. 부목사는 하나님이 자신의 기도를 들으셨고 아이를 고쳐 주실 것이라는 확신을 주셨다고 말했다. 확신을 갖고 아이를 위해 기도한 결과, 즉시 병이 깨끗이 나았다. 그 기적은 토요일에 일어났다.

다음 날 아침 의사가 다시 그녀의 집에 왕진을 와서 아이에게 놀라운 변화가 일어난 것을 보고 부인에게 물었다. "부인, 이 아이를 위해 무엇을 어떻게 했습니까?" 그녀는 모든 사실을 이야기해 주었다.

그러자 의사는 이렇게 말했다. "아, 그렇습니까? 그러면 제가 다시 아이에게 약을 먹여 보겠습니다."

그녀는 깜짝 놀라며 "의사 선생님, 그럴 필요 없습니다. 선생님은 이 아이를 위해 더 이상 어떻게 해 볼 도리가 없고 죽을 수밖에 없다고 했습니다. 그러나 우리는 아이를 위해 하나님께 간절히 기도했습니다. 하나님은 아이의 병을 깨끗이 고쳐 주셨습니다. 이 아이는 더 이상 약을 먹을 필요가 없습니다. 인간의 힘으로 할 수 없는 것을 하나님은 하십니다."라고 했다. 정말 그 아이는 완전히 나았다.

한 가지 유의해야 할 점이 있다. 저코비 목사나 내가 병든 아이와 어른을 위해 기도한다고 해서 하나님이 다 고쳐 주시는 것은 아니다. 하나님의 자녀들이 육체적으로 건강하게 되는 것은 하나님의 일반적인 뜻이다. 그러나 하나님은 특별한 목적을 위해서 병든 사람을 낫게 하지 않으시기도 하고 때로는 특별한 목적을 위해서 병든 사람을 치료하시기도 한다.

우리가 하나님 곁에 머물러 살면서 성령님의 음성에 귀를 기울인다면, 기도하면서 성령님께 온전히 순복한다면, 성령님이 우리에게 하나님의 뜻을 밝히 알려 주실 것이다. 그러면 우리는 하나님이 기도를 들으셨으며, (그것을 실제로 얻기 전일지라도) 기도가 응답되었음을 알 수 있다.

나의 경험을 또 하나 이야기하고자 한다. 육체의 병이 낫는 것은 하나님의 응답 가운데 하나지만 그것이 가장 중요하지는 않다. 육체의 병이 치료되는 것도 중요하지만 더 중요한 것은 바로 영혼이 치료되며 그 영혼이 죄악에서 구원받는 것이다.

목회 초창기에 내가 사는 도시의 모든 교회가 연합해 집회를 열었다. 집회가 진행되는 동안 우리는 하루를 금식일로 정하고 기도했다. 그리고 금식일 아침 집회 때, 하나님은 그 도시에서 가장 형편없는 사람 중 한 사람을 위해 기도하도록 우리를 인도하셨다. 그는 말할 수 없이 타락한 생활을 하고 난폭했으며, 가족 중에는 그리스도인이 거의 없었다.

하지만 우리는 그날 아침 그 사람이 집회에 와서 구원받게 해 달라고 합심해서 기도하기 시작했다. 하나님은 우리가 그를 위해 기도해야 한다는 무거운 책임감을 계속 불어넣어 주셨다. 그 영혼을 위해 하나님께 간절히 기도하자, 나는 그가 그날 밤 집회에 와서 구원받을 것이라는 확신을 갖게 되었다. 실상은 하나님이 나에게 확신을 주신 것이다.

결국 그가 집회에 와서 구원받았다. 그뿐만 아니라 형편없는 생활을 하던 다른 사람들도 와서 구원을 받았다. 이 일은 지금으로부터 40여 년 전에 일어난 사건이다. 그런데 바로 몇 년 전에 테네시주의 채터누가에서 바로 그 사람의 어머니를 만났다. 그 어머니도 그날 밤 구원받았다고 말했다. 정말로 놀라운 일이었다.

한 가지 유의해야 할 것은 내가 그와 같이 모든 불신자의 구원을 위해 기도할 수는 없다는 것이다. 오직 하나님이 성령님을 통해 구원받을 사람에 대한 그분의 뜻을 내게 계시하신 것뿐이며, 많은 경우에 하나님은 그분의 뜻을 이와 같이 나타내신다.

마지막으로 나의 체험을 하나 더 이야기하고자 한다. 내가 매사추세츠주 노스필드에 있을 때, 어느 날 무디의 사위인 피트(Fitt) 형제로부터 시카고 성경학교의 운영을 위해 5천 달러가 필요하니 이를 위해 기도해 달라는 소식이 왔다. 당시 노스필드에는 성경학교 사람이 몇 명 더 있었다. 우리는 그날 밤 나의 별장에 모여 하나님께 돈을 보내 달라고 무릎을 꿇고 간절히 기도했다. 그러자 하나님은 틀림없이 그 돈을 보내 주실 것이라는 확신을 주셨다. 나의 동료는 하나님이 우리의 기도를 듣고 5천 달러를 주실 것이라는 확신을 주셨다고 말했다.

그날 밤 피트와 게일로드(Gaylord)도 역시 시카고에서 기도했다. 하나님은 게일로드에게 돈을 주겠다는 큰 확신을 주셨다. 우리는 그 확신으로 하나님이 기도를 듣고 응답하실 것을 알았다.

다음 날 피트 형제에게 인디애나폴리스의 어떤 은행으로부터 그의 은행에 5천 달러가 예금되어 있으니 그 돈을 어떻게 하겠느냐는 전보가 왔다. 우리가 함께 기도하고 기다렸지만 막상 전보를 받게 되자 피트 형제는 그것이 믿어지지 않았다. 그는 인디애나폴리스에 있는 은행에 사실 여부를 다시 한번 조회해 보았다. 사실이었다. 정말 엄청난 돈이 예금되어 있었다.

내가 알고 있는 한, 돈을 은행에 예금한 사람은 그전까지 성경학교에 한 푼의 돈도 기부하지 않았던 사람이었다. 나는 이 세상에 그런 사람이 있다는 것조차 몰랐다. 그는 또한 그 후에도 성경학교를 위해 결코 어떠한 돈도 기부하지 않았다.

돈이 필요할 때마다 하나님께 기도한다고 해서 하나님이 항상 똑같이 그런 확신을 주시지는 않는다. 그러나 어떤 경우에는 그런 확신을 주신다는 사실을 기억하자. 내 생애에 그런 확신을 얻었던 때가 여러 번 있었고 그때마다 하나님은 결코 실패하지 않으시고 약속을 성취하셨다. 은행은 실패할 수 있을지 몰라도 하나님은 결코 실패하지 않으신다.

여기까지 진술한 내용을 다시 한번 요약하자. 하나님은 우리가 '그분의 뜻대로 무엇을 구하면' 말씀으로 주어진 특별한 약속을 통해 혹은 성령님의 역사를 통해 그분의 뜻을 분명히 나타내시고, 기도한 바로 그것을 듣고 응답하시며 약속을 지키신다. 우리가 진정으로 하나님의 아들의 이름을 믿는다면 우리는 우리의 기도가 틀림없이 응답된다고 확신할 수 있고 이것은 우리의 특권이다.

믿음으로 기도하라

우리가 지금 공부하는 성경 구절은 마가복음에도 나온다. 이제 소개할 말씀을 통해 주님은 우리의 기도에 응답하겠다는 약속을 주셨다. 그 말씀을 조심스럽게 읽어 보자.

"그러므로 내가 너희에게 말하노니 무엇이든지 기도하고 구하는 것은 받은 줄로 믿으라 그리하면 너희에게 그대로 되리라"(막 11:24).

나는 이 약속에 해당되는 사람이 누구인가를 말하고 싶다. 내가 전에 말한 바와 같이 이 구절의 약속에 해당되는 사람은 예수 그리스도를 믿고, 살아 있는 믿음을 통해 예수 그리스도와 연합되며, 그 결과로 그분을 사랑하고 순종하는 사람이다.

그러면 우리가 기도한 것을 얻기 위해서는 어떻게 기도해야 하는가? 이 문제에 대한 대답은 믿음으로 기도해야 한다는 것이다. 우리는 기도할 때 기도한 바로 그것을 응답받는다는 확신과 기대를 가지고 기도해야 한다. 이것이 소위 믿음의 기도다. 믿음의 기도는 하나님의 뜻에 전적으로 복종하고, 믿음을 가지고 하나님을 절대적으로 의지하는 것을 말한다.

'믿음의 기도'라는 표현의 성경적 의미는, 기도하는 사람이 하나님께서 그의 기도를 들으시고 기도한 바로 그것에 응답하신다는 사실을 의심하지 않고 분명히 믿는 것이다. 이에 대한 증거가 야고보서에 확실히 나타나 있다.

"너희 중에 누구든지 지혜가 부족하거든 모든 사람에게 후히 주시고 꾸짖지 아니하시는 하나님께 구하라 그리하면 주시리라 오직 믿음으로 구하고 조금도 의심하지 말라 의심하는 자는 마치 바람에 밀려 요동하는 바다 물결 같으니 이런 사람은 무엇이든지 주께 얻기를 생각하지 말라 두 마음을 품어 모든 일에 정함이 없는 자로다"(약 1:5-8).

하나님의 약속이 얼마나 분명한지와 상관없이 우리가 정말 하나님의 약속을 절대적으로 믿지 않는다면, 우리는 이 말씀을 자신의 경험으로 받아들이지 못한 것이다. 우리에게는 참된 '믿음의 기도'가 필요하다. 그리고 이 믿음의 기도는 우리가 하나님께 구한 것마다 틀림없이 응답받는다는 것을 의심하지 않고 전적으로 믿는 것이다.

마가복음 11장 24절은 KJV성경보다 RV성경에 더 분명하게 그 의미가 표현되어 있는데, 미국 RV성경보다 영국 RV성경에 더 정확하게 번역되었다. "그러므로 내가 너희에게 말하노니 너희가 기도하고 구한 모든 것은 받은 줄로 믿으라 그리하면 너희에게 그대로 응답될 것이다"(막 11:24).

우리는 성경에 분명히 언급된 하나님의 말씀, 즉 그분의 뜻대로 기도하면, 그리고 하나님의 뜻을 나타내시는 성령님의 역사 안에서 기도하면 우리의 기도가 틀림없이 응답된다는 것을 확실히 믿어야 한다. 우리는 받을 줄로 믿어야 한다. 비록 지금 내 눈앞에 보이지 않는다 해도 후에 그 기도가 틀림없이 응답될 것이다.

성령 세례를 받는 것에 대해 한 가지 예를 들어 보자. 예수 그리스도를 구주와 주님으로 영접하는 순간 성령님이 우리 마음에 들어오신다. 이것이 바로 성령 세례. 우리 마음에 들어오신 성령님은 우리의 기도 생활에 결정적으로 중대한 사역을 하신다.

당신이 예수 그리스도를 구세주로 영접하고, 예수 그리스도께서 당신의 죄를 위해 십자가에서 피 흘려 죽으셨다는 것을 마음으로 믿고, 살아 있는 믿음을 통해 그분과 연합하며 그분께 순종하고 그분을 사랑하며, 당신의 모든 생각과 인생의 목적 그리고 모든 행위를 성령님이 지배하시도록 완전히 드렸다면 당신의 기도는 하나님의 뜻대로 한 것임을 알 수 있다. 왜냐하면 누가복음에서 보듯이 예수 그리스도께서 분명히 그렇게 말씀하셨기 때문이다.

"너희가 악할지라도 좋은 것을 자식에게 줄 줄 알거든 하물며 너희 하늘 아버지께서 구하는 자에게 성령을 주시지 않겠느냐"(눅 11:13).

우리가 하나님이 성경에 분명히 계시하신 그분의 뜻에 따라 구했다면 '성령님이 나와 함께하시며, 나의 기도는 응답받았다'라고 말할 수 있고, 이것은 우리의 특권이 된다. 기도 응답에 대한 확신은 성령님의 내주하심을 느끼는지에 관한 문제가 아니다. 어떤 놀라운 체험을 했는지의 문제도 아니다. 그 확신은 단지 하나님을 말씀대로 받아들이는가에 관한 문제다. 기도하는 사람은 하나님이 그렇게 말씀하셨기 때문에 구한 것을 받았다고 믿는다.

하나님의 말씀이 우리 기도의 최종 근거다. 우리는 하나님의 말씀에 대한 깊은 신뢰를 통해 나의 기도가 응답되었다는 것을 확신할 수 있다. 왜냐하면 하나님이 그렇게 말씀하셨기 때문이다.

우리가 기도했을 때 그것이 즉시 내 눈앞에 이루어지지 않는다 해도 진정으로 하나님의 뜻이고 약속이라면 이루어질 것은 틀림없는 사실이다. 기도 응답을 받기 위해 지루한 기도회를 할 필요가 없고, 열광적인 감정의 세계에 자신을 투신할 필요가 없으며, 황홀경의 경지나 무의식의 세계, 신약성경과 아무런 관계가 없는 체험에 빠질 필요도 없다.

우리는 체험이나 감정, 황홀경이 아닌 '거짓말하지 않으시는' 하나님의 변할 수 없는 말씀에 확신과 근거를 두기에 담대히 말할 수 있다.

믿음으로 기도하는 것은 구한 것을 얻는 데 가장 중요한 요소 중 하나다. 믿음의 기도는 당신의 기도가 틀림없이 응답받음을 의심하지 않는 것이며, 하나님이 당신의 기도를 듣고 응답하신다고 믿는 것이다.

다시 한번 야고보서 말씀을 읽어 보자. "오직 믿음으로 구하고 조금도 의심하지 말라 의심하는 자는 마치 바람에 밀려 요동하는 바다 물결 같으니 이런 사람은 무엇이든지 주께 얻기를 생각하지 말라"(약 1:6-7). 즉 하나님이 자신의 기도를 들으셨음을 의심하는 사람은 주님으로부터 응답받을 생각을 말아야 한다.

여기서 한 가지 중요한 질문이 떠오른다. 하나님이 우리의 기도를 들으시고 응답하신다는 것을 의심하지 않고 확실히 믿으려면 어떻게 기도해야 하는가? 이에 대해 이미 부분적으로 진술한 바 있다. 그러나 다시 한번 분명히 그 요점을 진술하고자 한다.

1. 하나님의 약속으로 기도하라

하나님과 만나는 믿음의 기도는 하나의 보증이나 근거가 있어야 한다. 무엇보다도 하나님의 말씀, 특히 하나님의 약속과 뜻을 발견해야 하며 기록된 하나님의 약속을 바탕으로 기도해야 한다. 우리는 자신의 힘으로 믿음을 가질 수 없다. 다시 말해 우리 자신에게는 믿음이 없다. 자신의 노력으로 믿음을 만들어 냈다면 그것은 진정한 의미의 믿음이 아니고 '위조된 믿음'이다. 믿음의 기도에서 가장 큰 보증과 근거는 하나님의 말씀이다. 사도 바울은 로마서에서 이 문제에 대해 이렇게 말한다.

"믿음은 들음에서 나며 들음은 그리스도의 말씀으로 말미암았느니라"(롬 10:17).

믿음은 확실한 하나님의 말씀의 근거 위에서 세워진다. 마찬가지로 믿음의 기도도 이 말씀의 근거 위에서 해야 한다. 그러므로 믿음의 기도를 하기 위해서는 하나님의 말씀을 충분히 공부하고, 하나님의 분명한 약속을 찾아야 하며, 하나님의 약속을 붙잡고 나아가 기도해야 한다.

그런데 여기서 많은 사람이 실족한다. 나도 처음에는 기도 생활에서 이런 실수를 했다. 구원받고 얼마 되지 않았을 때, 나는 마가복음 11장 24절에서 주 예수님의 약속을 읽게 되었다. "그러므로 내가 너희에게 말하노니 무엇이든지 기도하고 구하는 것은 받은 줄로 믿으라 그리하면 너희에게 그대로 되리라." 나는 이 말씀을 이렇게 생각하고 믿었다. '내가 무엇이든지 필요한 것을 기도하면 하나님이 주신다고 말씀하셨으니 무엇이든지 기도하자. 그리고 그것을 믿자.' 그래서 내가 원하는 것이 있을 때마다 나는 하나님께 구했고, 하나님이 주실 거라고 믿으려고 노력했다. 하지만 결과는 번번이 실패로 끝났다. 왜냐하면 그것은 '위조된 믿음'이었고, 정말로 믿은 것이 아니었기 때문이다.

그 후에 '믿음은 하나님의 말씀을 들음에서 난다'는 교훈을 배웠다. 나는 믿음의 기도를 하기 원한다면 믿음의 근거를 가져야 한다는 것을 알게 되었다. 그 믿음의 근거는 바로 하나님의 말씀이다. 그러므로 나는 하나님께 무엇을 구할 때는 먼저 성경을 열어 나의 기도에 관해 성경의 예시와 교훈, 하나님의 뜻을 발견한 후에 하나님께 나아가 그 약속을 붙들고 기도한다. 그리고 하나님이 나의 기도를 듣고 응답하실 것이라는 확신을 가지고 믿는다.

오늘날 많은 그리스도인이 하나님의 약속과 뜻은 알려고 하지 않고 무조건 이루어 달라고 기도한다. 그런 기도는 결코 하나님으로부터 응답받지 못한다. 당신의 기도 생활은 어떤가? 지금 당신이 기도하는 내용에 대해 하나님의 뜻을 발견했는가?

마지막 세대에 가장 놀라운 기도의 사람 중 한 명은 영국 브리스틀의 조지 뮐러다. 그는 60년 동안 참된 기도 생활을 하면서 기도로 720만 달러를 응답받았다. 그는 필요하다고 무조건 기도하지 않았다. 더 나아가 하나님의 사역을 위해 큰돈이 필요할지라도 함부로 기도하지 않았다. 조지 뮐러는 어떤 것을 기도해야겠다는 마음이 생기면 우선 성경을 펴서 그 기도에 대한 하나님의 뜻을 살펴본 후에 기도하기 시작했다.

어떤 때는 그 문제에 대한 하나님의 뜻을 찾지 못해 여러 날 간구하지 못하기도 했다. 드디어 하나님의 약속을 발견하면, 그는 성경을 펴 놓고 하나님의 약속을 손가락으로 짚어 가면서 간절히 기도했다. 그리하여 기도할 때마다 응답을 받았던 것이다. 그는 기도할 때마다 그 앞에 성경을 펴 놓고 그 약속을 붙들고 기도했다.

2. 성령님께서 주시는 확신으로 기도하라

그러나 이것만으로는 믿음의 기도를 어떻게 해야 하는가에 대한 해답이 되기에는 부족하다. 또 한 가지 중요한 사실이 있다. 우리가 성경을 읽어 보면 어떤 일에 대해 하나님의 분명한 뜻과 약속이 나오지 않은 경우가 많다. 그래서 당황하고 방황하며 일을 결정할 때 망설인다. 하지만 그러한 경우에도 우리는 믿음을 가질 수 있고, 하나님이 우리의 기도를 들으셨다는 절대적 확신을 갖고 기도할 수 있으며, 기도한 바로 그것을 응답받는다고 추호도 의심하지 않고 믿을 수 있다.

이미 진술했던 것처럼 우리는 로마서 말씀을 통해 그런 확신을 가질 수 있다.

> "이와 같이 성령도 우리의 연약함을 도우시나니 우리는 마땅히 기도할 바를 알지 못하나 오직 성령이 말할 수 없는 탄식으로 우리를 위하여 친히 간구하시느니라 마음을 살피시는 이가 성령의 생각을 아시나니 이는 성령이 하나님의 뜻대로 성도를 위하여 간구하심이니라"(롬 8:26-27).

앞서 말했듯이 성령님은 우리가 기도할 때 종종 하나님의 뜻을 분명하게 밝히신다. 그래서 우리가 하나님의 말씀에 귀를 기울이게 하시고, 하나님이 우리의 기도를 들으셨으며 우리가 구한 것을 주신다는 분명한 확신을 가지고 기도하게 하신다.

나는 이 사실을 목회 초창기에 경험했다. 우리 교회 교인 가운데 젊은 치과 의사가 있었다. 그의 아버지는 우리 교회에서 신실한 평신도 사역자였다. 그런데 젊은 치과 의사가 장티푸스에 걸려 심하게 앓게 되었다. 그는 그 병으로 죽음의 문턱까지 갔다. 내가 보니 그는 의식을 잃은 채 죽음의 그림자에 덮여 있었다. 그의 아버지와 그를 치료하는 의사가 젊은 치과 의사 곁에 있었다. 의사는 나에게 "이 사람은 살 수 없습니다. 이미 때가 지났습니다. 회복할 가능성이 없습니다."라고 말했다.

나는 이 말을 듣고 무릎을 꿇고 기도했다. 기도하는 동안 하나님이 나의 기도를 들으시며, 그가 회복될 것이라는 놀라운 확신이 내 마음속에 파고들었다. 나는 분명한 확신과 믿음을 가지고 간절히 기도했다. 기도를 끝마치고 일어서면서 나는 그의 아버지와 의사에게 이렇게 말했다. "이 사람은 곧 나을 것입니다. 절대로 죽지 않습니다."

그러자 의사는 실소를 지으면서 이렇게 말했다. "토레이 목사님, 그것은 목사님의 생각입니다. 그는 결코 살 수 없습니다. 그는 곧 죽을 것입니다."

나는 다시 대답했다. "의사 선생님, 그것은 선생님의 생각입니다. 그는 죽지 않고 살 것입니다." 그리고 집으로 돌아왔다. 곧 젊은 치과 의사가 죽어 간다는 연락이 왔다. 모두 그가 살아날 가망이 없다고 믿는다고 했다. 이 연락을 받고 조용히 나 자신에게 말했다. "그는 죽어 가는 것이 아니다. 그는 죽지 않는다. 곧 회복될 것이다." 나는 그가 회복될 것을 분명히 알았다. 그리고 드디어 그는 회복되었다. 그는 지금까지도 건강하게 살아 있다. 하나님께서 치유하신 이 사건은 지금으로부터 40여 년 전에 일어난 일이다.

그러나 나는 모든 환자를 위해 기도할 수는 없다. 내가 기도한다고 그들이 다 치료되는 것도 아니다. 환자가 아무리 진실한 그리스도인이라 할지라도 기도한다고 다 낫지는 않는다. 물론 환자를 고치시는 것은 하나님의 뜻이다. 종종 하나님은 그 조건이 맞을 때 환자들을 고치신다. 하지만 항상 그와 같은 방법으로 고치시는 것은 아니다.

하나님은 "믿음의 기도는 병든 자를 구원하리니 주께서 그를 일으키시리라"(약 5:15)라고 말씀하셨다. 그러나 믿음의 기도가 항상 가능한 것은 아니다. 오직 하나님의 특별한 뜻이 있고 성령님의 인도하심이 있을 때만 가능하다.

믿음의 기도는 병든 자를 치료할 뿐만 아니라 그것보다 훨씬 더 중요한 복을 가져온다. 믿음의 기도는 잃어버린 영혼을 구원하며, 우리 사역에 능력을 가져오며, 주님의 사역을 재정적으로 풍성하게 하고, 위대한 부흥을 가져온다.

나의 목회 사역 중에 최초로 그리스도를 구주로 영접한 사람은, 수년 동안 타락한 생활을 하던 어떤 부인이었다. 그녀는 주님께 돌아와 구원받았을 뿐만 아니라 놀라운 기도의 능력을 체험했다. 그녀가 회심한 지 얼마 안 되어 성령님은 그녀로 하여금 교회와 우리가 사는 도시의 부흥을 위해 기도하게 하셨다.

나는 그곳에서 1년 동안 있었는데 그녀는 병든 친구와 함께 캘리포니아로 가라는 부르심을 받았다. 그녀는 떠나기 전에 기도회에 마지막으로 참석해 이렇게 말했다. "하나님은 부흥을 위한 저의 기도를 들으셨습니다. 여러분은 이 교회에서 위대한 부흥을 맞이할 것입니다."

그 후 실제로 우리 교회뿐만 아니라 우리가 사는 도시 전체가 부흥의 불길에 휩싸였고 도시의 모든 교회가 변화되었으며 수많은 영혼이 주님께 돌아왔다. 부흥은 그다음 해도 또 다음 해도, 내가 그곳을 떠날 때까지도 계속되었다. 나의 후임 목사가 세워지고 그 후임의 후임 목사가 세워질 때까지 부흥은 계속해서 이어졌다.

그렇다. 믿음의 기도는 우리의 개인 생활에서나, 사역에서나, 교회에서나 어느 곳에서든지 필요한 모든 것을 응답받는 놀라운 비결이다. 믿음의 기도가 할 수 있는 일의 범위는 무한하다. 우리가 진정 믿음의 기도를 하게 되면 어떤 일이 일어날 것인가에 대해서는 말할 필요가 없다.

우리가 이미 진술한 바와 같이 믿음의 기도를 하기 위해서는 하나님의 말씀을 진지하게 공부하고 하나님의 뜻과 약속을 깨달아야 한다. 그 약속이 무엇이든 간에, 그 약속이 얼마나 크든 간에 우리는 약속을 믿고 붙잡으며 그 약속 안에서 기도해야 한다. 또 한 가지 덧붙이고 싶은 것은 우리가 하나님과 동행하며 살아야 하고, 하나님의 뜻에 완전히 순종하며 하나님이 기뻐하시는 일을 해야 하고, 성령님을 완전히 의지하며 우리의 모든 마음과 말과 행동이 다 성령님의 인도하심을 받아야 한다는 것이다.

그러므로 우리는 기도할 때 성령님의 역사로 말미암아 하나님의 뜻을 알 수 있으며, 우리가 기도한 것을 하나님이 듣고 응답하신다는 확신을 가질 수 있다. 성령님은 우리가 하나님의 뜻대로 기도할 수 있도록 인도하신다. 다만 이것은 성령님의 인도하심에 민감할 때 가능하다. 우리는 성령님의 역사로 말미암아 기도할 때 크고 담대한 확신을 갖고 기도하게 된다. 당신은 기도할 때 성령님의 인도하심을 받고 있는가?

여기서 많은 그리스도인이 기도 생활에서 실패의 잔을 마신다. 성령님의 조명 안에서 기도하는 우리의 특권을 모르거나, 성령님을 전적으로 의지하며 기도하지 못하기 때문이다. 그래서 우리는 기도할 때 성령님의 인도에 우리 자신을 맡기지 못한다. 그 결과 하나님의 뜻을 알지 못한 채 계속 자신의 요구만 내세우고 이기적인 기도를 한다. 성령님은 그 음성을 우리 마음속에 들려주기를 원하시지만, 우리는 우리의 상태와 태도로 인해서 기도 응답을 받지 못한다.

믿음의 기도는 우리 자신과 친구와 교회와 세계에 무한한 복을 가져온다. 믿음의 기도는 하나님의 말씀을 정말로 읽고 공부하고 하나님의 뜻을 발견하고, 무엇을 기도할 것인지 분명히 알 때 일어난다. 그리고 하나님과 살아 있는 관계를 맺은 사람이 자신의 뜻을 하나님의 뜻에 완전히 굴복시키고 하나님 앞에서 기뻐하시는 일을 하며 성령님을 계속적으로 의지할 때 기도의 기적이 일어난다.

성령님 안에서 성령님을 의지하며 기도할 때, 우리는 영적으로 죽은 교회와 수많은 사람이 '믿을 수 없을 정도로' 소생하는 것을 보게 될 것이다.

08

성령 안에서

"내가 너희에게 말하노니 비록 벗 됨으로 인하여서는 일어나서 주지 아니할지라도 그 간청함을 인하여 일어나 그 요구대로 주리라 내가 또 너희에게 이르노니 구하라 그러면 너희에게 주실 것이요 찾으라 그러면 찾아낼 것이요 문을 두드리라 그러면 너희에게 열릴 것이니"(눅 11:8-9).

"항상 기도하고 낙심하지 말아야 할 것을 비유로 말씀하여"(눅 18:1).

"모든 기도와 간구를 하되 항상 성령 안에서 기도하고 이를 위하여 깨어 구하기를 항상 힘쓰며 여러 성도를 위하여 구하라"(엡 6:18).

끈질긴 기도

누가복음에서는 다음과 같은 질문에 아주 의미심장한 대답을 하는 두 가지 성경 구절이 있다. 그 질문은 이렇다. '하나님을 감동시키고 그분에게 기도한 것을 얻기 위해서는 어떠한 기도를 해야 하는가? 왜 수많은 하나님의 자녀가 기도한 것을 응답받지 못하는가?' 이에 대한 대답은 이미 언급한 누가복음의 두 가지 성경 구절 중 하나에 있다. 주님은 이 구절의 비유에서 명확한 해답을 제시해 주신다.

"또 이르시되 너희 중에 누가 벗이 있는데 밤중에 그에게 가서 말하기를 벗이여 떡 세 덩이를 내게 꾸어 달라 내 벗이 여행중에 내게 왔으나 내가 먹일 것이 없노라 하면 그가 안에서 대답하여 이르되 나를 괴롭게 하지 말라 문이 이미 닫혔고 아이들이 나와 함께 침실에 누웠으니 일어나 네게 줄 수가 없노라 하겠느냐 내가 너희에게 말하노니 비록 벗 됨으로 인하여서는 일어나서 주지 아니할지라도 그 간청함을 인하여 일어나 그 요구대로 주리라 내가 또 너희에게 이르노니 구하라 그러면 너희에게 주실 것이요 찾으라 그러면 찾아낼 것이요 문을 두드리라 그러면 너희에게 열릴 것이니 구하는 이마다 받을 것이요 찾는 이는 찾아낼 것이요 두드리는 이에게는 열릴 것이니라"(눅 11:5-10).

주님이 이 비유에서 말씀하신 중심 메시지는 다음과 같다. '우리가 한 번 기도했는데도 응답을 받지 못했으면 두 번 기도해야 한다. 두 번 기도했는데도 응답이 없으면 세 번 기도해야 한다. 세 번 기도해도 응답이 없으면 백 번이라도 기도해야 한다. 그래도 응답이 없으면 기도 응답을 받을 때까지 계속 기도해야 한다.'

한 가지 중요한 사실은, 우리는 하나님께 어떤 것을 기도하기 전에 그것이 하나님의 뜻인지, 하나님의 뜻대로 구하고 있는지 깊이 생각해 보아야 한다는 것이다. 그저 마음속에 생각나는 대로 기도하고 그것을 이루어 달라고 하나님께 졸라서는 안 된다. 그러나 내가 기도하려는 것이 혹은 내가 기도하는 것이 정말 하나님의 약속에 있고 하나님의 뜻이라면 하나님의 응답을 받는 그 순간까지 계속해서 기도해야 한다.

본문 8절의 '간청함'이라는 단어는 굉장히 깊은 의미를 지닌다. 이 단어의 근본 의미는 '부끄러움을 모른다'는 뜻이다. 우리가 기도 응답을 받기 위해서 하나님이 어떤 거부 반응을 보이시든 개의치 않고 부끄러워하지 않으며 계속해서 기도로 밀고 나가는 상태를 말한다.

이는 예수님이 기도하는 데 있어 '간청함'과 '계속함'의 필요성을 강조하기 위해 사용하신 놀라운 비유다. 예수님은 이 말씀을 통해 우리가 기도한 것을 응답받기 위해서는, 하나님 편에서 어떤 거부 반응이나 응답에 대한 지연이 나타난다 해도 부끄러워하지 말고 더욱 확고한 결단을 가지고 하나님께 나아가 응답받을 때까지 기도해야 한다고 말씀하셨다.

하나님 아버지는 '안 돼.'(No)라는 대답을 생각하지 않는 우리의 거룩한 담대함을 기뻐하신다. 이 거룩한 담대함을 기뻐하시는 이유는 그것이 하나님에 대한 우리의 위대한 믿음의 표현이기 때문이다. 이런 믿음보다 하나님을 더 기쁘시게 하는 것은 없다.

우리는 마태복음 15장 말씀을 통해 수로보니게 여자의 거룩하고 담대한 믿음을 볼 수 있다. 그녀는 예수 그리스도께 와서 자기 딸을 고쳐 달라고 간청했다. "주 다윗의 자손이여 나를 불쌍히 여기소서 내 딸이 흉악하게 귀신 들렸나이다"(마 15:22).

그러나 주님은 그녀가 무엇이라 하든지 아무런 관심을 갖지 않으시는 것 같았다. 이에 대해 마태는 이렇게 기록했다. "예수는 한 말씀도 대답하지 아니하시니 제자들이 와서 청하여 말하되 그 여자가 우리 뒤에서 소리를 지르오니 그를 보내소서"(마 15:23). 예수님이 반응하지 않으시는 데도 불구하고 그녀는 계속 부르짖었다.

그때 예수님은 그녀를 돌아보시며 더 냉정하게 말씀하셨다. "나는 이스라엘 집의 잃어버린 양 외에는 다른 데로 보내심을 받지 아니하였노라"(마 15:24). 그녀는 이스라엘 여인이 아니라 가나안 여인이었다.

그때 그녀는 다시 예수님께 경배하며 "주여 저를 도우소서"(마 15:25) 하고 매달렸다. 그때 주님은 그녀에게 가장 지독하고 무서운 말씀을 하시면서 간청을 거절하셨다. "자녀의 떡을 취하여 개들에게 던짐이 마땅하지 아니하니라"(마 15:26).

여기서 주님이 사용하신 '개'라는 말은 작은 애완용 강아지를 가리키는 특별한 단어인데, 그분은 이 단어를 사용해 그녀의 기도를 거부하셨다. 실상은 주님이 그녀의 믿음을 시험하고 그녀가 더 큰 복을 받을 수 있는지 드러내려고 하신 것이다. 그녀는 이 소리를 듣고서도 "주여 옳소이다마는 개들도 제 주인의 상에서 떨어지는 부스러기를 먹나이다"(마 15:27) 하고 대답했다. 그녀는 주님이 기도에 응답하지 않으신 것을 부끄러워하지 않았다.

그때 주님은 그녀에게 가장 놀라운 칭찬을 해주셨다. 마태는 그것을 이렇게 진술했다. "여자여 네 믿음이 크도다 네 소원대로 되리라 하시니 그 때로부터 그의 딸이 나으니라"(마 15:28). 그녀의 믿음이 하나님을 기쁘시게 해 드린 것이다.

예수님은 우리에게 당신이 아무런 관심을 갖지 않는 듯 보이더라도 끝까지 당신의 사랑과 은혜를 신뢰하고 계속 기도할 것을 가르치셨다.

하나님은 우리의 기도에 항상 처음부터 응답하시지는 않는다. 그럴 때라도 기도를 포기해서는 안 된다. 우리는 응답을 받을 때까지 계속 기도해야 한다. 기도를 하되 끝까지 기도해야 한다.

예수님이 누가복음 11장 5-10절의 비유를 제자들이 "우리에게 기도를 가르쳐 주옵소서."라고 요청한 직후에 말씀하셨다는 사실은 매우 중요하다. 바로 주님의 기도, 즉 주님이 제자들에게 가르쳐 주신 기도 다음에 이 비유를 말씀하신 것이다.

우리는 11장의 가르침과 동일한 기도에 관한 훌륭한 교훈을 18장에서도 찾을 수 있다.

"예수께서 그들에게 항상 기도하고 낙심하지 말아야 할 것을 비유로 말씀하여 이르시되 어떤 도시에 하나님을 두려워하지 않고 사람을 무시하는 한 재판장이 있는데 그 도시에 한 과부가 있어 자주 그에게 가서 내 원수에 대한 나의 원한을 풀어 주소서 하되 그가 얼마 동안 듣지 아니하다가 후에 속으로 생각하되 내가 하나님을 두려워하지 않고 사람을 무시하나 이 과부가 나를 번거롭게 하니 내가 그 원한을 풀어 주리라 그렇지 않으면 늘 와서 나를 괴롭게 하리라 하였느니라 주께서 또 이르시되 불의한 재판장이 말한 것을 들으라 하물며 하나님께서 그 밤낮 부르짖는 택하신 자들의 원한을 풀어 주지 아니하시겠느냐 그들에게 오래 참으시겠느냐 내가 너희에게 이르노니 속히 그 원한을 풀어 주시리라 그러나 인자가 올 때에 세상에서 믿음을 보겠느냐 하시니라"(눅 18:1-8).

이 비유의 중심 메시지는 예수님이 사용하신 두 구절에 잘 나타나 있다. 바로 '항상 기도하고, 낙망하지 말아야 한다'는 것이다. 우리는 하나님께 기도하되 응답받을 때까지 계속 기도해야 한다. 이 비유에서도 나타난 것처럼 불의한 재판관도 과부의 끊임없는 기도를 들어주었는데 우리를 사랑하시는 하나님이 자녀들의 밤낮 부르짖는 호소를 물리치시겠는가? 불의한 재판관은 과부의 청원을 아주 못마땅하게 생각하고 계속 거절했지만 그럴수록 집요하게 요구하는 과부의 열성에 못 이겨 드디어 소원을 들어주었다. 그렇다면 우리를 아끼고 좋은 것 주기를 기뻐하시는 하나님이 어찌 자녀들에게 주시지 않겠는가?

하나님은 왜 우리가 처음에 기도할 때 바로 주시지 않는가? 그것은 우리의 믿음을 시험하기 위해서다. 처음에는 하나님이 우리의 기도에 무관심하신 것 같고 마치 응답하지 않으실 것처럼 생각되지만, 그런 상황에서도 우리가 끝까지 주님을 의지하고 약속을 신뢰하며 지속적인 믿음을 가질 때 하나님은 대단히 기뻐하신다.

그러므로 하나님이 우리의 기도를 처음부터 이루어 주시지 않는 이유를 분명히 깨달아야 한다. 하나님은 이 과정을 통해 우리의 믿음을 훈련시키신다. 하나님이 우리에게 하고자 하시는 모든 일에는 우리를 향한 어떤 깊은 뜻이 있다.

그러면 왜 하나님이 우리의 기도를 처음부터 들어주시지 않는지 더 깊이 생각해 보자. 그 이유는 아주 분명하다. 하나님은 다만 우리를 위해서 우리가 기도한 것보다 더 좋은 것을 주기를 원하시기 때문이다. 즉 바로 기도 응답을 주시기 보다 우리가 견고하고 지속적인 믿음을 갖도록 훈련시키기를 원하신다. 믿음의 훈련은 어떤 기도 응답 그 자체보다도 훨씬 중요하다.

무엇보다 우리가 단순히 하나님께 기도하는 것 외에도 그 기도한 것을 응답받기 위해 할 수 있는 모든 믿음의 노력이 필요하다. 하나님은 우리가 그런 지속적인 노력을 하도록 인도하고 격려하신다. 그래서 하나님은 우리가 기도한 것을 얻기 위해 노력할 때마다 그것을 즉시 주시지는 않는다.

하나님은 우리가 실망하지 않고 계속해서 기도하는 아주 강력한 그리스도인이 되기를 원하시며 또 그렇게 되도록 훈련시키신다. 또한 하나님은 우리가 강력한 기도의 사람이 되기를 원하시며 우리를 단련시키신다. 그리고 말씀하신다. '끈질기게 끝까지 기도하라!'

오늘날 많은 그리스도인이 같은 일을 가지고 두 번씩이나 기도해서는 안 된다고 말한다. 그들은 기도란 어떤 것을 구하는 것이고, 그렇기에 한 번 기도한 것은 더 이상 구하지 말고 믿음으로 그것을 취하라고 말한다. 물론 이것은 사실이다. 우리가 하나님의 말씀에서 분명히 언급된 약속을 발견하고 그 안에서 기도했다면, 우리는 하나님의 뜻대로 기도한 것을 확신할 수 있고, 그 기도가 하나님께 드려져 응답받을 것을 분명히 믿을 수 있다. 그래서 그들은 우리가 기도한 것이 이미 우리의 것이 되었기 때문에 더 이상 기도할 필요가 없다고 주장한다.

하지만 그런 생각은 진리의 한 면만 보는 것이다. 여기 진리의 또 다른 면이 있다. 종종 우리가 기도하는 것이 하나님의 뜻인지 아닌지 몰라 방황하며 기도에 담대함을 얻지 못할 때가 있다. 한 번 기도해도 그것이 분명하지 않고 두 번 기도해도 분명하지 않고 세 번 기도해도 분명하지 않을 때도 있다. 그러면 다시 한번 성경을 조심스럽게 읽고 하나님의 분명한 약속과 그 뜻을 발견해야 한다. 그 뜻을 발견했을 때 말씀의 약속을 붙들고 기도하면 그 기도는 틀림없이 하나님께 드려지고 기도 응답이 온다는 것을 확신할 수 있다.

그렇다면 이렇게 확신할 때도 계속 기도해야 하는가? 물론이다. 응답받는 순간까지 계속 기도해야 한다. 우리가 하나님의 말씀에서 기도하는 것에 대한 하나님의 뜻을 분명히 발견하고 또 성령님의 인도를 확실히 받았다면, 우리의 기도가 응답받았다는 확신을 먼저 가져야 하고 또 그렇게 믿음으로 주장해야 한다. 그렇다고 기도하지 않고 가만히 있어야 하는가? 그것이 하나님의 뜻인가? 아니다. 분명한 확신이 있다 해도 그 확신을 가지고 응답을 받을 때까지 계속 기도해야 한다.

어떤 문제를 가지고 반복해 기도하지 말라고 주장하는 사람들에게 나는 주님이 어떻게 하셨는지 직접 소개하려 한다. "또 그들을 두시고 나아가 세 번째 같은 말씀으로 기도하신 후"(마 26:44). 예수님은 십자가의 잔을 지나가게 해 달라고 기도하시면서, 그러나 아버지의 뜻대로 해 달라고 세 번씩이나 동일한 말씀으로 기도하셨다. 그들은 아직도 이 말씀을 듣거나 깨닫지 못했다. 주님은 하나님의 아들로서 세 번이나 동일한 기도를 하셨다.

또 어떤 일을 위해 한두 번 기도한 후 응답이 없으면 그 기도를 중단하라고 주장하는 사람들이 많다. 그들은 한두 번 기도한 후 하나님으로부터 응답이 없으면 그것이 하나님의 뜻인 줄 알고 기도를 중지해야 한다고 말한다. 그리고 이것을 '하나님의 뜻에 복종하는 기도'라고 부른다. 그들은 한두 번 기도한 후 응답이 없으면 '아마 그것은 하나님의 뜻이 아닐지도 모른다'고 생각한다. 그래서 기도하다가 중단하는 것이 하나님의 뜻에 복종하는 것이라고 확신한다.

하지만 이는 결코 하나님의 뜻에 복종하는 것이 아니다. 오히려 영적 게으름의 소산이며, 인간이 해야 할 최선의 노력과 의지적 결단의 부족에서 오는 당연한 결과다. 한두 번 기도한 후 응답이 없으면 아무런 노력이나 결단 없이 기도를 포기하는 게 과연 하나님의 뜻에 순종하는 것일까? 그렇게 생각하는 이들은 영적 무기력에 빠져 있는 것이다.

행동력과 실천력이 강한 사람은 어떤 일을 시작했을 때 한두 번 시도했는데도 불구하고 성취하지 못했다면 그는 백 번이라도 시도한다. 그래도 이루어지지 않는다면 그 일이 성취될 때까지 계속해서 노력한다. 마찬가지로 능력 있는 기도의 사람도 어떤 일을 위해 일단 기도하기 시작하면 응답받을 때까지 계속 기도한다. 그러므로 우리는 영적 나태함, 무관심, 무기력을 하나님의 뜻에 복종한다는 구실로 포장하려는 사고방식과 생활 태도를 마땅히 제거해야 한다.

우리가 어떤 일을 위해 기도하기 시작했을 때, 그것이 성취될 때까지, 또는 처음에는 그것이 확실히 하나님의 뜻인지 몰랐다 해도 성령님이 하나님의 뜻을 명확히 가르쳐 주실 때까지 기도하는 것을 포기해서는 안 된다.

나는 하나님이 우리의 기도를 항상 한 번에 응답하지 않으신다는 사실이 무척 기쁘다. 몇 년이 걸릴지라도 다시 기도하고, 또 기도하고, 다시 또 기도하여 결국에는 기도 응답을 받는 과정을 통해 기도 훈련이 되기 때문이다. 우리는 그렇게 기도하여 마침내 기도 응답을 받는 순간 하나님은 신실하시며 우리의 기도에 응답하시는 분이라는 것을 확실히 깨달을 수 있다.

물론 하나님이 원하신다면 한 번만 기도해도 얼마든지 우리의 기도를 이루어 주신다. 그런데 하나님은 끈질긴 기도 훈련을 중요하게 여기시기 때문에 종종 기도 응답을 연기하신다.

나의 믿음에 굉장한 격려와 복이 된 어떤 경험을 상기해 보고 싶다. 내가 목회를 시작했을 때 하나님은 두 사람의 영혼을 위해 기도하도록 역사하셨다. 나는 그곳에서 목회하는 동안 계속 그들의 영혼 구원을 위해 기도했다. 그러나 그들 중 어느 한 사람도 구원받는 것을 보지 못한 채 그곳을 떠나게 되었다. 나는 독일에서 공부한 후 미니애폴리스에 가서 다시 새로운 목회를 시작했다. 그러면서도 날마다 그 두 사람의 영혼 구원을 위해 기도했다.

그 뒤에 나는 다시 처음으로 목회하던 곳에 가서 집회를 열고 또 그 두 사람을 위해 날마다 간절히 기도했다. 그러던 어느 날 한 저녁 집회에서 나는 예수 그리스도를 구주와 주님으로 영접할 것을 촉구하며 구원 초청 시간을 가졌다. 그런데 그 초청에 응한 수많은 사람 가운데 내가 지금까지 기도하고 있었던 두 사람도 나란히 서서 예수님을 영접하는 것이 아닌가! 친척도 형제도 아닌 두 사람이 어떻게 나란히 서서 예수님을 영접하게 되었는지, 나로서는 하나님이 하신 일이라고 생각할 수밖에 없었다.

내가 그토록 오랫동안 기도하던 두 사람이 예수님을 자신의 구주와 주님으로 영접하고 구원받는 것을 바라보면서 나는 하나님이 정말로 살아 계심을 느꼈다. 또한 하나님의 말씀이 요구하는 능력 있는 기도의 조건을 충족시키며, 그 능력 있는 기도의 방법을 순종하면 하나님은 틀림없이 우리의 기도에 응답하신다는 확신이 내 영혼을 완전히 압도했다.

우리는 여기서 왜 수많은 그리스도인이 기도한 것을 응답받지 못하고 실패로 끝나 버리는가에 대한 명확한 이유를 발견할 수 있다. 우리는 어떤 일을 가지고 기도하고 또 기도한다. 하지만 기도 응답을 받으려는 순간 그 기도를 중단하며 복을 놓쳐 버리고 만다. 계속 기도하다가 하나님이 드디어 기도에 응답하시려 할 때, 그것을 모르고 실망해서 기도를 중단하고 포기함으로써 엄청난 복을 놓쳐 버리는 것이다. 예를 들어 이런 문제다.

많은 교회의 그리스도인들이 부흥을 위해 기도한다. 처음에는 기도 응답이 없어도 용기를 가지고 계속 기도한다. 그러나 드디어 하나님이 기도에 대한 응답을 막 주시려는 순간 그들은 실망해서 기도를 포기하고 중단해 버린다. 그들이 조금만 더 기도했다면 하나님은 여지없이 기도에 응답하셨을 것이다. 그들은 축복의 땅에 가까이 왔지만 결국 그곳에 들어가지 못하고 말았다.

어느 해 1월, 시카고 성경학교 교수들이 매주 토요일마다 밤 9시부터 10시까지 세계의 부흥을 위해 기도회를 갖기로 결의하고 기도하기 시작했다. 여러 날이 지났다. 그래도 우리는 계속 기도했다. 그러는 가운데 사람들이 내게 와서 물었다.

"부흥이 왔습니까?"

"아니요. 아직 오지 않았습니다."

"그러면 부흥이 언제 옵니까?"

"우리는 모릅니다."

"그러면 얼마나 더 기도할 작정입니까?"

"부흥이 올 때까지 기도할 것입니다."

우리는 실망하지 않고 계속해서 기도했다. 드디어 하나님의 역사가 시작되었다. 하나님은 성경학교 기도실에 큰 부흥을 주셨다. 그리고 그 부흥은 멀리 중국과 일본, 호주, 뉴질랜드, 인도, 더 나아가 전 세계에 퍼져 나갔다. 하나님의 거대한 구원의 능력이 전 세계를 뒤집어 놓았고 많은 영혼이 구원받았다. 알렉산더와 나는 물론이고 인도, 웨일스, 다른 여러 곳에서 많은 사람이 부흥을 체험했으며, 하나님은 그들을 통해 놀라운 부흥의 역사를 계속해서 일으키셨다.

웨일스 지방에서는 에번 로버츠와 몇몇 형제를 통해 10만 명 이상의 사람들이 회심하고 구원받는 역사가 일어났다. 그것도 긴 기간이 아니라 오직 1년 동안 이런 놀라운 역사가 나타난 것이다. 그러므로 나는 지금 하나님이 우리로 하여금 끝까지 기도하도록 역사하시고 또 그것을 지켜보신다고 믿는다.

나는 큰형의 구원을 위해 오랜 세월을 두고 기도했다. 하지만 큰형은 나의 기도를 비웃는 듯이 구원에서 더 멀어지는 것처럼 보였다. 하지만 그럴수록 나는 더욱더 간절히 기도했다. 15년이라는 세월이 흐른 어느 날 아침, 그날도 나는 어김없이 큰형을 위해 하나님께 기도하고 있었다. 그 순간 하나님은 나에게 이렇게 말씀하시며 확신을 주셨다. "내가 너의 기도를 들었다. 이제 더 이상 기도할 필요가 없다. 너의 형이 곧 구원받게 될 것이다."

확신이 있은 후 두 주가 지난 어느 날 큰형이 병을 앓게 되어 우리 집에 왔다. 형은 병이 너무 심해 두 주 동안 우리 집에서 치료를 받았다. 그리고 집을 떠나는 바로 그날, 무디의 사무실에서 예수 그리스도를 영접하고 구원받았다. 큰형과 나는 그 자리에서 함께 기도하며 하나님께 감사와 영광을 돌렸다.

내가 이 이야기를 어느 도시의 집회에서 말했을 때 연로한 어떤 부인이 집회가 끝난 후 내게 찾아와 말했다. "저는 예순세 살 된 오빠를 위해 수년 동안 기도해 왔습니다. 그러나 기도 응답이 없어 최근에 기도하기를 포기하고 말았는데 오늘 목사님의 간증을 들으니 다시 기도를 계속해야겠습니다." 그렇게 말한 지 두 주 만에 부인이 다시 찾아와서 내게 말했다. "저의 오빠가 드디어 그리스도를 영접하고 구원받았다는 소식을 들었습니다."

그리스도인 형제자매여, 끝까지 기도하자. 끝까지 기도하자. 당신은 지금 기도하다가 실망했는가? 당신은 지금 기도를 중단하고 포기했는가? 지금부터 다시 기도를 계속하자. 하나님이 하늘 문을 여시고 당신의 기도에 응답을 쏟아부어 주실 때까지 계속해서 기도하자.

성령 안에서 기도하라

우리가 지금까지 공부한 누가복음의 두 성경 구절과 아주 밀접하게 연결된 또 다른 성경 구절이 있다. 이제 새로운 성경 구절을 가지고 함께 공부해 보자.

> "모든 기도와 간구를 하되 항상 성령 안에서 기도하고 이를 위하여 깨어 구하기를 항상 힘쓰며 여러 성도를 위하여 구하라"(엡 6:18).

나는 이 구절에서 '성령 안에서'라는 말에 특별히 관심을 두고 생각해 보고자 한다. 먼저 '성령 안에서'와 같은 말이 유다서에서도 나온다.

"사랑하는 자들아 너희는 너희의 지극히 거룩한 믿음 위에 자신을 세우며 성령으로 기도하며 하나님의 사랑 안에서 자신을 지키며 영생에 이르도록 우리 주 예수 그리스도의 긍휼을 기다리라"(유 1:20-21).

'성령 안에서 기도하며'라는 구절과 '성령으로 기도하며'라는 두 구절은 능력 있는 기도를 하는 데 가장 중대한 비결 중 하나다.

또한 능력 있는 기도의 중요한 비결인 두 구절 외에 예수님은 요한복음을 통해서도 또 한 가지 중대한 비결을 가르쳐 주셨다.

"너희가 내 이름으로 무엇을 구하든지 내가 행하리니 이는 아버지로 하여금 아들로 말미암아 영광을 받으시게 하려 함이라 내 이름으로 무엇이든지 내게 구하면 내가 행하리라"(요 14:13-14).

우리는 앞에서 이미 '주 예수님의 이름으로 기도하는 것'과 '성령으로 기도하는 것'에 대해서 배웠다. 두 구절은 사실 가장 능력 있는 기도의 비결이다.

어떤 사람이 "거룩한 생활을 하기 위한 가장 위대한 비결이 무엇인가?"라고 나에게 묻는다면 "성령 안에서 사는 것이다."라고 즉시 대답할 것이다. 어떤 사람이 나에게 와서 "예수 그리스도를 위한 효과적인 사역에 가장 큰 비결이 무엇인가?"라고 묻는다면 "성령 안에서 봉사하는 것이다."라고 분명하게 대답할 것이다. 어떤 사람이 "가장 유익하고 훌륭한 성경 공부의 비결이 무엇인가?"라고 나에게 묻는다면 "성령 안에서 성경 공부를 하는 것이다."라고 말할 것이다. 또 어떤 사람이 "가장 능력 있는, 그리고 하나님의 마음을 움직이는 기도의 비결이 무엇인가?"라고 나에게 묻는다면 "성령 안에서 기도하는 것이다."라고 대답할 것이다. 하나님은 우리가 성령 안에서, 성령으로 기도할 때 분명히 응답하신다.

그러면 성령 안에서 혹은 성령으로 기도한다는 것은 무슨 의미인가? 이는 우리 안에 내주하시며, 친구와 상담자, 안내자, 보혜사가 되시는 성령님이 우리를 감동하게 하사 우리로 하여금 그분의 능력과 역사 안에서 기도하게 하신다는 뜻이다.

성령님은 주 예수님이 이 세상을 떠날 때 '또 다른 보혜사'를 보내 주겠다고 약속하셨던 바로 그분이며, 주님을 대신해 이 땅에서 사역하고 계신다.

올바른 기도를 하기 위해서는 성령님을 온전히 의지해야 한다는 것을 여러 번 공부했다. 또한 우리는 기도한 것을 얻기 위해 어떻게 기도해야 하는지 사도행전 12장 5절을 통해 공부했다. 그리고 성령님의 역사와 능력으로 기도 응답을 받음을 알게 되었다.

성령님은 우리가 기도할 때 우리를 하나님 앞으로 인도하시며, 우리에게 하나님의 실재를 깨닫게 하시고, 우리가 하나님이 들으시는 기도를 하게 하시며, 간절히 기도할 수 있도록 역사하신다. 그리고 우리가 하나님의 뜻대로 기도하는 법과 믿음으로 기도하는 법을 공부할 때는, 우리에게 하나님의 뜻을 분명히 가르쳐 주시고, 우리가 하나님의 뜻대로 기도할 수 있도록 인도하시며, 우리의 기도가 응답받음을 확신하게 하신다.

1. 성령 안에서 하는 기도의 특성은 무엇인가?

1) 간절한 기도

성령 안에서 하는 기도의 첫 번째 특성은 간절한 기도다. 이에 대해 로마서는 다음과 같이 기록한다.

> "이와 같이 성령도 우리의 연약함을 도우시나니 우리는 마땅히 기도할 바를 알지 못하나 오직 성령이 말할 수 없는 탄식으로 우리를 위하여 친히 간구하시느니라"(롬 8:26).

우리는 사도행전 12장 5절을 공부하면서 하나님을 감동시키는 기도는 온 마음을 다하는 간절한 기도며, 성령님이 우리가 간절한 기도를 하도록 인도하고 도와주신다는 사실을 배웠다.

그럼에도 우리는 얼마나 차갑고 형식적인 기도를 하고 있는가? 우리는 기도 응답을 받기 위해 기도하는 것임에도 불구하고 마음에 없는 기도, 아무런 간절함이 없는 기도를 너무나 많이 한다. 그러면서도 잃어버린 영혼의 구원을 위해 기도하는 일에는 그렇게 무관심할 수가 없다. 우리는 그들을 위해 기도하지 않으면 그들이 지옥에서 영원히 고통받을 수밖에 없다는 사실을 분명히 알면서도 그들을 위해 온 마음을 다해 기도하지 않는다.

그러나 성령님의 지배 아래 있는 기도의 사람들은 잃어버린 영혼을 위해 기도하며, 그때마다 간절히 하나님께 부르짖는다. 그들은 마음속에 기도에 대한 큰 책임을 지고 있다. 그래서 기도할 때마다 종종 말할 수 없는 탄식으로 열망하며 간절히 기도한다.

하나님의 사람 찰스 피니는 아벨 클라리(Abel Clary)라는 사람에 대해 이렇게 말했다. "그는 설교자로 부름을 받았지만 오히려 기도의 사람이었습니다. 그는 영혼들을 위해 기도하는 일에 힘썼기 때문에 설교를 많이 할 수는 없었습니다. 그만큼 그의 전 생애와 온 힘은 기도하는 데 쓰였습니다. 영혼들을 위해 아주 열정적으로 기도해서 때로는 제대로 일어서지 못했고 고통 가운데 신음하며 몸부림치기도 했습니다. 저는 그를 잘 알았고, 성령님이 그에게 놀라운 기도의 능력을 부어주신 것도 잘 알았습니다. 강력한 기도의 영이 함께하는 사람들이 대부분 그렇듯 그도 매우 조용한 사람이었습니다."

아벨 클라리는 찰스 피니의 기도 동역자였다. 그의 기도로 뉴욕주 로체스터에서 일어난 부흥이 미국 전역을 휩쓸었고, 그로 인해 1년 동안 10만 명의 영혼이 그리스도께 돌아와 구원을 받았다.

로체스터에서 있었던 클라리의 기도 사역에 대해 피니는 또 이렇게 말했다. "저는 그가 로체스터에 거주할 때 처음 알았습니다. 어느 날 로체스터에서 서쪽으로 2킬로미터 정도 떨어진 곳에 사는 어떤 신사로부터 전화가 왔는데 클라리를 아냐고 물었습니다. 저는 아주 잘 안다고 대답했습니다. 그러자 그는 클라리가 자기 집에 있는데 그에 대해 어떻게 생각해야 할지 모르겠다고 말했습니다.

그래서 저는 그를 안다고 했지만 그는 결코 우리 집회에 나온 적이 없기 때문에 실제로 만나 보지는 못했다고 말했습니다. 그러자 그 신사는 또 이렇게 말했습니다. '클라리는 집회에 갈 수 없었습니다. 그는 하루 종일 열심히 기도하기 때문이죠. 저는 어떻게 해야 될지 모르겠습니다. 가끔 그는 너무 오랫동안 무릎 꿇고 기도하다 보니 일어설 수 없어 마룻

바닥에 누워 있어야만 합니다. 그는 신음하면서도 간절히 기도합니다. 저는 그의 기도 태도를 보며 자주 놀라곤 합니다.'

저는 그 말을 듣고 클라리의 입장과 심정을 충분히 이해한다고 말하며 그가 계속해서 기도하도록 도와 달라고 부탁했습니다. 클라리의 목숨을 건 기도는 저의 사역의 성패를 좌우했습니다."

피니는 다시 클라리에 대해 이렇게 말했다. "제가 오번에서 지낸 지 두 번째 토요일이 되는 날, 저는 드디어 수많은 회중 가운데 경건한 클라리의 얼굴을 볼 수 있었습니다. 그는 마치 능력의 기도로 회중을 압도할 것만 같은 사람이었습니다. 저는 그가 정말 하나님으로부터 가장 위대한 선물인 기도의 영을 받은 사람이라는 것을 확신하게 되었고 그와 아주 친해졌습니다.

클라리는 형과 함께 교회 가족석에 앉아 있었습니다. 형은 신학교 교수였지만 깊은 신앙적 체험이 없는 사람이었습니다. 집회 중에 쉬는 시간이 있었는데 제가 설교를 끝내고 강단에서 내려와 클라리와 인사하고 담화할 때, 그 형이 저를 집으로 초청했습니다.

그날 저녁, 그의 집에 도착하자 곧 식사 시간이 되어 식탁에 둘러앉았습니다. 그의 형이 동생 클라리에게 식사 기도를 부탁했습니다. 클라리는 고개를 숙이고 소리를 내서 몇 마디 기도했습니다. 그리고 갑자기 식탁에서 일어나 조용히 방으로 올라갔습니다. 형은 그가 어디가 아파서 방에 올라갔다고 생각했는지 그를 뒤따라 올라갔습니다.

잠시 후 형이 내려와 동생이 저를 보기 원한다고 말해 주었습니다. 저는 '그가 어디가 아픕니까?'라고 물었습니다. 그 형은 이렇게 대답했습니다. '잘 모르겠습니다. 어쩌면 피니 형제가 더 잘 알 것입니다. 그는 마음에 큰 고통을 안고 고민하는 것 같았습니다.' 저는 그 순간 그의 말을 깨닫고 급히 방으로 올라갔습니다.

클라리는 침대 위에 엎드려 말할 수 없는 탄식으로 신음하며 기도하고 있었습니다. 성령님도 그를 위해 그 안에서 돕고 계셨습니다. 제가 방에 막 들어서자 그는 자기를 도와 같이 기도해 달라고 부탁했습니다. 저도 무릎을 꿇고 죄인들의 구원을 위해 간절히 기도하며 그를 도왔습니다. 저는 그의 고통이 사라질 때까지 계속 기도한 후 함께 방에서 내려와 식탁에 앉았습니다."

그 일이 있은 후 오번에서는 놀라운 부흥이 일어나 6주 동안 수백 명의 영혼이 회개하고 예수 그리스도를 구주와 주님으로 영접했다.

지금 당신의 교회 교인들이 이렇게 기도한다면 당신이 상상할 수조차 없는 위대한 부흥이 일어날 것이다. 나는 오늘날 미국뿐만 아니라 전 세계의 모든 교회에 가장 절실히 필요한 것은 성령님의 권능으로 구하는 기도며, 목숨을 걸고 간절하게 구하는 기도라고 분명히 믿는다.

2) 구체적인 기도

성령 안에서 하는 기도의 두 번째 특성은 하나님의 뜻을 따라서 완전한 지혜 가운데 구체적으로 기도하는 것이다.

이에 대해 바울은 로마서에서 이렇게 말한다.

"마음을 살피시는 이가 성령의 생각을 아시나니 이는 성령이 하나님의 뜻대로 성도를 위하여 간구하심이니라"(롬 8:27).

3) 확신하는 기도

성령 안에서 하는 기도의 세 번째 특성은 하나님이 우리의 기도를 듣고 응답하신다는 사실을 완전히 확신하는 것이다.

이는 마가복음 11장 24절을 통해 배웠듯이 믿음으로 하는 기도를 말한다. 성령님은 그리스도인이 믿음의 기도를 하도록 인도하시고, 또한 하나님의 뜻대로 기도하도록 역사하신다. 이로 인해 하나님이 우리의 기도를 들으셨으며, 우리는 틀림없이 응답받는다는 사실을 추호도 의심하지 않게 된다.

4) 끈질긴 기도

성령 안에서 하는 기도의 네 번째 특성은 기도 응답을 받기 위해 도중에 포기하거나 중단하지 않고 끝까지 기도하는 것이다.

여기에 대해서는 에베소서에 분명히 기록되어 있다.

> "모든 기도와 간구를 하되 항상 성령 안에서 기도하고 이를 위하여 깨어 구하기를 항상 힘쓰며 여러 성도를 위하여 구하라"(엡 6:18).

우리의 기도 생활을 구체적으로 인도하시는 성령님으로 인해, 우리는 기도 응답을 위해 끝까지 기도하고 간구할 수 있는 특권을 얻었다.

이에 대해서는 이미 자세히 공부했기 때문에 다시 진술하지 않겠다. 이런 기도가 바로 성령 안에서 하는 기도다.

2. 우리는 어떻게 성령 안에서 기도할 수 있는가?

여기서 대단히 중요하고도 실제적인 질문이 생긴다. '우리는 과연 어떻게 성령 안에서 기도할 수 있는가?'

이는 하나님의 영이 어떻게 우리의 기도를 인도하시는가, 성령님이 우리의 기도를 인도하시는 것을 어떻게 확신할 수 있는가에 대한 질문이다. 성령님은 우리의 기도가 이기적인 욕망이라는 사실을 알려 주실 뿐 아니라 우리 안에서 하나님의 뜻을 계속해서 알려 주신다.

하나님의 말씀으로 이 중대한 질문을 분명히 설명하겠다.

1) 성령 안에서 기도하기 위해서는 우리의 의지와 자신을 완전히 하나님께 드려야 한다.

이에 대한 해답은 성경의 여러 부분에서 발견할 수 있다. 그중에서도 사도행전 5장에 잘 나타나 있다.

> "우리는 이 일에 증인이요 하나님이 자기에게 순종하는 사람들에게 주신 성령도 그러하니라 하더라"(행 5:32).

여기서 하나님은 자기를 순종하는 사람들에게만 성령님을 보내 주셨다는 사실을 명백히 알 수 있다.

하나님은 우리에게 의지와 감정과 전 생애를 바칠 것을 요구하신다. 이렇게 하지 않으면 성령님은 우리의 삶과 기도 생활을 인도하실 수 없다. 우리는 모든 삶을 그분에게 전폭적으로 드려야 하며 순간순간에 성령님의 인도와 지배를 받아야 한다.

2) 성령 안에서 기도하기 위해서는 우리 삶의 모든 부분에서 하나님께 절대적으로 순종해야 한다.

삶의 모든 영역에서 하나님께 불순종하면 성령님은 슬퍼하시며, 우리의 언행과 기도 생활을 인도하거나 통치하지 못하신다.

하나님께 순종하기 위해서 우리는 삶에서 날마다 하나님의 말씀을 읽고 하나님의 뜻이 무엇인지 발견해야 한다. 그리고 그것을 발견할 때마다 실천해야 한다. 그렇게 하지 않는다면 성령님이 우리의 기도 생활을 인도하실 수 없을 뿐만 아니라 우리도 성령 안에서 기도할 수 없다. 요한복음 14장의 말씀은 이에 대한 진리를 잘 나타낸다.

"너희가 내 이름으로 무엇을 구하든지 내가 행하리니 이는 아버지로 하여금 아들로 말미암아 영광을 받으시게 하려 함이라 내 이름으로 무엇이든지 내게 구하면 내가 행하리라"(요 14:13-14).

그리고 예수님은 다음 구절을 통해 날마다 순종하는 것과 성령 안에서 기도하는 것 사이의 관계를 말씀하신다.

"너희가 나를 사랑하면 나의 계명을 지키리라 내가 아버지께 구하겠으니 그가 또 다른 보혜사를 너희에게 주사 영원토록 너희와 함께 있게 하리니 그는 진리의 영이라 세상은 능히 그를 받지 못하나니 이는 그를 보지도 못하고 알지도 못함이라 그러나 너희는 그를 아나니 그는 너희와 함께 거하심이요 또 너희 속에 계시겠음이라"(요 14:15-17).

다시 말해, 예수님은 우리가 주님을 사랑하고 삶의 모든 영역에서 날마다 주님께 순종하면, 우리 삶의 모든 상황을, 특히 우리의 기도 생활을 돕도록 성령님을 보내 달라고 아버지께 구하겠다고 말씀하신다. 그래서 우리가 하나님의 뜻을 따라 예수님의 이름으로 구하는 것은 무엇이든 얻게 된다고 하신다.

우리는 앞에서 말한 바와 같이 아버지께서 우리의 기도에 응답하시겠다고 하는 놀라운 약속을 배웠다. 날마다 하나님의 말씀을 진지하게 공부하지 않으면, 하나님의 뜻을 알지 못하면, 그 뜻을 내 생활에서 실천하지 않으면 우리 편에서 하는 그 어떤 기도도 아무런 효과가 없다.

3) <u>성령 안에서 기도하기 위해서는 우리에게 아무 능력이 없음을 마음속 깊이 깨닫고 전적으로 성령님을 의지하고 신뢰해야 한다.</u>

보혜사며 영원한 친구며 조력자며 상담자신 성령님이 가장 절실히 필요하고, 또 그분을 전적으로 신뢰해야 하는 때가 있다면 바로 기도할 때다. 우리는 일상생활에서 성령님을 깊이 신뢰할 필요가 있다.

우리는 그리스도를 위한 사역과 봉사가 우리 자신의 '힘이나 능으로' 할 수 없으며 오직 성령님을 통해서만 가능하다는 사실을 분명히 깨닫고 그분을 온 마음으로 신뢰해야 한다.

우리는 세상에서 하나님을 위해 어떤 일을 할 때 우리의 능력이나 어떤 천부적인 재능으로는 성취할 수 없다는 사실을 너무도 잘 알고 있다(슥 4:6). 우리는 성경을 공부할 때 온전히 그분을 의지하며 그분만이 오직 말씀의 완전한 해석자요, 진리를 가장 정확하게 해석해 주기 위해 만반의 준비를 끝낸 분이라는 사실을 분명히 깨달아야 한다. 그러나 이 모든 것보다도 성령님의 도움이 가장 필요한 때는, 즉 성령님을 완전히 의지해야 하는 때는 바로 우리가 기도할 때다.

사도 바울은 로마서 8장 26절에서 "우리는 마땅히 기도할 바를 알지 못한다"고 고백했다. 예수 그리스도의 위대한 종이며, 성령님의 영감을 받은 사도며, 놀라운 기도의 사람인 바울이 기도할 바를 알지 못했다면 우리 역시 기도할 바를 알지 못할 것이다.

본문은 이 말씀으로만 끝나지 않았다. 바로 이어서 등장하는 놀라운 말씀을 마음속 깊이 명심해야 한다.

> "오직 성령이 말할 수 없는 탄식으로 우리를 위하여 친히 간구하시느니라 마음을 살피시는 이가 성령의 생각을 아시나니 이는 성령이 하나님의 뜻대로 성도를 위하여 간구하심이니라"(롬 8:26-27).

당신은 기도할 때 스스로는 기도할 바를 알 수 없다는 사실을 깨닫고 성령님을 전적으로 의지하며 한마디 한마디 기도해야 한다. 당신은 기도할 때 온 마음을 다해 성령님을 신뢰하는가?

4) 성령 안에서 기도하기 위해서는 성령님께 우리의 기도를 인도해 달라고 간절히 구해야 한다.

어떠한 문제를 가지고 기도할 때 어떻게 기도해야 할지 모르겠다면, 하나님의 뜻대로 기도할 수 있게 해 달라고 성령님께 구하라. 그분이 당신의 기도를 인도해 주실 것이다.

5) 성령 안에서 기도하기 위해서는 하나님이 우리의 기도에 분명히 응답하신다는 약속을 추호도 의심 없이 전적으로 믿어야 한다.

하나님은 성령님을 우리에게 보내 주셔서 우리가 확신을 갖도록 인도하신다. 다시 한번 앞의 로마서 8장 26-27절의 약속을 깊이 묵상하고 성령님을 의지하라.

6) 성령 안에서 기도하기 위해서는 계속 성령 충만을 받아야 한다.

사도 바울은 에베소서 5장 18절에서 강력하게 명령한다. "오직 성령으로 충만함을 받으라." 이 말을 더 정확하게 번역하자면 '계속해서 성령으로 충만함을 받으라'는 말이다. 이 말에 쓰인 '받으라'라는 동사는 헬라어에서 현재 시제를 나타낸다. 즉 계속적인 과정을 의미하며 끊임없이 성령으로 충만함을 받아야 한다는 뜻이다.

계속적인 성령 충만은 우리의 기도 생활과 가장 밀접한 관련이 있다. 계속해서 성령 충만을 받으면 일상뿐만 아니라 기도 생활에서도 성령님의 인도를 받는다. 성령으로 충만한 사람은 항상 놀라운 기도의 사람이 되는데, 그 기도의 사람은 항상 성령님의 인도를 받는다. 계속해서 성령으로 충만함을 받지 않고서는 성령으로 기도할 수 없다.

7) 성령 안에서 기도하기 위해서는 날마다 하나님의 말씀을 진지하게 공부해야 한다.

성경에 기록된 하나님의 말씀은 보이지 않는 성령님의 도구다. 그러므로 계속해서 성령으로 충만함을 받으려면 하나님의 말씀으로 충만해져야 한다. 이미 언급한 에베소서와 골로새서 말씀을 비교해 보자.

"술 취하지 말라 이는 방탕한 것이니 오직 성령으로 충만함을 받으라 시와 찬송과 신령한 노래들로 서로 화답하며 너희의 마음으로 주께 노래하며 찬송하며"(엡 5:18-19).

"그리스도의 말씀이 너희 속에 풍성히 거하여 모든 지혜로 피차 가르치며 권면하고 시와 찬송과 신령한 노래를 부르며 감사하는 마음으로 하나님을 찬양하고"(골 3:16).

우리는 골로새서에서 말씀으로 충만해진 결과와 에베소서에서 성령으로 충만해진 결과가 동일하다는 사실을 발견할 수 있다. 두 서신이 거의 동시에 쓰였다는 사실을 보아도 하나님의 말씀과 성령님의 역사하심이 깊은 관계가 있음을 깨닫게 된다.

우리는 하나님의 보이지 않는 영께서 보이는 하나님의 말씀을 통해 역사하신다는 중대한 사실을 놓쳐서는 안 된다. 우리가 날마다 하나님의 말씀을 읽고 공부하며 그 말씀을 전심전력으로 순종하고 하나님의 마음을 깨달을 때, 성령님은 그 말씀 안에서 아주 자유롭게 역사하시며 우리의 기도를 인도하실 것이다.

말씀 가운데 성령으로 충만하게 되면 우리의 기도는 능력 있는 기도가 된다. 말씀과 성령님의 관계에 대해 성경 말씀을 하나 더 보자.

"살리는 것은 영이니 육은 무익하니라 내가 너희에게 이른 말은 영이요 생명이라"(요 6:63).

기도 응답을 받기 위한 가장 성경적인 방법은 바로 하나님의 말씀을 날마다 성실하고 진지하게 읽고 공부하며 그것을 하나님 앞에서 실행하는 것이다. 이 말은 아무리 강조해도 부족하다.

능력 있는 기도, 하나님의 마음을 감동시키는 기도, 응답받는 기도를 하기 위해서는 첫째로, 우리가 하나님께 무엇을 구하는지 깊이 생각하고 지금 기도하는 것이 하나님의 뜻인지 성경을 열고 살펴보아야 하며 하나님의 뜻이라면 응답받을 때까지 낙망하지 않고 며칠 혹은 몇 년이 걸리더라도 계속 기도해야 한다.

둘째로, 우리의 기도가 이기적이지 않은지 살펴야 한다. 동시에 성령님의 인도와 역사, 감동, 감화를 받고 있는지 날카롭게 살펴보아야 한다. 우리가 성령님의 역사와 인도를 받으면 우리는 기도의 능력이 무엇인지 깨닫게 된다. 그리고 우리가 진정으로 성령 안에서 기도하면 성령님이 주시는 지혜와 간절함으로 끈질긴 능력의 기도를 할 수 있다.

이때 우리의 기도는 지구상에서 가장 능력 있는 기도가 될 것이며 하나님의 뜻대로 하는 기도가 될 것이다. 그런 기도는 하나님이 하시는 일을 성취하며 전능하신 하나님을 영화롭게 한다.

나는 성령 안에서 살기를 간절히 원한다. 성령 안에서 설교하고 전도하기를 간절히 원한다. 성령 안에서 날마다 하나님의 말씀을 공부하고 깨닫기를 간절히 원한다. 그러나 나는 이 모든 것보다도 성령 안에서 기도하기를 간절히 원한다. 또한 그리스도의 몸인 교회가 성령 안에서 기도하기를 간절히 원한다. 기도하는 개인과 교회는 이 세상 어떤 것도 다 물리칠 수 있고 승리할 수 있다.

09

기도 응답의 장애물

*"너희는 욕심을 내어도 얻지 못하여 살인하며 시기하여도 능히 취하지 못하므로
다투고 싸우는도다 너희가 얻지 못함은 구하지 아니하기 때문이요
구하여도 받지 못함은 정욕으로 쓰려고 잘못 구하기 때문이라"*(약 4:2-3).

왜 하나님은 때로 자녀들의 기도에 응답하지 않으시는가? 다음 말씀은 그 이유를 잘 설명해 준다.

"너희는 욕심을 내어도 얻지 못하여 살인하며 시기하여도 능히 취하지 못하므로 다투고 싸우는도다 너희가 얻지 못함은 구하지 아니하기 때문이요 구하여도 받지 못함은 정욕으로 쓰려고 잘못 구하기 때문이라"(약 4:2-3).

야고보서 4장 2절에서 우리가 왜 그토록 간절히 원하는 것을 얻지 못하는가에 대한 이유를 찾을 수 있다. 그것은 바로 우리가 기도하지 않거나 구하지 않기 때문이다. "너희가 얻지 못함은 구하지 아니하기 때문이요"(약 4:2). 즉, 우리의 영적 생활이 빈곤하며 무능한 이유는 바로 기도의 태만 때문이다.

우리는 필요한 것을 얻기 위해 욕심을 내고 살인하고 열망하며 싸우고 전쟁하지만 결국 실패해 버리고 만다. 그 이유는 기도하지 않기 때문이다. 오늘날 많은 그리스도인과 사역자, 교회가 무능하고 궁핍하며 무기력한 신앙생활을 하는 가장 큰 원인 가운데 하나는 기도하지 않거나 기도는 하되 태만히 하기 때문이다.

3절에 보면 우리가 기도해도 얻지 못하는 것은 "잘못 구하기" 때문이라고 말한다. 헬라어로 '잘못 구함'이라는 말은 '악하게 구하다, 나쁘게 구하다, 부당하게 구하다'라는 의미다. 이것이 기도 응답을 방해하는 요소며 원인이다.

우리는 지금까지 기도의 위대한 능력과 능력 있는 기도에 대해 수차례에 걸쳐 말했다. 그러나 많은 그리스도인이 이렇게 중얼거린다. "나의 기도는 그런 능력이 없다. 하나님은 나의 기도를 듣지 않으시고 응답하지 않으신다."

그 이유는 무엇인가? 왜 이런 일이 일어나는가? 기도에 대해 가르치는 성경이 거짓말이라는 말인가? 하나님은 정말 기도에 응답하지 않으시는가? 옛날의 하나님은 응답하셨지만 지금은 더 이상 응답하지 않으신다는 말인가? 아니다. 결코 아니다.

그러면 왜 응답을 받지 못한다는 말인가? 당신의 삶 가운데, 마음 가운데 하나님이 기도에 응답하실 수 없게 하는 어떤 것들이 있기 때문이다. 그런 것들이 당신의 기도를 방해하고 있다.

이제 우리는 기도를 방해하는 것이 무엇이며, 우리의 마음과 생활에서 기도 응답을 차단하는 요소가 무엇인지 공부하려고 한다. 나는 당신이 기도 응답을 방해하는 장애물을 발견하면 당장 포기하고 정리하여 깨닫기를 간절히 원한다. 그리고 당신이 기도 응답을 받는 그리스도인이 되기를 진심으로 원한다.

그릇된 동기

기도의 첫 번째 장애물은 바로 본문에 나와 있다. "구하여도 받지 못함은 정욕으로 쓰려고 잘못 구하기 때문이라." RV성경은 본문을 좀 다르게, 그러나 더 정확하게 번역했다. "구하여도 받지 못함은 너희 자신의 즐거움을 위해 쓰려고 잘못 구함이니라." 하나님이 우리의 기도에 응답하실 수 없게 하는 첫 번째 장애물은 이기적인 목적으로 하는 기도다. 하나님은 우리가 기도하는 것마다 주기를 원하시지만 악한 동기를 갖고 정욕과 탐욕을 위해 기도한다면 그분은 우리의 기도를 듣지 않으신다.

그러면 기도할 때 어떤 마음의 동기를 가져야 하는가? 이에 대한 대답이 고린도전서에 기록되어 있다.

> "그런즉 너희가 먹든지 마시든지 무엇을 하든지 다 하나님의 영
> 광을 위하여 하라"(고전 10:31).

우리는 우리의 모든 것, 즉 먹고 마시는 것 외에도 우리의 요구와 생활이 하나님의 영광을 드러내야 함을 알아야 한다. 일상에서 가장 사소한 일도 하나님의 영광을 위해 해야 하며, 더 나아가 기도도 하나님의 영광을 나타내기 위해서 해야 한다.

우리의 기도 생활의 가장 큰 목적은 기도 응답을 통해 하나님을 영화롭게 하는 것이다. 즉 기도의 진정한 목적은 나 자신의 유익이나 이기적 욕망, 소원 성취가 아니라 기도를 통해 하나님의 영광이 나타나기를 바라는 것이다. 이 진리는 성경의 여러 부분에 나타난다. 예를 들면 요한복음 14장 13절에 이런 놀라운 말씀이 있다. "너희가 내 이름으로 무엇을 구하든지 내가 행하리니 이는 아버지로 하여금 아들로 말미암아 영광을 받으시게 하려 함이라."

주님은 마태복음 6장 9절을 통해 우리에게 이렇게 기도를 가르쳐 주셨다. "하늘에 계신 우리 아버지여 이름이 거룩히 여김을 받으시오며." 기도의 목적은 하나님 아버지의 이름을 거룩하게 하고 영광스럽게 하는 것이다. 예수님도 십자가에 못 박히시기 전날 밤, 이렇게 기도하셨다. "아버지여 때가 이르렀사오니 아들을 영화롭게 하사 아들로 아버지를 영화롭게 하옵소서"(요 17:1).

이와 같이 우리가 기도하는 것마다 첫 번째 목적으로 삼아야 하는 것은 기도 응답을 받음으로 하나님을 영화롭게 하는 것이다. 하지만 오늘날 수많은 그리스도인이 그렇게 기도하지 않는다.

예를 들어 보자. 왜 많은 그리스도인 아내가 남편의 구원을 위해 기도하는가? 무슨 목적으로 기도하는가? 그들은 남편의 회심을 위해 아주 열심히 기도하지만 이기적인 동기를 가지고 기도하는 경우가 종종 있다. 그들은 이렇게 생각한다. '남편과 나, 둘 다 그리스도인이라면 얼마나 행복한 결혼 생활을 할 수 있겠는가? 그렇게 되면 진정한 결혼의 의미를 알 수 있으며 삶의 의미를 더 깨달을 것이다.'

물론 이런 생각은 옳다. 남편과 아내 중 어느 한쪽이 그리스도인이 아니면 결혼 생활에서 누리는 즐거움과 결혼의 진정한 의미를 결코 알 수 없다. 하지만 그런 이유만으로 남편의 구원을 위해 기도한다면 명분은 그럴 듯하나 순전히 이기적인 동기다. 또 어떤 그리스도인 아내가 남편을 영원히 잃어버린다는 생각에 사로잡힌 나머지 도저히 견딜 수 없어 남편의 영혼 구원을 위해 자주 기도한다. 그 기도도 명분은 그럴 듯하나 결국 이기적인 동기에서 나온 것이다.

그렇다면 아내는 왜 남편의 구원을 위해 기도해야 하는가? 그것은 바로 아내는 무엇보다 남편의 구원을 통해 하나님께 영광을 돌려야 하기 때문이다. 그리스도가 없고 하나님도 없는 인생, 하나님께 불순종하는 남편의 인생이 하나님께 더욱 큰 범죄가 될 것을 도저히 견딜 수 없어 남편을 위해 기도해야 한다.

남편이 하나님께 순종하고, 예수 그리스도를 믿는 모든 사람에게 주시는 하나님의 명령을 행함으로 하나님은 그를 통해 영광을 받으시게 된다. 그렇게 되면 남편은 더 이상 하나님을 반역하지 않고 사악한 생활을 완전히 포기하게 된다. 이 일로 마침내 하나님이 영광을 받으신다.

남편의 구원을 위해 기도하는 아내는 이러한 목적을 가지고, 이와 같은 동기로 기도해야 한다. 이런 동기와 목적을 가지고 남편의 구원을 위해 기도할 때 그 기도는 바로 응답받게 된다.

수많은 아내가 남편의 구원을 위해 너무도 열심히, 희생적으로 기도한다. 그러나 그들이 기도하는 동기와 목적은 성경과 전혀 다르다는 것을 발견하게 된다. 그들은 나에게 와서 자기 남편에 대해 이렇게 이야기한다. "그이가 구원받을 수 있도록 기도해 주세요. 자랑은 아니지만 그는 예수님만 안 믿었지 모든 면에서 너무도 훌륭하고 좋은 사람이에요. 그런 사람이 예수님만 믿으면 저는 너무도 행복한 결혼 생활을 할 수 있을 거예요."

그러나 대단히 슬픈 사실이 있다. 그 여성이 정말 그리스도인이라면, 하나님의 선하심과 영광스러우심을 진정으로 아는 사람이라면, 성령님의 역사를 아는 사람이라면 하나님께 불순종하며 예수 그리스도를 알지 못하고 거부하는 남편을 어떻게 선한 사람이라고 말할 수 있겠는가? 하나님 외에는 선한 분이 없다고 예수님이 말씀하지 않으셨는가?

남편이 세상에서 가장 똑똑하고 선하며 완전한 삶을 살아간다고 할지라도 예수 그리스도를 거부하고 순종하지 않는다면, 그는 하나님 앞에서 사악하고 완고하며 하나님을 대적하는 불쌍한 사람이다. 따라서 남편이 선하다는 여성의 말은 영광스러운 하나님의 아들을 짓밟는 말이다. 아내는 남편을 사랑하고 또 사랑해야 하지만 그를 선한 사람이라고 말하는 것은 하나님을 욕되게 한다.

남편의 구원을 위해 하나님께 부르짖는 것은 단지 남편이 구원받고 영원한 지옥에서 탈출하는 기쁨을 보는 것뿐만 아니라 남편의 구원을 통해 하나님께 영광을 돌리기 위해서다. 단지 자신의 육적 행복을 위한 기도는 이기적인 기도다. 당신이 먼저 하나님의 영광을 위해 남편의 구원을 가지고 기도한다면 그 기도는 훨씬 빨리 이루어진다.

또 한 가지 예를 들어 보자. 많은 목회자와 그리스도인이 진정한 부흥을 위해 기도한다. 물론 이것은 당연히 해야 하는 기도다. 부흥을 위해 기도하는 것은 하나님의 뜻이다. 잘 알듯이 우리는 시편 85편 6절에서 부흥을 위해 기도하라는 하나님의 뜻을 발견할 수 있다. "우리를 다시 살리사 주의 백성이 주를 기뻐하도록 하지 아니하시겠나이까." 그렇다. 우리는 마땅히 참된 부흥을 위해 기도해야 한다.

나는 오늘날 그리스도인들이 다른 무엇보다 교회의 성경적 부흥을 위해 간절히 기도하는 것을 보고 싶다. 그러나 교회의 부흥을 위해 기도하는 사람들이 아주 이기적인 동기와 목적을 마음속 깊이 가진 것을 종종 보게 된다. 오늘날 많은 목회자가 그렇게 기도한다.

나는 어떤 목회자로부터 자기 교회의 부흥회를 인도해 달라는 요청을 받은 적이 있다. 그의 편지에는 이렇게 쓰여 있었다. "저는 교인들을 자꾸 잃고 있습니다. 부흥회를 열지 않으면 교회를 포기할 수밖에 없고 다른 교회로 가야 합니다." 이 말을 다른 말로 바꾸면 그는 단지 교인의 증가와 자신의 생계를 위해 부흥회를 원했던 것이다.

이것은 극단적인 사례겠지만 많은 경우에 이처럼 불순한 동기를 가지고 부흥회를 연다. 그런 사람들은 교인의 증가를 위해, 교회의 위신과 명예를 위해, 교회의 거대한 재정적 유출을 위해 부흥회를 열기 원한다. 이것은 아주 불순한 동기다. 당신의 교회는 어떤가?

그렇다면 우리는 왜 부흥을 위해 기도해야 하는가? 대답은 간단하다. 그 부흥을 통해 하나님이 영광받으시기 때문이다. 우리가 부흥을 위해 기도해야 하는 이유는 그리스도인의 아주 저질적인 신앙생활로 인해, 세상의 죄악과 불법의 증가로 인해 하나님을 더 이상 괴롭게 할 수 없기 때문이다. 그래서 우리는 참된 부흥을 위해 반드시 기도해야 한다.

또한 오늘날 많은 그리스도인이 삶의 현장에서 공공연히 그리스도를 부인하며 심지어는 목회자들도 믿음을 배반하고 세속에 빠져 하나님이 더욱 괴로워하시는 것을 볼 수 있다. 그러므로 우리는 부흥을 위해 기도해야 한다.

하나님은 참된 부흥, 곧 교인들이 수준 높은 그리스도인의 생활을 하고, 하나님을 영화롭게 하며, 죄인들이 회개하고 돌아와 구원받는 것으로 영광을 받으신다. 또한 수많은 목회자와 평신도가 위험한 이단과 불신 사상에서 탈피해 하나님을 영화롭게 하는 믿음을 가지고 하나님 말씀을 깊이 사랑하며 공부하고 순종할 때, 하나님은 한없는 영광을 받으신다.

우리는 이런 목적으로, 즉 하나님의 영광을 위해 부흥회를 열고 또한 부흥을 위해 기도해야 한다. 하지만 오늘날에는 얼마나 많은 사람이 하나님의 영광과는 너무도 거리가 먼 부흥회를 개최하고 또 부흥을 위해 기도하고 있는가?

다른 예를 들어 보자. 오늘날 많은 목회자와 교인들이 성령 충만을 받기 위해 열심히 기도한다. 이러한 기도는 분명 참된 기도요, 하나님을 기쁘시게 하는 기도요, 하나님의 말씀에 근거한 기도다. 예수님은 누가복음 11장 13절에 분명히 말씀하셨다. "너희가 악할지라도 좋은 것을 자식에게 줄 줄 알거든 하물며 너희 하늘 아버지께서 구하는 자에게 성령을 주시지 않겠느냐." 사도행전 4장 31절도 이렇게 기록한다. "빌기를 다하매 모인 곳이 진동하더니 무리가 다 성령이 충만하여 담대히 하나님의 말씀을 전하니라."

그렇다. 성령 세례와 성령 충만을 위해 마땅히 기도해야 한다. 그러나 많은 사역자와 그리스도인이 아주 이기적이고 비성경적인 동기를 가지고 성령 세례와 성령 충만을 위해 기도하고 있다.

아직도 많은 그리스도인이 성령 세례와 성령 충만을 받으면 다른 사람보다 더 신령하고 능력 있게 보인다고 생각한다. 그들은 성령 세례나 성령 충만을 받으면 그들이 원하는 어떤 새롭고 영광스러운 기쁨을 체험할 것이라 믿는다. 또한 그들의 사역에서 새로운 능력을 받으며, 하나님의 일을 할 때 더 뛰어나고 성공적인 사역을 할 수 있다고 생각한다. 그래서 그들은 그런 동기와 목적을 가지고 열심히 기도한다.

이 모든 것은 아주 불순하고 이기적인 기도다. 이런 방법으로 성령 세례를 위해 기도할 수는 있지만 그 기도는 결국 응답받을 수 없다.

그러면 왜 우리는 성령 세례나 성령 충만을 위해 기도해야 하는가? 바로 우리가 성령으로 세례를 받고 성령으로 충만함을 받을 때 하나님이 영광받으시기 때문이다. 우리의 저질적인 그리스도인의 삶과 비효과적인 그리스도인의 사역으로 더는 하나님을 욕되게 할 수 없기 때문이다.

우리가 성령으로 충만함을 받으면 능력 있는 사역으로 하나님께 영광을 돌릴 수 있다. 그러므로 하나님의 영광을 위해 성령 세례나 성령 충만을 구해야 한다.

이런 동기와 목적을 가지고 기도할 때 하나님은 우리에게 놀라운 능력을 주신다. 그러나 성령 세례나 성령 충만을 위해 기도하는 수많은 사람이 하나님의 영광과는 아무런 관계가 없는 오직 자신의 인기와 명예, 특별함을 나타내기 위해 기도한다.

내 친구 중 한 명이 허드슨강 근처에 있는 뉴욕주의 어떤 도시에서 집회를 인도하고 있었다. 집회 기간 중 어느 날 아침에 그 친구는 성령 충만에 대해 설교했다. 그는 설교를 마치고 나오다가 그 도시의 어떤 목회자 한 사람과 동행하게 되었다.

잠시 후에 그 목회자가 이렇게 말했다. "오늘 아침 설교에서 많은 은혜를 받았습니다. 목사님은 성령 충만에 대해 말씀하셨는데 제가 바로 그것을 굉장히 원했습니다." 여기까지는 그의 말이 순수했다. 그러나 다시 이렇게 말했다. "저는 교회에서 1년에 1만 2,000달러를 받고 있습니다. 하지만 목사님께서 말씀하신 성령 충만을 받으면 1년에 1만 5,000달러를 받을 수 있으리라고 믿습니다."

이 말을 듣고 당신은 웃을지도 모른다. 하지만 정말 무섭고 소름 끼치는 말이고 생각이다. 이것은 극단적인 경우겠지만 오늘날 성령 세례나 성령 충만을 위해 기도하는 많은 사역자와 그리스도인이 이와 비슷한 생각을 하고 있다.

성령 세례나 성령 충만을 위해 진정으로 기도하기 원하는가? 그렇다면 나 자신이 복을 받기 위함보다 하나님의 영광을 위해, 하나님께 욕되는 생활을 청산하기 위해 기도하자. 우리가 이런 동기로 기도한다면 그 기도는 곧 응답될 것이다.

마음과 생활 속 죄악

"여호와의 손이 짧아 구원하지 못하심도 아니요 귀가 둔하여 듣지 못하심도 아니라 오직 너희 죄악이 너희와 너희 하나님 사이를 갈라 놓았고 너희 죄가 그의 얼굴을 가리어서 너희에게서 듣지 않으시게 함이니라"(사 59:1-2).

기도 응답의 두 번째 장애물이 위의 말씀에 나왔다. 여기서 왜 하나님이 우리의 기도에 응답하지 않으시는지 명확한 이유를 발견할 수 있다. 바로 우리의 죄악과 허물로 인해 하나님과 우리가 떨어지게 되었고 하나님의 얼굴을 가리게 되었으며 그로 말미암아 하나님이 우리의 기도를 듣지 않으시는 것이다.

이사야 선지자가 살던 시대의 사람들은 이렇게 말했다. "하나님은 더 이상 우리의 기도에 응답하지 않으신다. 그분이 모세 시대에는 응답하셨는지 모른다. 그분이 엘리야 시대에는 응답하셨는지 모른다. 그러나 지금은 더 이상 응답하지 않으신다. 그분의 귀는 어두워져 더 이상 듣지 못하시고 그분의 손은 짧아져 더 이상 우리를 구원하실 수 없다."

그런데 이사야 선지자는 이렇게 선포한다. "아니다. 결코 아니다. 하나님의 손이 짧아 너희를 구원하지 못하심도 아니요 그분의 귀가 둔해져 너희의 기도를 듣지 못하심도 아니다. 문제는 하나님이 아니라 바로 너희에게 있다. 오직 너희의 죄악이 너희와 하나님 사이를 갈라놓았고, 그 죄가 하나님의 얼굴을 가려서 하나님이 기도를 듣지 않게 되셨다."

우리가 아무리 하나님의 뜻을 발견하고 하나님의 뜻대로 기도한다 해도 마음속에 품은 죄악이 있으면 하나님은 절대로 기도에 응답하지 않으시고 또 하실 수도 없다.

어떤 일을 두고 기도했는데 응답받지 못했는가? 하나님이 당신의 기도를 응답하지 않으신다고 속단하거나 그것이 하나님의 뜻이 아니라고 단정 짓지 말라. 오직 하나님께 기도하되 과거에 잘못한 일을 자백하지 않고 마음속에 그대로 품은 죄악이 있는지, 혹은 현재 당신의 삶에서 하나님을 불쾌하게 만드는 것이 있는지 보여 달라고 기도하라.

그러고 난 후 하나님이 당신에게 마음속에 품은 죄악을 깨닫게 하실 때까지 조용히 기다리라. 하나님이 당신에게 그 죄를 보여 주시면 즉시 솔직하게 자백하고 더 이상의 죄를 짓지 말라.

하나님이 가르쳐 주셨는데도 고하지 않거나 철저히 고치지 않았다면 절대로 기도 응답을 기대하지 말라. 과거에도 그랬지만 지금도 하나님은 이런 사람의 기도를 결코 듣지 않으신다. 하나님의 팔이 짧아 우리를 구원하지 못하심이 아니요, 귀가 둔하여 우리의 기도를 듣지 못하심도 아니다. 과거와 마찬가지로 하나님은 지금도 진실한 기도에 귀를 기울이시고 응답하시며, 그분의 팔은 길고 강해서 우리를 구원하신다.

"오직 너희 죄악이 너희와 너희 하나님 사이를 갈라 놓았고 너희 죄가 그의 얼굴을 가리어서 너희에게서 듣지 않으시게 함이니라"(사 59:2).

우리는 여기서 왜 많은 기도가 응답되지 않는가에 대한 아주 명백한 이유를 다시 한번 발견하게 된다.

나는 몇 년 전 내 생애에 도저히 잊을 수 없는 놀라운 체험을 했다. 나는 하나님의 감동하심과 지시로 미니애폴리스에 가서 주님의 사역을 시작했다. 사실 그 사역을 위해 어떤 재정적 지원이나 헌금, 모금도 없었다. 그러나 나는 오직 하나님이 사역을 위해 필요한 모든 자금을 공급하실 것을 굳게 믿고 기도하며 일을 시작했다. 한 가지 주의할 것은, 모든 그리스도인이 나와 같은 경우에 꼭 기도의 응답과 체험을 하지는 않는다. 오직 주님이 내게 특별히 이루신 일을 겸손히 간증하고자 한다.

나는 단순히 하나님을 의지하는 믿음으로 그 사역에 착수했다. 당시 사역하기 전, 나를 위해 강력하게 재정 후원을 한 사람들이 있었다. 그들은 나에게 풍족한 월급을 주었고, 여러 가지 집회 장소를 임대할 때는 임대료를 주었을 뿐 아니라, 내가 고용한 사역자들의 생활비도 지불해 주었고 필요한 모든 돈을 어김없이 공급해 주었다.

그리하여 나를 경제적으로 지원하던 사람들에게 미니애폴리스의 사역을 설명하며 도와달라고 부탁했다. 하지만 그들은 내가 다른 사역을 하기 원했고 자신들의 여러 가지 사역에 협조할 것을 요구했다. 그리고 내가 그들의 사역에 협조하지 못하겠다면, 재정적 지원을 모두 끊어 버리겠다고 말했다.

그때부터 나는 하나님께 전심전력으로 매달리며 기도하기 시작했다. 그들의 지원을 의지하지 않고 오직 하나님만 의지했다. 어느 때는 모든 재정적 지원이 완전히 끊어진 날도 있었다. 그러나 줄곧 하나님만 신뢰하며 간절히 기도했다. 그러자 하나님은 나의 아내와 네 명의 자녀를 위한 모든 생활비, 집회 장소를 빌릴 수 있는 돈, 연료비, 광열비, 동역자들의 생활비를 공급하셨다.

우리는 어떤 헌금이나 모금, 기부금도 받지 않고 오직 하나님만 의지했다. 우리가 기도로 씨름하는 모습을 지켜보던 수많은 사람이 동정을 금치 못했다. 어떤 이들은 매우 비판적으로 생각하며 심지어 미친 것 같다고도 했다. 하지만 우리는 계속해서 기도로 씨름하며 하나님으로부터 공급받았다.

그런데 그 돈은 이전에 나를 재정적으로 돕던 사람들에게서 오는 것이 아니라 전혀 새로운 사람들로부터 날마다, 주마다, 달마다 계속 들어

왔다. 어느 때는 아주 적은 돈이 왔고, 어느 때는 상당한 액수의 돈이 왔고, 어느 때는 지극히 평범한 방법으로 왔으며, 때로는 굉장히 놀라운 방법으로 왔다.

그러던 어느 날, 이상한 일이 일어났다. 하루아침에 모든 돈이 갑자기 끊어져 버린 것이다. 특히 곧 치러야 할 돈이 대단히 많은데 무슨 이유인지 한 푼도 들어오지 않았다. 나는 잠자리에 들기 전에 그 문제를 가지고 하나님께 기도하며 이 사역이 앞으로도 계속 잘되게 해 달라고, 그리고 나의 기도에 응답하지 않으심으로써 하나님의 이름이 모욕당하지 않게 해 달라고 간절히 기도했다. 하지만 돈이 채워질 것이라는 분명한 믿음 없이 그대로 잠이 들어 버렸다.

그날은 마침 집에 아무도 없고 나 혼자만 있었다. 한밤중이 되자 나는 갑자기 몸이 몹시 아파 잠에서 깼다. 너무도 아파서 하나님께 나의 몸을 만져 고쳐 달라고, 또 돈을 보내 달라고 간절히 기도하며 부르짖었다. 그러나 아무런 응답이 없었다. 나는 다시 나의 몸을 만지셔서 낫게 해주시고 돈을 보내 달라고 간절히 기도하며 매달렸다. 그러나 웬일인지 아무런 응답이 없었다.

그때 마치 하나님이 존재하시지 않는 것처럼 느껴졌다. 그러자 마귀가 와서 나를 조롱했다. 마귀는 어떤 시편 기자의 말을 인용하면서 이렇게 도전하고 조소했다. "너의 하나님이 어디 있느냐? 만일 하나님이 있으면 왜 너의 기도를 응답하지 않겠느냐? 네가 사람들에게 가르친 방법대로 기도했는데도 하나님은 너의 기도에 응답하지 않았다."

그 순간 내 영혼과 육신이 말할 수 없는 고통을 당했다. 마치 지옥의 거대한 파도가 내 머리를 강타하는 것만 같았다. 그리고 내가 이제까지 소중히 여기며 지켜 왔던 믿음이 일시에 바다 밑으로 가라앉는 것만 같았고 믿음의 회의가 무섭게 일어났다.

당신도 이런 경험을 해본 적이 있는가? 몇 년 동안 그토록 모든 것을 희생하며 지켜 온 믿음이 한꺼번에 바람처럼 사라져 버리고, 당신 자신은 가장 깊은 바다 밑으로 가라앉는 듯한 체험을 해본 적이 있는가? 나는 그때 혹독히 체험했다. 하지만 다시 용기를 내어 하나님께 부르짖었다. "하나님, 저의 몸을 만지셔서 낫게 해주시고 그 돈을 보내 주시옵소서." 아무런 응답이 없었다. 나는 다시 하늘을 우러러보며 기도했다. "하나님 아버지, 저의 생활에 어떤 나쁜 것이 있다면 보여 주시옵소서. 그러면 그것을 자백하고 포기하겠습니다."

그 순간 하나님은 과거에 내가 종종 어떤 문제를 가지고 잘못한 사실을 상기시켜 주셨다. 과거에 나는 그 문제가 머릿속에 떠오를 때마다 "괜찮다. 별 문제가 아니다. 거기에는 아무런 잘못이 없다."라고 하며 무마시켰다. 그러나 항상 마음 깊은 곳에서는 그것이 분명히 잘못되었음을 알고 있었다.

당신도 과거에 성령님께서 잘못을 분명히 지적해 주셨는데도 하나님 앞에서 그것을 숨기고, 때로는 합리화하며, 남에게 책임을 전가해 하나님과 원만하지 못한 관계를 가져 본 경험이 있는가? 그때 당신은 자신에게 이렇게 말했을지도 모른다. '괜찮다. 모든 것은 잘 되어 가고 있다. 그것이 잘못되었다고 생각하는 것이 잘못이다.'

나는 바로 이와 같이 생각했다. 그 생각이 생생하게 머릿속에 떠올랐다. 그 순간 하나님을 우러러보면서 기도했다. "하나님, 그것이 하나님의 목전에서 잘못이라면 자백하고 포기하겠나이다." 그런데도 아무런 응답이 없었다. 내 마음속 깊은 곳에서는 그것이 잘못임을 분명히 알았지만, "하나님, 그것이 하나님 보시기에 잘못이라면 자백하고 포기하겠나이다."라고 기도했다. 역시 응답이 없었다. 내 영혼과 육신의 고통은 더욱 가중되었으며 나는 도저히 참을 수 없었다.

마지막으로 이렇게 부르짖었다. "하나님, 분명히 하나님께 잘못했습니다. 저의 죄악을 솔직히 시인합니다. 이제 그것을 완전히 포기합니다." 순간 하나님은 나의 몸을 만지사 완전히 치료하시고 또한 돈도 계속 보내 주셔서 사역을 진행하게 하셨다.

그리스도 안에 있는 나의 형제자매여, 당신이 어떤 것을 위해 기도하고 기도하고 또 기도하는데도 응답이 없을 때 하나님이 기도에 응답하지 않으신다고 속단하거나 당신의 기도가 하나님의 뜻이 아니라고 단정하지 말기를 부탁한다. 하나님은 당신의 기도에 응답하기를 아주 원하시며, 당신에게 자신을 내주기를 기뻐하신다.

오직 하나님께 나아가 당신의 생활에 어떤 죄악이 있는지 혹은 하나님을 불쾌하게 만드는 무언가가 있는지 보여 달라고 정직하게 기도해야 한다. 그런 후 하나님이 당신에게 그것을 보여 주실 때, 즉시 자백하고 인정하며 용서를 구하면 하나님이 하늘의 문을 열고 당신의 기도에 응답하실 것이다.

하나님은 우리의 기도를 속히 들으실 뿐만 아니라 우리를 구원하기에 충분한 능력을 소유하고 계신다. 그분의 귀는 예민하고 손은 길어서 우리의 기도를 듣고 즉시 구원하신다. 당신이 숨겨 둔 죄를 솔직히 자백하고 포기하면, 이 시간에 많은 기도 응답을 받을 것이다. 지금 실행하라!

마음속의 우상

"이스라엘 장로 두어 사람이 나아와 내 앞에 앉으니 여호와의 말씀이 내게 임하여 이르시되 인자야 이 사람들이 자기 우상을 마음에 들이며 죄악의 걸림돌을 자기 앞에 두었으니 그들이 내게 묻기를 내가 조금인들 용납하랴"(겔 14:1-3).

기도 응답에 대한 세 번째 장애물은 이 말씀에서 발견할 수 있다. 어느 날 이스라엘 장로들이 에스겔 선지자에게 와서 자기들을 위하여 기도해 줄 것을 부탁했다. 이것은 에스겔에게 절호의 기회며 놀라운 승리처럼 보였다. 에스겔 선지자는 여러 날, 여러 해 동안 이스라엘 장로들이 자신의 죄를 깨닫고 그에게 와서 기도를 부탁하는 날을 간절히 기다렸기 때문이다.

드디어 때는 왔다. 에스겔은 아주 기쁜 마음으로 그들을 위해, 이스라엘 백성을 위해 기도하려 했는데 하나님이 갑자기 중단하셨다. 하나님은 그 이유를 이렇게 말씀하셨다. "에스겔아 그 사람들을 위해 기도하지 말라. 그들은 마음속에 우상을 들이며 죄악의 걸림돌을 그들 앞에 두었으니 내가 어떻게 그들의 기도에 응답하겠느냐?" 여기서 하나님은 우리 마음속에 있는 우상으로 인해 기도를 듣지 않으신다는 사실을 분명히 깨닫게 하신다.

일본이나 중국, 인도, 다른 비기독교 국가에서는 수많은 사람이 사원에 우상을 설치하며, 그들의 가정에서도 우상 숭배가 성행한다. 그런데 그리스도인도 마음속에 우상을 세운다. 그리스도인이 비록 가정과 다른 어떤 장소에 아주 괴상하고 소름끼치는 우상을 세우지는 않을지라도 그와 마찬가지인 우상을 마음속에 세운다. 이로 인해 하나님은 우리의 기도를 도무지 듣지 않으시며 오히려 진노하신다.

그러면 도대체 우상이란 무엇인가? 그리스도인에게 우상이란 나와 하나님 사이를 가로막는 어떤 것이다. 그리스도인이 무엇을 하나님 앞에 둘 때 그것이 바로 우상이다.

오늘날 수많은 남편이 자기 아내를 우상으로 만든다. 자기 아내를 하나님보다 더 사랑하면 그것은 우상이다. 물론 남편이 하나님을 사랑하면 사랑할수록 아내를 더욱 깊고 부드럽게 사랑하게 된다. 그러나 남편이 아내를 하나님 위에 놓으면 그것은 위치가 잘못된 것이다. 바로 이것이 우상이다. 오늘날 그리스도인 남편들은 아내를 즐겁게 하기 위해 하나님이 기뻐하지 않으시는 일을 서슴없이 한다. 그는 아내를 우상으로 만들기 때문에 기도 응답을 받지 못한다.

또한 아내도 남편을 자기의 우상으로 만든다. 그리스도인 아내가 남편을 하나님보다 더 사랑하면 그것은 우상이다. 물론 아내도 하나님을 진정으로 사랑하면 사랑할수록 남편을 더욱 깊이 사랑하게 된다. 그러나 아내가 남편을 하나님 위에 놓는다면 그것은 분명히 잘못된 것이다. 남편을 우상으로 만들고 있기 때문이다. 그럴 때 아내는 남편을 즐겁게 하기 위해 하나님이 기뻐하지 않으시는 일을 마구 자행한다.

그리고 얼마나 많은 그리스도인 부부가 서로의 비위를 맞추기 위해 하나님 앞에서 가증한 일을 습관적으로 저지르고 있는가? 많은 부부가 위상이나 사회적 직무나 오락을 위해 서로의 우상이 되어 버렸다.

당신은 어떠한가? 서로 마음을 상하게 하지 않으려고, 사랑한다는 명목 아래, 인격을 존중한다는 구실 아래 하나님의 뜻을 어기고 계속 그 일을 하고 있지는 않은가? 사탄은 바로 이 마음을 선동한다.

또한 우리는 자녀를 우상으로 만든다. 우리는 자녀를 하나님보다 더 사랑해서는 안 된다. 물론 진정으로 하나님을 사랑하면 사랑할수록 자녀를 더욱 사랑하게 된다. 그러나 자녀를 하나님 위에 두면 그것은 우상을 세우는 것이다. 우리는 자녀들을 즐겁게 하기 위해 하나님이 원하지 않으시는 일을 마구 행한다. 얼마나 많은 그리스도인 부모가 자녀를 즐겁게 하기 위해 하나님이 싫어하시는 것을 알면서도 행하고 있는가? 그들은 어떤 의미에서 자녀의 노예다. 그들은 자녀를 우상으로 만들기에 기도에 응답받지 못한다.

오늘날 수많은 그리스도인 부모가 자기의 딸을 결혼시키기 위해 여러 가지 비성경적인 생각과 방법을 동원한다. 그들은 딸의 신랑감을 구할 때 믿음을 우선순위에 두지 않고 부유함, 사회적 지위, 문벌, 학식, 배경을 중요시하고 그런 사람이 나타나면 놓치지 않으려고 안간힘을 쓴다.

그들은 오히려 그런 사람과 자기의 딸이 하나님의 뜻 가운데 이루어지게 해 달라고 기도까지 한다. 딸의 신랑감이 그리스도인이 아닌데도 인간적 요소와 조건만 가지고 결혼시키려고 하며 또한 결혼을 시킨다. 그 신랑감이 아무리 뛰어난 능력과 재능, 더할 나위 없는 인격과 성품을 가졌다 해도 그리스도인이 아니라면 우리는 단호히 거절해야 한다.

그들은 고린도후서 6장의 결혼에 관한 하나님의 분명한 뜻을 아주 잘 알면서도 계획적이고 고의적으로 하나님의 말씀을 거역한다.

성경은 이렇게 말한다.

"너희는 믿지 않는 자와 멍에를 함께 메지 말라 의와 불법이 어찌 함께 하며 빛과 어둠이 어찌 사귀며"(고후 6:14).

신약성경에서 불신자는 단지 세상적인 비그리스도인이라는 의미보다도 예수 그리스도를 구주와 주님으로 영접하지 않고 믿지 않는 사람을 의미한다. 그러므로 아무리 교회 생활을 훌륭하게 한다 해도 예수 그리스도를 자신의 구주와 주님으로 영접하고 믿음으로 구원받지 않는다면 그는 불신자다.

이렇게 수많은 그리스도인 부모가 그들의 딸이나 아들을 우상으로 삼는다. 그래서 그들의 기도는 도저히 응답될 수 없다. 미혼 청년들이 진정한 신앙생활을 하다가 막상 결혼할 때는 불신자와 결혼하는 일이 얼마나 많은가? 그들은 그 결혼의 결과와 책임을 평생 져야 한다.

또한 오늘날 많은 사람이 사회적 지위를 그들의 우상으로 삼는다. 물론 그리스도인의 높은 사회적 지위가 나쁘다는 말은 아니다. 하지만 어떤 의미에서 경건하고 훌륭해 보이는 그리스도인들이 높은 사회적 지위를 보호하고 유지하기 위해 하나님 목전에서 여러 가지 악을 행하는 모습을 볼 수 있다.

유명한 복음 전도자인 휘틀 목사가 워싱턴에서 집회를 갖고 있었다. 당시 미국 정부에서 아주 높은 직위에 있던 휘틀의 친구는 그를 초청해 아름다운 자신의 집을 보여 주려고 했다.

그는 휘틀에게 자신의 집을 보여 주면서 여러 방을 구경시켜 주었다. 드디어 화려하게 장식된 넓은 방으로 안내를 받아 들어갔다. 휘틀은 방을 둘러보며 "여기는 무엇을 하는 방인가?" 하고 물었다. 그 친구는 확실하게 대답하지 않고 얼버무렸다. 하지만 그냥 지나칠 휘틀이 아니었다. 재차 여기가 무엇을 하는 방이냐고 물었다. "자네가 그렇게 알고 싶다면 가르쳐 주겠네. 여기는 무도회장일세."

이 말을 들은 휘틀은 친구를 쏘아보면서 말했다. "자네는 이 무도회장을 내게 보이면서 이렇게 도덕적으로 썩어 버렸다는 것을 보여 주고 있는 것인가?" 그 친구는 고개를 떨구고 말했다. "휘틀, 내가 이렇게 부패할 줄은 몰랐네. 아내와 딸이 워싱턴 사회에서 나의 위치를 유지하기 위해서는 이렇게 해야 한다고 말했네. 그래서 나는 그들의 말에 따랐을 뿐이지."

그 친구와 아내는 사회적 지위를 그들의 우상으로 만들어 버렸다. 그들은 그것을 유지하기 위해 최선을 다했다.

복음을 전하는 사역자에게 가장 큰 우상이 되는 것 중 하나도 인기와 명성이다. 사역자들은 소위 복음과 신학의 진보적 사상이나 특이한 학설 및 주장에 이상하게 더 관심을 갖고 그것을 추구한다.

어떤 사역자가 하나님이 주신 복음주의 교리를 주장하면, 그가 아무리 훌륭하고 탁월한 학자라 할지라도 많은 사람이 그를 지지하지 않고 오히려 시대에 낙후된 사람이라고 단정해 버린다.

그런 반면 아무리 이름 없는 초라한 목회자나 사상가일지라도 특이하고 새로운 사상이나 주장을 발표하면, 일시에 시대에 알맞게 발맞추는 위대한 사상가나 탁월한 목회자로 추앙한다. 오늘날 많은 목회자가 아주 신기하면서도 독특한 비성경적인 신학 사상이 매우 현대적이라고 공언하면서 온갖 수단과 방법을 다 동원해 사람들을 유혹하고 있다. 그 결과 그들은 굉장한 인기와 명성을 독차지하게 되었다. 그들은 인기와 명성을 우상으로 만들었다. 그리고 인기와 명성의 노예가 되어 버렸다. 슬프게도 그들은 기도 능력을 상실하고 말았다.

사역자들은 복음이 없는 설교로는 아무리 화려한 웅변술과 미사여구를 동원한다 해도 수많은 영혼을 그리스도께 인도하지는 못한다는 사실을 분명히 안다. 그렇게 양심의 가책을 느끼면서도 자신의 인기와 명예, 명성을 위해 계속 허공을 치는 설교를 한다. 그들은 복음을 그대로 전하지 않는다. 그러니 아무리 정교하고 고도로 세련된 언어를 사용하며 인기와 명성을 얻어 우매한 교인들을 속인다 할지라도, 결국 그들은 하나님의 능력을 모르는 비천하고 가련한 사람들이다. 그런 사람들의 우상은 자신의 인기와 명성이기 때문에 결코 기도 응답을 받을 수 없다.

당신은 복음을 전하는 사역자인가? 그렇다면 당신은 인기와 복음 중에 어느 것이 더 중요한가? 당신이 말씀과 성령으로 거듭난 진정한 사역자라면, 인기와 명성을 얻기 위한 위선적이고 가증한 행위를 중단하고 복음으로 돌아와 복음을 그대로 전하라.

당신은 기도의 능력을 받고 싶은가? 그렇다면 하나님께 나아와 마음 속에 어떤 우상을 가지고 있는지 기도하고 그분이 그것을 당신에게 보이시면 즉시 자백하고 포기하라.

주여,
내가 가장 사랑하는

우상을 소멸하시고

오직 주만 경배하게 하소서.

_ 윌리엄 쿠퍼(William Cowper, "Walking with God").

용서하지 않는 마음

"서서 기도할 때에 아무에게나 혐의가 있거든 용서하라 그리하여야 하늘에 계신 너희 아버지께서도 너희 허물을 사하여 주시리라 하시니라"(막 11:25).

예수 그리스도는 마가복음 말씀을 통해 기도 응답에 대한 네 번째 장애물을 지적하셨다. 우리는 여기서 용서하지 않으면 기도 응답을 받을 수 없다는 분명한 사실을 깨달을 수 있다.

우리가 용서받은 죄인일 때 하나님은 우리의 기도에 응답하신다. 만일 우리가 우리에게 죄지은 사람을 용서하지 않는다면, 하나님은 우리를 용서받은 죄인으로 대하실 수 없다. 나는 우리가 기도에 응답받지 못하는 가장 치명적인 원인 가운데 하나가 바로 우리에게 잘못한 사람을 용서하지 않고 원한을 품고 있기 때문이라고 믿는다.

오늘날 수많은 그리스도인 아내가 너무나 간절히 남편의 영혼 구원을 위해 기도한다. 하지만 그들은 항상 자기에게 잘못한 어떤 사람에 대해 용서하지 못하고 원망과 혐의를 품고 있다. 그렇기 때문에 기도에 응답받지 못한다.

아내들이여, 당신에게 잘못한 사람을 용서하지 않음으로써 남편이 영원히 잃어버려진 상태에서 고통받아도 좋다는 말인가?

수많은 그리스도인 어머니가 너무도 간절히 자녀의 영혼 구원을 위해 기도한다. 그러나 기도하는 가운데에도 그들은 자기에게 잘못한 어떤 사람을 용서하지 못하고 계속 증오의 화살을 퍼붓고 있다. 그러기에 기도 응답을 받지 못한다.

그리스도인 어머니들이여, 당신에게 잘못한 사람을 용서하지 않음으로써 사랑하는 자녀가 구원받지 못하고 지옥에 떨어져 영원히 고통받아도 괜찮다는 말인가?

진정으로 능력 있는 기도를 하기 원한다면, 오늘 당신의 마음을 깊이 살펴보라. 마음속에 어떤 사람을 증오하며 적의를 품고 있지는 않은가 찾아보고 그것을 발견하면 그 사람이 내게 얼마만큼 크게 잘못했든지 간에 하나님 앞에서 성령님의 도움으로 그를 철저하게 용서하자. 비록 그가 나의 원수라 할지라도 용서하며 오히려 그를 사랑하게 해 달라고 성령님을 의지하며 하나님께 기도해야 한다.

알렉산더와 나는 호주 론서스턴에서 집회를 인도하는 가운데 하루를 금식 기도일로 정하고 기도했다. 그 도시에는 아주 훌륭하고 열심 있는 그리스도인이 있었다. 어느 날 그와 아내는 사위와 어떤 문제를 가지고 다투며 불화하게 되었다. 그들은 사위가 그들의 집에 들어오는 것을 막아 버렸다.

나는 항상 금식 기도일에는 기도의 장애물에 대해 설교했다. 그날도 아침 예배에 기도 응답을 막는 장애물에 대해 설교했다. 내가 설교를 끝마치자 그는 죄에 대해 깊은 도전을 받고 그 문제를 깊이 생각하다 정오가 되어 집에 도착했다. 그는 사위에게 편지를 써야 할지, 그리고 이것을 아내에게 말해야 할지 몰라 고민하고 있었다.

그런데 그의 아내도 남편 모르게 우리 집회에 참석해 설교를 들었다. 남편이 집에 도착하자 아내가 문을 열면서 이렇게 말했다. "여보, 사위에게 즉시 전보를 보냅시다." 그들은 즉시 전보를 보내고 만나서 서로 용서하고 화해하며 사랑하게 되었다. 그로부터 부부는 놀라운 기도의 능력을 받아 능력 있는 삶을 살았다.

우리는 어떤 사람을 용서하지 않음으로 여러 날, 여러 주, 여러 해 동안 기도해도 응답을 받지 못한다. 당연한 결과다. 어떤 사람을 그리스도의 사랑으로 용서하지 않으면서 기도 응답을 받을 생각은 하지 말라.

현재 당신의 상태는 어떤가? 어떤 사람을 증오하며 적대감을 품고 있지는 않은가? 그렇다면 예수 그리스도의 말씀을 다시 한번 들어 보라. "서서 기도할 때에 아무에게나 혐의가 있거든 용서하라 그리하여야 하늘에 계신 너희 아버지께서도 너희 허물을 사하여 주시리라"(막 11:25).

주는 데 인색함

이제 기도 응답을 방해하는 다섯 번째 장애물을 찾아보자. 우리는 잠언 21장에서 다섯 번째 장애물이 무엇인지 발견할 수 있다.

"귀를 막고 가난한 자가 부르짖는 소리를 듣지 아니하면 자기가 부르짖을 때에도 들을 자가 없으리라"(잠 21:13).

이 말씀에는 우리가 가난한 자의 부르짖는 소리를 듣지 않고 귀를 막아 버리면 하나님도 우리의 부르짖는 소리를 듣지 않고 귀를 막아 버리신다고 분명히 기록되어 있다.

주는 데에 아주 인색하고 움켜쥐려는 사람은 능력 있는 기도의 사람이 될 수 없다. 이것은 성경 전체에서 발견되는 중요한 진리다. 성경 곳곳에 이것을 지지하는 구절이 있다. 그중에 누가복음 말씀을 읽어 보자.

"주라 그리하면 너희에게 줄 것이니 곧 후히 되어 누르고 흔들어 넘치도록 하여 너희에게 안겨 주리라 너희가 헤아리는 그 헤아림으로 너희도 헤아림을 도로 받을 것이니라"(눅 6:38).

누가는 우리가 다른 사람에게 베푸는 것만큼 하나님도 우리에게 베풀어 주신다는 사실을 명백히 말한다. 어떤 사람이 다른 사람에게 지극히 작은 것을 베풀어 주면 하나님도 그 사람에게 지극히 작은 것을 주신다는 뜻이다. 어떤 그리스도인이 다른 사람에게 대단히 큰 것을 베풀어 주었다면 하나님도 그 사람에게 대단히 큰 것을 베풀어 주신다. 하나님은 우리가 다른 사람에게 한 만큼 기도에 응답하신다.

여기 또 하나 놀라운 성경 구절이 있다. 우리가 부흥회나 기도회에서 항상 들었던 친밀한 구절이다.

"나의 하나님이 그리스도 예수 안에서 영광 가운데 그 풍성한 대로 너희 모든 쓸 것을 채우시리라"(빌 4:19).

이 얼마나 놀라운 하나님의 약속인가? RV성경은 더 놀랍게 번역했다. "나의 하나님이 완전히 충족시키시리라." 다시 말하면 하나님이 우리의 필요를 넘치도록 채워 주신다는 말이다. 한 번 더 읽어 보자. "나의 하나님이 그리스도 예수 안에서 영광 가운데 그 풍성한 대로 너희 모든 쓸 것을 채우시리라."

시카고의 우리 교회 장로 중 한 사람이 어느 기도 모임에서 이렇게 말했다. "저는 하나님께서 아무 조건 없이 주신 이 약속으로 인해 감사드립니다." 그러면서 바로 빌립보서 4장 19절을 언급했다. 나는 그의 말을 멈추게 하고 이렇게 말했다. "장로님, 잠깐만요. 이 성경 구절에는 어떤 조건이 있습니다. 바로 본문 앞에 말입니다. 15절과 16절을 같이 읽읍시다. '빌립보 사람들아 너희도 알거니와 복음의 시초에 내가 마게도냐를 떠날 때에 주고 받는 내 일에 참여한 교회가 너희 외에 아무도 없었느니라 데살로니가에 있을 때에도 너희가 한 번뿐 아니라 두 번이나 나의 쓸 것을 보내었도다.' 바울은 이 말을 하고 난 후에 빌립보 성도들에게 이렇게 말한 것입니다. '나의 하나님이 그리스도 예수 안에서 영광 가운데 그 풍성한 대로 너희 모든 쓸 것을 채우시리라.'"

인색한 그리스도인은 하나님께 받을 권리가 없다. 빌립보 성도들이 복음 사역을 위해 수고하는 바울을 도왔기 때문에 하나님도 빌립보 성도들에게 그만큼 갚아 주셨다. 우리는 이 말씀의 약속이 다른 사람을 온 마음을 다해 도와주는 사람에게만 해당된다는 사실을 잊어서는 안 된다. 물론 구원의 문제에서는 다르다.

우리가 지금 인용한 성경 구절과 아주 유사한 구절이 또 하나 있다.

"하나님이 능히 모든 은혜를 너희에게 넘치게 하시나니 이는 너희로 모든 일에 항상 모든 것이 넉넉하여 모든 착한 일을 넘치게 하게 하려 하심이라"(고후 9:8).

'모든'이라는 단어를 주의하여 다시 한번 읽어 보자. "하나님이 능히 모든 은혜를 너희에게 넘치게 하시나니 이는 너희로 모든 일에 항상 모든 것이 넉넉하여 모든 착한 일을 넘치게 하게 하려 하심이라."

이 얼마나 놀라운 약속인가! 말씀의 의미를 더 깊이 이해하려면 그 앞에 있는 말씀을 읽어 보아야 한다.

"이것이 곧 적게 심는 자는 적게 거두고 많이 심는 자는 많이 거둔다 하는 말이로다 각각 그 마음에 정한 대로 할 것이요 인색함으로나 억지로 하지 말지니 하나님은 즐겨 내는 자를 사랑하시느니라"(고후 9:6-7).

여기서 '즐겨'라고 번역된 단어의 헬라어는 힐라로스(hilaros)로, '아주 기꺼이, 기쁜 마음'이라는 의미다. 그러므로 고린도후서 9장 8절은 다음과 같이 번역할 수 있다. "하나님이 모든 은혜를 '즐겨 내는' 너희에게 넘치게 하시나니 이는 '즐겨 내는' 너희로 모든 일에 항상 모든 것이 넉넉하여 모든 착한 일을 넘치게 하게 하려 하심이라."

이 성경 구절은 자원하여 즐겨 내는 사람에게 하는 말이다. 주는 데 인색한 사람에게는 이 약속이 해당되지 않는다. 당신은 자원하여 즐겨 내는 그리스도인인가? 당신은 낼 수 있는 기회가 오면 크게 기뻐하며 좋아하는가? 당신은 헌금 주머니가 당신 앞에 오면 드릴 기회가 와서 대단히 기쁘다고 생각하는가? 아니면 영원히 내 앞에 오지 않았으면 좋겠다고 생각하는가? 또 한 가지 놀라운 말씀이 있다.

"무엇이든지 구하는 바를 그에게서 받나니 이는 우리가 그의 계명을 지키고 그 앞에서 기뻐하시는 것을 행함이라"(요일 3:22).

사도 요한은 우리가 하나님께 구하는 것마다 응답받는다는 것을 명백히 말한다. 어떻게 구하는 것마다 응답받는가? 그것은 16절로 올라가 보면 해답을 발견할 수 있다.

"그가 우리를 위하여 목숨을 버리셨으니 우리가 이로써 사랑을 알고 우리도 형제들을 위하여 목숨을 버리는 것이 마땅하니라 누가 이 세상의 재물을 가지고 형제의 궁핍함을 보고도 도와 줄 마음을 닫으면 하나님의 사랑이 어찌 그 속에 거하겠느냐 자녀들아 우리가 말과 혀로만 사랑하지 말고 행함과 진실함으로 하자"(요일 3:16-18).

사랑은 표현과 고백에서 되는 것이 아니라 오직 행함과 진실함 속에서 되는 것이다. 사랑한다고 말하면서 그 사랑의 구체적인 행동과 실행이 없다면 그것은 위선적이고 가증한 행위다.

이런 이야기가 있다. 어느 추운 겨울 밤, 기도회가 열렸는데 몇 사람 밖에 참석하지 않았다. 어떤 열정적인 그리스도인 형제가 그 기도회에 들어와 기도하다가 잠시 후 간증 시간이 되자 일어서서 말했다. "사랑하는 형제자매 여러분, 저는 오늘 밤 여기에 오게 되어 대단히 기쁩니다. 저는 특히 그리스도인 모임에 참석해 기도하는 것을 대단히 좋아합니다. 저는 형제들을 사랑하기 때문에 사망에서 생명으로 옮겨진(요일 3:14) 사람입니다. 저는 여러분을 얼마나 사랑하는지 모릅니다. 오늘 밤 여러분과 같이 기도할 수 있어 얼마나 기쁜지 모릅니다. 저는 극장이나 서커스나 유흥업소에 가는 것보다 기도회에 오는 것을 더 좋아합니다. 저는 그리스도인이라는 사람들이 그런 곳에 가는 것을 이해할 수 없습니다. 참으로 기도회만큼 즐거운 곳이 없습니다. 그리고 이런 그리스도인의 공동체 속에 들어와 서로 사랑하고 교제하는 것이야말로 무엇보다도 행복한 일입니다. 저는 사망에서 생명으로 옮겨진 사람입니다. 저는 형제들을 사랑합니다."

기도회가 끝나자 즉시 한 형제가 그 열정적인 친구에게 가서 말했다. "저는 오늘 저녁에 형제가 와서 간증해 주어 대단히 기쁩니다. 형제의 간증은 무척이나 좋았고 저의 마음을 뜨겁게 했습니다. 그래서 형제에게 한 가지 말할 것이 있습니다. 아마 형제도 존슨 자매를 알 것입니다. 그 자매가 지금 곤경에 처해 있습니다. 형제도 잘 알다시피 그녀의 남편은 몇 달 전에 죽었습니다. 그가 어떠한 보험도 들지 않고, 재산도 남겨 놓지 못해서 그녀 혼자 가족을 부양하고 집세를 지불하느라 말할 수 없는 고생을 하고 있습니다. 그 자매가 형제의 소유로 된 아주 작은 집에 사는 것을 형제도 알고 있을 것입니다. 그녀는 이번에 집세를 당신에게 지불하지 못할까 봐 근심하고 있습니다. 이 추운 겨울에 그녀에게 받을 집세를 좀 내려 줄 수 있습니까?"

그러자 그 열정적인 그리스도인은 갑자기 정색을 하며 대답했다. "예, 저도 그 자매가 매우 가난하게 살고 있다니 동정을 금할 수 없습니다. 저도 돕기를 원합니다. 그러나 사업은 어디까지나 사업입니다. 만약 그 자매가 집세를 지불하지 않으면 할 수 없이 집에서 나가게 할 수밖에 없습니다."

그 사람에게 과연 하나님의 사랑이 있는가? 말은 형제를 사랑한다고 하지만 전혀 사랑에 대한 구체적인 행동이 나타나지 않는 지극히 위선적이고 가증한 사람이다. 그런 사람은 '행함'과 '진실함'으로 사랑하는 자가 아니라 오직 '말'과 '혀'로만 사랑하는 자다.

오늘날 교회에는 '말'과 '혀'로만 사랑하는 사역자와 그리스도인이 얼마나 많은가? 그들은 말할 때마다 동역자 의식을 강조하고 같은 사역자나 그리스도인을 그렇게 부르지만, 그들 중 누군가가 경제적 곤경에 빠지면 매우 무정하고 냉혹하게 대하며 자기에게 오는 것을 불쾌하고 귀찮게 생각한다. 그래서 그들이 아무리 부르짖어도 기도 응답을 받을 수 없는 것이다.

또한 이런 일도 있을 수 있다. 당신이 참석하는 기도회에 다른 형제가 와서 전과 같이 훌륭한 간증을 했다. 즉 기도회에 참석하게 되어 대단히 기쁘다는 것, 형제들을 얼마나 사랑하는지 모른다는 것, 이런 그리스도인 공동체를 얼마나 좋아하는지 모른다는 것, 형제들을 사랑하기 때문에 자기는 사망에서 생명으로 옮겼다는 것을 아주 멋있게 간증했다.

기도회가 끝나자 어떤 형제가 그에게 가서 말했다. "오늘 저녁 형제가 기도 모임에 와서 훌륭한 간증을 해주어 대단히 기쁩니다. 저는 형제의 간증을 듣고 마음이 뜨거워지는 것을 느꼈습니다.

형제는 존슨 자매를 잘 알 것입니다. 그 자매가 지금 대단히 어려운 생활을 하고 있습니다. 형제도 기억하겠지만 그녀의 남편이 몇 주 전에 직장에서 집으로 오다가 열차 사고로 목숨을 잃었습니다. 그 남편은 어떤 보험도 들어 놓지 않았고, 그렇다고 돈을 모아 놓지도 않았습니다. 또한 그 자매는 사고에 대한 손해 배상 청구를 할 수도 없습니다. 이제 날씨는 점점 추워지는데 그녀의 집에는 땔감도, 양식도, 그 외에 여러 가지 생활비도 없습니다. 그래서 그녀의 가족은 뿔뿔이 흩어질 수밖에 없습니다."

그러자 그의 얼굴이 달라지면서 냉혹하게 말했다. "저도 알고 있습니다. 참으로 딱한 일입니다. 저도 그 자매를 돕고 싶습니다. 그러나 자기 문제는 어디까지나 자기가 해결해야 합니다. 저는 소득세를 지불해야 하는데 이번 달에 안 내면 더욱 무거워집니다(소득세가 많다는 것은 결국 그의 수입이 많다는 것을 말해 준다). 저도 그 자매를 돕기 원하지만 그렇게 할 수 없습니다."

그에게 하나님의 사랑이 있는가? 그는 '행함'과 '진실함'으로 사랑하는 것이 아니라 '말'과 '혀'로만 사랑한다. 이것은 진정한 의미의 사랑이 아닙니다. 이제 본문과 아울러 다음 말씀을 읽어 보자.

"자녀들아 우리가 말과 혀로만 사랑하지 말고 행함과 진실함으로 하자 이로써 우리가 진리에 속한 줄을 알고 또 우리 마음을 주 앞에서 굳세게 하리니 이는 우리 마음이 혹 우리를 책망할 일이 있어도 하나님은 우리 마음보다 크시고 모든 것을 아시기 때문이라 사랑하는 자들아 만일 우리 마음이 우리를 책망할 것이 없으면 하나님 앞에서 담대함을 얻고 무엇이든지 구하는 바를 그에게서 받나니 이는 우리가 그의 계명을 지키고 그 앞에서 기뻐하시는 것을 행함이라"(요일 3:18-22).

'우리가 구하는 것마다'에서 '우리'는 주는 데 인색하지 않고 마땅히 도와야 할 사람을 '행함'과 '진실함'으로 돕는 사람을 말한다. 다음 구절을 계속 읽어 내려가면 도움을 필요로 하는 사람에게 아낌없이 주는 사람에게는 하나님이 기도에 응답하신다는 사실을 발견하게 된다.

바로 여기서 우리는 그리스도인 각 개인은 물론 현대의 모든 교회가 기도 응답을 그렇게도 적게 받는 이유를 명백히 알 수 있다. 그들은 기도의 능력이 없다. 그 이유는 다른 사람과 다른 교회를 돕는 데 너무도 인색하기 때문이다. 위대한 기도의 사람은 정말 모든 것을 아낌없이 주는 사람이다.

영국 브리스틀의 조지 뮐러는 지난 세대에 가장 위대한 기도의 사람 중 한 명이다. 그는 720만 달러가 넘는 거액의 돈을 기도로 응답받았다. 그리고 60년 동안 영국의 고아들을 훈련시키고 여러 가지로 지원했으며, 때로는 한꺼번에 2,000명이 넘는 고아를 수용해 하루 세 끼를 충분히 먹이고도 여유가 있을 정도로 놀라운 일을 했다.

그는 고아를 돌보는 일에 필요한 돈과 그가 관계하는 다른 일에 필요한 모든 돈을 기도로 응답받았다. 그는 어떤 사람에게도 그 일을 위한 모금이나 헌금, 기부금을 요구하지 않았는데 계속해서 돈이 들어왔다. 어떤 때는 돈이 끊어져 마지막을 기다리는 순간도 있었다. 하지만 그때마다 어김없이 돈은 들어왔다.

그가 하나님께 100달러를 구하면 하나님은 100달러를 주셨다. 그러면 그는 100달러를 고아와 다른 사역에 그대로 다 써 버렸다. 이렇게 해서 이미 앞에서 말한 바와 같이 그는 720만 달러를 응답받았다. 그는 그 돈을 하나님의 영광을 위해 모두 사용했다.

그가 계속해서 받은 모든 돈을 다른 사람에게 주었기 때문에 돈이 끊임없이 들어왔다. 그는 한 푼도 자기 주머니에 집어넣지 않았다. 그가 아흔셋이라는 고령의 나이로 세상을 떠났을 때도 돈은 모든 장례비를 쓰고도 남을 만큼 들어왔다.

우리가 기도해서 응답받은 돈을 다른 사람에게 주지 않고 움켜쥐고 있으면 하나님도 더 이상 주지 않으신다. 우리가 국내뿐만 아니라 해외에 있는 가난하고 불쌍한 사람들의 울부짖음을 외면하고 귀를 막는다면 하나님도 우리의 부르짖음을 외면하고 귀를 막아 버리신다. 준다는 것은 비단 가난한 사람에게 돈을 주는 것뿐만 아니라 복음을 전하는 것도 포함한다. 다시 한번 잠언 21장 13절을 묵상해 보자.

"귀를 막고 가난한 자가 부르짖는 소리를 듣지 아니하면 자기가 부르짖을 때에도 들을 자가 없으리라"(잠 21:13).

오늘날 미국 교회는 해외 선교를 위해 일주일에 10센트도 헌금하지 않는다. 그런데도 그들은 왜 자신의 기도가 응답받지 못하는지 모른다. 수많은 그리스도인이 해외 선교에 관심을 갖기보다 고급 가죽 장갑에 더 관심을 갖고 수년간 허송세월한다. 나는 고급 장갑을 껴서는 안 된다는 말을 하는 것이 아니다. 수많은 그리스도인이 중국, 인도, 아프리카의 많은 영혼에게 복음을 전하는 일보다 자기 취미를 즐기고 안일하게 생활하면서 호의호식하고 있다. 그러면서도 그들은 왜 하나님이 그들의 기도에 응답하지 않으시는지 전혀 모른다. 그리스도인이 죽어가는 이방인에게 복음을 전하는 일보다 개인의 하찮은 일에 신경 쓰고 돈을 투자하는 것은 너무도 가슴 아픈 일이다.

오늘날 수많은 교회와 목회자, 그리스도인이 막대한 돈을 갖고 자신의 안락을 위해서는 거액의 돈을 쓰면서, 해외 선교는 고사하고 바로 옆에서 신음하는 교회나 사역자, 그리스도인을 그대로 내버려 두며 무시해 버린다. 그러면서도 그들은 왜 하나님이 자기들의 기도에 응답하지 않으시는지 모른다.

그리스도인에게 해외 선교를 위해 1년에 100달러씩 헌금하라고 하면 불평하고 투덜거리면서 사라져 버린다. 자신의 영광을 위해서는 하루에 100달러 이상 쓰면서 외국 선교를 위해서는 1년에 100달러도 드리지 않는 이 서글픈 현상을 과연 어떻게 생각해야 하는가? 그들은 결코 하나님의 응답을 받지 못한다.

한 가지 우스운 사실은 그런 생활을 하면서도 하나님이 기도에 응답하실 거라고 굳게 믿는다는 것이다. 그들은 응답받을 수 없다. 그 이유는 그들이 다른 사람들에게 주지 않기 때문이다.

한번은 내가 미니애폴리스에 있을 때 어떤 젊은 여자가 사무실에 찾아왔다. 나는 그때 미니애폴리스의 신문팔이들에게 깊은 관심을 갖고 신문팔이협회 부회장을 맡고 있었다. 그녀와 이야기하면서 그녀도 나와 같은 생각을 하고 있다는 것을 알았다. 우리는 그 일을 운영하기 위해 많은 돈이 필요했다.

그 여성은 당시 재벌가의 딸이었다. 그녀는 내 테이블 곁에 서서 이렇게 말했다. "토레이 목사님, 신문팔이를 위해 모금해야 하는데 어떻게 하죠?" 그녀는 번쩍이는 다이아몬드 반지를 낀 손을 보란 듯이 내 테이블 위에 올려놓고 서 있었다. 아마 그 다이아몬드라면 우리가 필요한 것을 살 수 있었을 것이다.

몇 년 전 세계선교사대회가 로체스터에서 있었다. 그때 어떤 열광적인 여선교사가 앞에 나와 청중에게 손을 뻗쳐 이렇게 호소했다. "여러분, 우리는 해외 선교를 위해 모금해야 합니다." 그런데 그녀는 손가락에 7,000달러나 되는 다이아몬드 반지를 끼고 있었다. 그러면서도 왜 하나님이 자신의 기도에 응답하지 않으시는지 모르고 있었다. 그 이유는 간단하게 설명할 수 있다. 바로 하나님의 말씀을 통해 알 수 있듯이 그녀의 철저한 인색함 때문이다.

당신은 어떤가? 당신은 주는 데 인색하지 않은가? 당신은 하나님께 받은 것을 그대로 다른 사람에게 주고 있는가?

"귀를 막고 가난한 자가 부르짖는 소리를 듣지 아니하면 자기가 부르짖을 때에도 들을 자가 없으리라"(잠 21:13).

부부 관계의 불화

기도 응답을 방해하는 장애물을 하나 더 언급하고자 한다. 우리는 그것을 베드로전서에서 발견할 수 있다.

"남편들아 이와 같이 지식을 따라 너희 아내와 동거하고 그를 더 연약한 그릇이요 또 생명의 은혜를 함께 이어받을 자로 알아 귀히 여기라 이는 너희 기도가 막히지 아니하게 하려 함이라"(벧전 3:7).

하나님은 여기에서 남편이 아내를 잘못 대하고 아내가 남편을 잘못 대하면 기도 응답을 받을 수 없다는 사실을 명백히 말씀하신다. 즉 부부가 원만한 관계를 유지하지 않고 불화가 있으면, 하나님은 남편이나 아내, 그 어느 편의 기도에도 응답하지 않으신다.

어떤 사람은 기도 응답을 받지 못하는 원인을 멀리서 찾으려고 한다. 그러나 멀리까지 가서 찾을 필요가 없다. 당신의 가정생활을 먼저 살펴보라. 남편이여, 당신은 성경이 교훈한 대로 아내를 대하고 있는가? 그렇지 않다면 하나님은 당신의 기도를 듣지 않으신다.

하나님은 먼저 아내에게 말씀하셨다.

"아내들이여 자기 남편에게 복종하기를 주께 하듯 하라 이는 남편이 아내의 머리 됨이 그리스도께서 교회의 머리 됨과 같음이니 그가 바로 몸의 구주시니라 그러므로 교회가 그리스도에게 하듯 아내들도 범사에 자기 남편에게 복종할지니라"(엡 5:22-24).

하나님은 다시 남편에게 말씀하셨다.

"남편들아 아내 사랑하기를 그리스도께서 교회를 사랑하시고 그 교회를 위하여 자신을 주심 같이 하라 이는 곧 물로 씻어 말씀으로 깨끗하게 하사 거룩하게 하시고 자기 앞에 영광스러운 교회로 세우사 티나 주름 잡힌 것이나 이런 것들이 없이 거룩하고 흠이 없게 하려 하심이라 이와 같이 남편들도 자기 아내 사랑하기를 자기 자신과 같이 할지니 자기 아내를 사랑하는 자는 자기를 사랑하는 것이라"(엡 5:25-28).

이렇게 하지 못하는 경우도 허다하다. 당신은 모든 경건의 모양을 가지고 그리스도인 모임과 행사에 열심히 참석하고 여러 봉사를 한다. 하지만 가정생활은 어떤가? 하나님은 당신의 가정생활을 주시하고 계신다. 기독교는 가정을 중시하는 종교다. 즉 우리는 날마다 가정에서 그리스도의 가르침을 실천해야 한다. 그러나 현대적인 삶의 방식은 가정을 '소홀하게' 대한다. 심지어 신자들 사이에서도 그렇다. 하지만 하나님은 가정을 대단히 중요하게 여기신다.

오늘날 수많은 사람이 교회에서, 기도회에서, 선교 모임에서 너무나도 훌륭하고 부드러우며 사랑이 흘러넘치는 말을 하지만 과연 그들의 가정생활은 어떤가? 그들이 그러한 모임에서 하는 말을 들으면 너무도 훌륭한 하나님의 성도처럼 생각될 것이다. 또한 그들의 놀라운 말을 듣는 여성들은 '저런 훌륭한 사람과 같이 산다면 얼마나 행복할까!' 하고 부러워할 것이다.

하지만 가정생활은 아주 딴판이다. 가정에 들어서면 교회와 집회에서 했던 말과 행동, 태도는 간데없고 난폭하며 조잡하고 잔인한 말과 행동을 한다. 예를 들어, 그가 아침을 먹으러 식탁에 와 보니 콩 요리가 조금 탔다. 그러자 화를 벌컥 내며 아내에게 소리친다. "도대체 당신은 콩 하나도 제대로 요리할 줄 모르는 거야? 내가 제일 좋은 콩을 사다 줬는데도 항상 콩을 태운단 말이야. 당신이 정 이렇게 한다면 난 호텔로 가서 아침 식사를 할 테야." 그리고 급히 방에서 옷을 입고 나와 호텔 식당으로 간다. 마음이 상할 대로 상한 아내는 그만 주저앉아 흐느껴 울기 시작한다. 그러면서도 왜 하나님이 자신의 기도에 응답하지 않으시는지 모른다. 그 대답은 명백하다. 하나님은 그처럼 난폭하고 사나우며 아내를 사랑하지도, 이해하지도 않는 사람의 기도를 들어주겠다고 약속하신 적이 결코 없다.

실제로 경건하고 믿음이 강하며 사랑 있는 체하는 그리스도인 남편들 중에 가정에서 이렇게 행동하는 사람들이 많다. 그러면서도 하나님이 왜 그들의 기도에 응답하지 않으시는지 모른다.

반면 이런 아내도 있다. 수많은 그리스도인 여성이 교회의 모임이나 다른 가정을 방문했을 때는 6월의 산들바람처럼 부드럽고 상냥하며, 친절하고 사랑이 흘러넘치는 매력적인 여성이 된다. 그러나 집으로 돌아오면 완전히 바뀌어 버린다. 찬바람이 불고 불평하며 투덜거리고 남편의 단점을 끄집어내서 공격하며 아주 이기적인 언행을 거침없이 하면서 계속 짜증을 부린다.

그녀의 남편이 피곤에 지쳐 직장에서 돌아와 저녁 식사를 하려고 할 때 아내가 남편에게 물었다. "여보, 오늘 아침에 내가 부치라고 한 편지는 부쳤어요?" 남편이 깜짝 놀라 주머니 속에 손을 넣어 보니 편지가 그대로 있었다. 남편은 어쩔 줄 몰라하며 "여보, 내가 깜빡 잊어버리고 편지를 부치지 못했구려. 미안하오." 하고 사과했다.

그러자 그녀의 곱던 얼굴이 갑자기 이상해지더니 소리를 질렀다. "그러면 그렇지, 잊어버렸을 거예요. 당신은 원래 항상 잊어버리는 사람이니까요. 당신은 내가 요구한 것을 한 번도 들어준 적이 없어요. 정말 지겨워요." 그리고 나서도 계속 퍼부었다. 결국 남편은 화가 나서 다시 옷을 입고 집을 나가 버렸다. 그러면서도 그녀는 하나님이 왜 자신의 기도에 응답하지 않으시는지 모른다.

남편과 아내여, 하나님이 기도에 응답하시기를 기대한다면 이 복음의 말씀을 가정에 적용하며 항상 서로 사랑하라.

몇 년 전 어느 여성 잡지에 이런 질문이 게재된 것을 본 적 있다. "우리는 얼마나 신혼 시절을 지속해야 하는가?" 내가 그 질문에 무엇이라 답했는지 기억나지는 않지만 이제 담대히 말할 수 있는 것은, 우리가 능력 있는 기도를 하기 원한다면 시간과 세월이 흐르면 흐를수록 우리의 결혼 생활에 사랑과 이해와 용서가 더욱 커져야 한다는 것이다.

남편과 아내여, 능력 있는 기도를 하기 원한다면 먼저 가정생활부터 깊이 살펴보라. 물론 다른 여러 가지 일로 기도가 막히는 경우가 있다. 우리가 그런 문제를 공공연하게 말할 수는 없다. 하지만 얼마나 많은 비극이 결혼이라는 속박 속에서 일어나며 또 그 비극이 그냥 무마되고 있는가?

남편과 아내여, 기도의 능력을 갖기 원한다면 우리의 모든 결혼 생활을 살피고 인도하시는 거룩한 하나님의 눈앞에 나아와 이렇게 기도하라. "하나님 아버지, 저의 결혼 생활에서 하나님이 보시기에 잘못된 것이 있으면 보여 주시옵소서. 그러면 고치겠나이다." 그리고 나서 하나님 앞에서 조용히 기다리며 하나님이 당신의 결혼 생활의 모든 면을 보여 주시도록, 당신이 그분의 말씀과 성령님을 통해 그것을 발견하도록 더욱 기도하라.

그리고 그분이 지적하시면 즉시 고치라. 그때 우리는 하나님께 담대히 나아갈 수 있고 더 이상 기도의 문이 막히지 않을 것이다. 그리고 하나님은 우리가 구한 것을 듣고 응답하실 것이다.

**THE POWER OF PRAYER
AND THE PRAYER OF POWER**

오늘날 교회에서 가장 절실히 필요한 것은 깊고 철저하며 보편적이고 참된 부흥이다.
부흥은 교회와 인간 사회의 유일한 소망이다.
그 위대하고 참된 부흥은 그리스도인의 참된 기도에서부터 일어난다.

THE POWER OF PRAYER AND THE PRAYER OF POWER

4부

기도와 부흥

10

능력 있는 기도와 진정한 부흥

**"그들이 주의 법을 폐하였사오니
지금은 여호와께서 일하실 때니이다"(시 119:126).**

이 장의 주제는 능력 있는 기도와 진정한 부흥이다. 다섯 개의 성경 구절로 이 주제를 설명하고자 한다. 이 구절들을 주의 깊게 읽어 보라.

"그들이 주의 법을 폐하였사오니 지금은 여호와께서 일하실 때니이다"(시 119:126).

"주께서 우리를 다시 살리사 주의 백성이 주를 기뻐하도록 하지 아니하시겠나이까"(시 85:6).

"마음을 같이하여 오로지 기도에 힘쓰더라……오순절 날이 이미 이르매 그들이 다같이 한 곳에 모였더니 홀연히 하늘로부터 급하고 강한 바람 같은 소리가 있어 그들이 앉은 온 집에 가득하며 마치 불의 혀처럼 갈라지는 것들이 그들에게 보여 각 사람 위에 하나씩 임하여 있더니 그들이 다 성령의 충만함을 받고 성령이 말하게 하심을 따라 다른 언어들로 말하기를 시작하니라……그 말을 받은 사람들은 세례를 받으매 이 날에 신도의 수가 삼천이나 더하더라 그들이 사도의 가르침을 받아 서로 교제하고 떡을 떼며 오로지 기도하기를 힘쓰니라"(행 1:14, 2:1-4, 41-42).

"또 내게 이르시되 인자야 너는 생기를 향하여 대언하라 생기에게 대언하여 이르기를 주 여호와께서 이같이 말씀하시기를 생기야 사방에서부터 와서 이 죽음을 당한 자에게 불어서 살아나게 하라 하셨다 하라 이에 내가 그 명령대로 대언하였더니 생기가 그들에게 들어가매 그들이 곧 살아나서 일어나 서는데 극히 큰 군대더라"(겔 37:9-10).

"너희가 악할지라도 좋은 것을 자식에게 줄 줄 알거든 하물며 너희 하늘 아버지께서 구하는 자에게 성령을 주시지 않겠느냐"(눅 11:13).

오늘날 교회에서 가장 절실히 필요한 것은 깊고 철저하며 보편적이고 참된 부흥이다. 이런 부흥은 경제계에서도 가장 절실히 필요하고, 인간 사회에서도 가장 절실히 필요하다. 국가나 정부, 국제 관계, 선교 사역에도 가장 절실히 필요하다. 우리는 현재 사업, 정치, 국제 관계, 교육, 교회 등 삶의 모든 영역에서 심각한 문제를 안고 있으며, 인류 역사상 위험한 시대를 아슬아슬하게 살아가고 있다.

그러나 하나님은 인류 역사에 인간의 모습으로 오셔서 그분의 뜻을 알리시고 이 땅에 교회를 탄생시키셨다.

오늘날 교회의 유일한 소망은 위대한 부흥이다. 그리고 이것이 인간 사회의 유일한 소망이다. 우리는 러시아만이 아니라 문명 세계 전체에 걸쳐 위대한 부흥이, 혁명이 필요하다. 위대한 부흥이란 하나님의 생명이 교회에, 그리고 교회를 통해 인간 사회 전체에 점점 더 확장되는 것이다. (특히 볼셰비즘이 교회와 국가, 학교, 가정 모든 곳에 침투한 이래 혼란과 암흑, 세계적인 분열과 피폐와 파괴가 계속되고 있다.)

물론 성경을 아는 우리는, 하나님 나라가 임하며 하나님의 뜻이 하늘에서 이루어진 것같이 땅에서도 이루어질 때(마 6:10), 물이 바다 덮음 같이 여호와를 아는 지식이 이 땅에 가득할 때(사 11:9), 하늘에서처럼 이 땅에서도 의로운 통치가 만국에 영원히 임하는 최후의 부흥이 일어날 것을 잘 안다. 최후의 부흥은 오직 우리 주 예수 그리스도께서 이 땅에 다시 오셔서 그분의 통치권을 취하실 때 일어난다.

그러나 예수 그리스도의 재림 시기는 우리가 알 수 없다. 그때는 오직 하나님만이 아신다(행 1:7). 우리는 다만 예수님이 다시 오시기를 갈망하며(계 22:20), 간절하게 끝까지 기다려야 한다(벧후 3:12). 그렇다고 앉아서 세상이 되어가는 일을 방관하거나, 점점 악해지는 세상을 오히려 더 기뻐하거나, 우리가 얼마나 행복한 사람들인가를 축하해야 한다는 말이 아니다.

주님은 이 땅에 가장 영광스러운 부흥을 주기 위해 조속히 오기를 바라신다. 하지만 주님이 곧 오시기 때문에 부흥이 필요 없다는 생각은 틀렸다. 주님이 이 땅에 오시기 전에도 참된 부흥은 반드시 필요하다.

만일 존 웨슬리가 영적으로, 신학적으로 암흑 상태인 그 시대에 주님이 곧 오시니 부흥은 필요 없다고 생각하며 아무런 부흥을 일으키지 않았다면 국가와 교회, 인간 사회에는 무슨 일이 일어났겠는가? 만일 루터(Martin Luther)나 존 녹스나 조너선 에드워즈나 찰스 피니가 그런 생각을 가지고 아무런 부흥을 일으키지 않았다면 그 당시와 지금의 교회와 국가, 사회가 과연 어떻게 되었겠는가?

주님이 속히 오시든지 혹은 늦게 오시든지 간에 우리는 부흥이 절대적으로 필요하다. 그분이 올해 안에 오셔서 우리가 참된 부흥을 위해 최선을 다하는 모습을 보시면 이렇게 말씀하실 것이다. "잘하였도다 착하고 충성된 종아 네가 적은 일에 충성하였으매 내가 많은 것을 네게 맡기리니 네 주인의 즐거움에 참여할지어다"(마 25:21). 그리고 이와 같이 복주실 것이다. "주인이 올 때에 그 종이 이렇게 하는 것을 보면 그 종이 복이 있으리로다"(마 24:46).

반면 예수님이 올해 안에 오셔서 우리가 그분의 재림에 대한 영광스러운 진리를 나태하게 앉아 묵상하며, 자신이 다른 사람과 같지 않음을 자축하는 모습을 보신다면, 예수님은 우리를 엄히 때리고 외식하는 자가 받는 벌을 주실 것이고, 우리는 슬피 울며 이를 갈게 될 것이다(마 24:50-51).

그러므로 나의 첫 번째 기도는 "아멘 주 예수여 오시옵소서"(계 22:20)다. 그러나 내 기도가 얼마나 속히 이루어질지는 전혀 모른다. 때와 기한은 하나님이 자기의 권한에 두셨기 때문이다(행 1:7). 내가 점점 더 간절히 구하는 두 번째 기도는 "주여, 부흥을 주시옵소서. 그리고 그 부흥이 내게서부터 일어나게 하옵소서."다.

나는 이제 세 가지 주제를 가지고 말하려고 한다.

첫째, 진정한 부흥이란 무엇인가? 그 부흥의 결과는 어떤 것인가?

둘째, 부흥은 왜 필요한가?

셋째, 부흥에서 기도는 얼마나 중요한가?

진정한 부흥이란 무엇인가?

먼저 진정한 부흥이란 무엇이며, 그 부흥의 결과는 어떤 것인가를 숙고해 보자.

1. 진정한 부흥은 생명이 소생하고 전파되는 것이다

'부흥'이라는 낱말을 어원적으로 조사하고 히브리어를 살펴보면, 시편 85편 6절에 나와 있듯이 '우리를 다시 살리는 것'을 의미한다. RV성경은 "우리를 소생시키소서", 즉 "우리에게 다시 생명을 부어 주옵소서"라고 번역했다. 하나님만이 우리에게 생명을 부어 주실 수 있다. 진정한 부흥은 하나님이 성령님의 능력으로 백성에게 임하셔서 새로운 생명을 주시고, 그들을 통해 죄와 허물로 죽어 있는 죄인들에게 그 생명을 전하는 것이다.

우리는 종종 직업적인 부흥사나 자칭 복음 전도자의 교활한 방법과 최면술로 인해 종교적 흥분 상태에 빠져 버린다. 하지만 종교적 흥분 상태나 황홀감은 부흥이 아니다. 그런 것은 복이 아니라 저주다. 그들은 부흥을 가장해 마귀의 흉내를 낸다.

'하나님으로부터 오는 새로운 생명', 바로 그것이 부흥이다. 하나님으로부터 오는 새로운 생명의 부흥은 특정 지역에 국한되지 않고 그 생명을 받은 사람들을 통해 전 세계에, 전 지구상에 전달된다.

보편적이고도 전반적인 부흥이 필요한 이유는 지구상에 사는 모든 인간이 영적 죽음과 멸망의 상태에 빠져 있기 때문이다. 그것은 어느 특별한 국가나 사회, 교회, 개인에 제한되지 않는다. 우리는 국내 선교나 해외 선교를 통해 전 세계에 퍼져 있는 죄악의 그림자를 볼 수 있다. 물론 부흥은 지역적으로도 일어날 수 있다. 그래서 생명을 부어 주시는 성령님이 이 사역자와 저 사역자, 이 교회와 저 교회, 이 사회와 저 사회에 각각 생명을 불어넣고 계신다. 그러나 우리가 진정으로 바라는 부흥은 전 세계적인 부흥이다.

2. 진정한 부흥이 무엇인지 더 확실히 알기 위해서는 부흥의 결과를 살펴보아야 한다

1) 복음을 전하는 사역자

첫째, 부흥의 기간에 사역자는 영혼에 대한 새로운 사랑을 갖게 된다. 사역자들은 예수님이나 사도들만큼 우리의 영혼을 사랑하지는 못한다. 그러나 하나님이 이들의 마음에 새로운 생명을 부어 주시면 그들의 마음이 영혼을 사랑하는 마음으로 충만해진다. 그들은 영혼 구원을 위해 큰 기대를 가지고 나선다. 위대한 설교를 하려는 야망과 명성, 인기를 얻으려는 욕망을 잊어버리고 오직 한 가지 일, 오직 한 가지 소망을 위해 나아간다. 그들에게는 사람들을 그리스도께 인도하여 구원받게 하려는 유일한 목적만 있을 뿐이다.

둘째, 진정한 부흥이 올 때 사역자들은 하나님의 말씀에 대한 새로운 애정과 믿음을 갖게 된다. 또한 성경과 신앙에 대한 의심과 비판을 완전히 버리고 온전히 성경과 복음만을 전하며, 오직 그리스도의 십자가 죽음과 영광스러운 부활을 전하게 된다. 부흥은 사역자들이 복음의 진리를 확고하게 하며 그것을 어떤 상황에서도 고수하게 만든다. 사람들의 영혼을 휩쓸어 버리는 참된 부흥은 사역자뿐만 아니라 신학교 교수들에게도 미쳐, 그들이 올바른 교리를 학생에게 가르치게 한다. 수많은 이단 교리가 교회와 신학교에 깊이 스며든 상황에서 부흥은 꼭 필요하다.

셋째, 부흥은 사역자들에게 새로운 자유와 기쁨, 설교의 능력을 가져온다. 한 편의 설교를 준비하는 일이 더는 일주일 동안의 고역이 아니다. 설교가 준비된 후에, 그것을 설교할 때도 필요 이상으로 신경 쓰지 않아도 된다. 설교는 그들에게 크나큰 기쁨과 신선함을 가져다주며, 그들은 거대한 능력을 수반하게 된다. 이전에는 그토록 설교가 부담되었지만 진정한 부흥을 맛보면 그 설교 사역이야말로 너무나 큰 복이 된다.

2) 평신도 그리스도인

평신도 그리스도인에게 나타나는 부흥의 결과도 사역자들에게 나타나는 결과와 비슷하다.

첫째, 그리스도인들이 참된 부흥을 체험하게 되면 세상에서 벗어나 구별된 생활을 하게 된다. 세상에 빠져 도박을 하고, 클럽에 가서 춤을 추며, 세상의 오락을 즐기던 사람들이 모든 것을 완전히 포기하고 성결한 그리스도인의 삶을 살아가게 된다. 그들은 생명과 빛에 부합하지 않는 일을 완전히 버리고 새로운 영적 비전을 갖게 된다.

둘째, 그리스도인들은 참된 부흥으로 새로운 기도의 영을 받는다. 그리스도인에게 기도회는 더 이상 단순한 의무가 아니다. 오히려 영적으로 굶주리고 갈망하는 마음을 충족시키기 위한 은혜의 모임이다. 그렇게 지겹던 개인 기도에 새로운 열정이 피어나고, 하나님께 간절히 기도하는 소리가 밤낮으로 들려올 것이다. 사람들은 "하나님이 기도에 응답하시더냐?"라고 더는 묻지 않을 것이다. 그리스도인들은 하나님이 항상 응답하심을 확신하며, 날마다 은혜의 보좌 앞에 나아가게 된다.

셋째, 참된 부흥을 체험한 그리스도인들은 잃어버린 영혼을 위해 일하게 된다. 그들은 단순히 자신이 즐기고 복받기 위해 집회에 나가는 것이 아니라, 오직 영혼들을 살펴 그리스도께 인도하기 위해 그곳에 나가게 된다. 그들은 거리에서나 상점에서나 가정에서나 어디서든지 그리스도의 십자가와 구원, 천국과 지옥에 대해 이야기하며 복음을 전하게 된다. 모든 대화의 주제는 오직 그리스도뿐이다. 정치나 날씨, 부활절 모자나 최신 소설에 더 이상 관심을 갖지 않는다. 그들의 머릿속에는 하나님의 일만 가득 차 있다.

넷째, 진정한 부흥을 체험한 그리스도인은 예수님 안에서 새로운 기쁨을 얻는다(요 15:11; 행 2:46). 그들은 인생이 항상 즐겁다. 새로운 생명이 곧 그들의 새로운 기쁨이 된다. 그들은 마치 지상에서 천국을 맞이하며, 그 천국에서 살고 있는 듯한 기쁨과 즐거움을 누리게 된다(신 11:21).

다섯째, 참된 부흥은 그리스도인들에게 하나님의 말씀에 애정을 갖게 한다. 그들은 날마다 하나님의 말씀을 공부하기 원한다. 진정한 부흥이 일어나면 술집이나 클럽이 문을 닫게 되는 반면, 성경을 파는 서점은 말할 수 없이 바빠진다.

3) 믿음이 없는 세상

진정한 부흥은 특히 믿음이 없는 세상에 아주 결정적 영향을 끼친다.

첫째, 진정한 부흥은 죄에 대한 깊은 도전과 책망을 가져온다. 주님은 성령님이 오실 때 그분이 "죄에 대하여 세상을 책망하시리라"고 말씀하셨다(요 16:7-8). 우리는 성령님이 이 땅에 오심으로 부흥이 일어났다는 사실을 안다. 그러므로 성령님으로 말미암은 부흥은 항상 죄에 대한 책망이 있어야 한다. 부흥이 일어났다면서 죄에 대한 도전과 책망이 없으면 그것은 참된 부흥이 아니라 위조된 부흥이다. '죄에 대한 강한 도전과 책망', 이것이야말로 참된 부흥의 상징이다.

둘째, 진정한 부흥은 회심과 중생을 가져온다. 하나님은 자신의 백성을 새롭게 하실 때 늘 죄인들로 하여금 회개하게 하신다. 오순절의 첫 번째 결과는 마가의 다락방에서 120명의 제자에게 새 생명과 능력이 주어진 것이다. 두 번째 결과는 단 하루에 3,000명이 회개하고 구원받은 것이다. 이런 구원과 중생의 역사는 부흥이 일어날 때마다 늘 일어났다.

나는 역사상 부흥이 크게 일어났던 때의 결과를 여기저기에서 많이 읽었는데, 죄인들이 참으로 회개하고 구원받았다는 기록은 거의 없었다. 나는 그런 부흥에 대해서 의구심을 가지고 있다. 그리스도인들이 부흥의 역사로 새롭게 되었다면, 기도와 간증, 설교와 개인 생활을 통해 구원받지 못한 영혼을 주께 데려와 구원받게 할 것이다.

참된 부흥에는 진정한 회개와 거듭난 삶이 필연적으로 있을 것이며 또 있어야 한다. 그들은 참으로 완전히 변화된 놀라운 삶을 살아간다. 불신자가 예수 그리스도 안에서 신실한 그리스도인이 되고, 술을 좋아하던 이가 술을 끊고, 형편없는 삶을 살던 사람이 변화된 삶을 살고,

도둑질하는 사람이 정직하고 근면한 생활을 하고, 게으른 사람이 아주 부지런히 일을 하게 된다.

진정한 부흥은 항상 이미 그리스도인이 된 사람들의 마음속에서부터 시작된다. 그것은 끝이 없다. 그들은 구원받지 않은 영혼을 향해 나아가 항상 역사를 일으킨다. 거기에는 분명한 구원의 역사가 일어난다.

부흥은 왜 필요한가?

오늘날 부흥의 필요성에 대해 생각해 보자. 이제까지 우리는 부흥이 무엇이며, 부흥은 어떤 결과가 나타나는가에 대해 이야기했다. 이는 왜 부흥이 필요한지 제시해 준다. 그러나 나는 먼저 부흥의 필요성을 역설하는 오늘날의 특이한 상태를 말하고자 한다. 이 상태를 관찰하다 보면 현실을 매우 비관적으로 보게 되고 비관주의자가 될지도 모른다. 나도 이런 위기 상태를 바라보고 있노라면 비관주의자가 될 수밖에 없다. 이 암담한 상태를 주시할 때마다 너무도 실망스럽다.

하지만 나는 비극적인 상태에도 불구하고 우리의 현실을 그리스도 안에서 낙관하게 된다. 그렇다고 맹목적으로 낙관하는 것은 아니다. 나는 마치 대낮처럼 환히 보이는 상태에 눈을 감아 버리는 그런 사람이 아니다. 진정한 낙관주의자는 비관 속에서도 옳고 그름, 진리와 비진리, 의와 불의, 죽음과 생명을 분간한다. 그래서 이 모든 문제에 대한 해답을 성경에서 찾는다. 나는 항상 낙관주의자. 우리가 심각한 현실을 똑바로 지적한다면 더 나은 상태로 나아갈 것이다.

1. 사역자

1) 정통 신앙을 고수하는 수많은 사역자가 실제로는 무신론자다.

이렇게 말하면 너무 지나친 표현이라고 말할지 모르지만 이것은 속일 수 없는 분명한 사실이다. 토머스 페인(Thomas Paine)이나 밥 잉거솔(Robert G. Ingersoll)의 학설은 본질적으로 다를 바 없다. 그들의 영향을 받은 몇몇 신학교 교수들도 다를 바가 없다. 토머스 페인이나 밥 잉거솔은 자신의 주장을 분명히 했지만 오늘날 그들의 영향을 받은 신학교 교수들은 분명하지도 솔직하지도 않다. 그들은 자신의 가르침을 매우 완곡하고 장엄하며 우아하게 표현한다. 결국 그들의 가르침은 더욱 비참한 결과를 산출하고 만다. 오늘날 소위 '새로운 학문', '고등 비평', '현대주의'라고 불리는 많은 학문은 경건을 가장한 토머스 페인의 불신의 교훈이다.

하워드 오스굿(Howard Osgood) 교수는 한때 상당히 경건하고 복음주의적인 태도로 주장을 폈다. 그러나 오늘날 현대주의 신학자들과 본질적으로 다를 바 없는 당시 현대주의자들의 영향을 받아 성경에 대해 고등 비평을 하고 복음주의자들을 논박하기 시작했다. 하지만 성령님의 역사로 자기가 너무도 큰 오류를 범하고 있다는 사실을 깨닫고 고등 비평의 노선과 견해를 지지하는 사람들에게 복음의 폭탄을 떨어뜨렸다. 그는 토머스 페인의 『이성의 시대』라는 책을 공박하며 진리를 위해 투쟁했다.

소위 고등 비평이나 현대 신학이나 자유주의 신학에는 별로 새로운 것이 없다. 미래의 사역자가 될 사람들이 종종 자유주의 사상을 가진 신학교 교수나 목회자에게 교육을 받는다. 아직 성숙하지 못한 학생들이기 때문에 그들의 영향을 받고 교회에 들어가 성도를 미혹하고 혼란에 빠뜨리며 그리스도인의 경건한 믿음을 타락시킨다.

2) 복음의 진리를 수호한다고 해도 기도의 사람이 아니다.

그들이 아무리 복음적 교리에 눈이 밝다 해도 수많은 목회자나 사역자가 '기도의 고난'이 무엇인지 몸으로 체험하거나 깨닫지 못했다(롬 15:30). 그들은 교리에는 정통할지 모르지만 '기도의 능력'은 모른다.

3) 영혼에 대한 뜨거운 사랑이 없다.

오늘날에는 영혼을 온 마음으로 사랑하며 설교하는 사역자가 얼마나 되는가? 그들은 복음이 빠져 버린 무기력한 설교만 하고 있다. 사회 문제, 정치 문제, 경제 문제보다도 중요한 것이 영혼 문제다. 영혼이 계속 죽어가는데도 사회 문제, 정치 문제만 이야기해야겠는가? 오늘날 과연 얼마나 많은 사역자가 사도 바울과 같은 심정으로 복음을 전하고 있는지 다시 한번 생각해 보라(고후 5:20; 행 20:31).

이런 사역자들을 위해 참된 부흥은 꼭 와야 한다. 사역자들에게 영혼을 구원받게 하고 그들을 말씀으로 양육하는 일보다 더 중요한 일이 무엇인가? 이 중대한 사명을 지키지 않고 복음에서 탈선한 설교나 교육, 행위를 할 때에는 하나님의 무서운 심판이 있을 것이다(롬 14:12).

2. 교회

1) 교회와 잘못된 교리

오늘날 교회는 잘못된 교리로 점점 더 악화되고 있다. 수많은 교인이 성경을 온전히 믿지 않는다. 너무나 많은 사람이 창세기를 하나의 신화로 믿고, 요나서를 하나의 우화적 사건으로 여기며, 하나님의 아들에 의해 일어난 기적에 대해서도 의심을 품는다.

최근 미국 장로교 해외 선교부 위원이며 가장 훌륭한 장로교 목회자가 어떤 인기 있고 유명한 잡지에 성경의 근본 진리를 부인하는 글을 썼다. 그는 기도에 관한 교리나 교훈이 낡은 시대의 유물이라고 말하며, 성령님의 역사를 우습게 여겼다. 또한 회심과 중생이 필요하지 않으며, 지옥은 더 이상 존재하지 않는다고 공언했다.

여기서 잠시, 진리를 왜곡하고 교리적 혼란을 일으키며 복음에서 떠나 일시적인 신학 사조와 수많은 오류를 범한 집단을 보자. 이들은 크리스천 사이언스, 유니테리언, 강신술, 만인 구원설, 접신술, 심령학자들이다. 이들은 완전한 '마귀의 교리'로 지옥을 만들고 있다.

2) 교회의 영적 상태

첫째, 교회 안에는 세속주의가 판을 치고 세속주의 그리스도인들이 군림하고 있다. 교회와 교인들이 부귀를 위해 갖은 세속적 수단과 방법을 다 동원하여 부지런히 뛰고 있다. 그들은 한번 부귀를 잡으면 온갖 불의한 방법으로 고수한다.

둘째, 대부분의 교인이 기도하지 않는다. 미국에서 교인 열 사람 중 한 사람만이 정기적으로 기도회에 참석하고, 일반 교인들은 대체로 개인 기도를 거의 하지 않는다. 오늘날 미국의 평신도 그리스도인은 하루 평균 5분도 개인 기도를 하지 않는다고 한다. 물론 그것이 사실인지 아닌지는 모르지만 우리가 생각하는 것보다 훨씬 더 많은 사람이 기도하지 않는다는 것은 분명한 사실이다.

셋째, 하나님의 말씀을 소홀히 하면 기도도 소홀히 하게 된다. 오늘날 수많은 그리스도인은 하루에 말씀을 읽고 기도하는 시간보다 일간 신문이나 잡지를 읽으며 보내는 시간이 더 많다. 하루에 적어도 한 시간씩 성경 공부를 하는 그리스도인이 과연 얼마나 되는가? 그들이 말씀을 읽지 않는 것은 기도하지 않기 때문이고, 기도하지 않는 것은 말씀을 정기적으로 읽지 않기 때문이다.

넷째, 교인들이 하나님의 말씀을 읽지 않고 기도를 태만히 할 뿐만 아니라 헌금도 하지 않는다. 오늘날의 교회는 교인의 수나 재정 면에서는 급속도로 성장하고 있다. 그러나 선교부의 재정은 텅 비어 있다. 복음적인 교회의 교인도 해외 선교를 위해 헌금하라고 하면 1년에 겨우 몇 달러를 낼까 말까 하는 실정이다. 이것은 너무나도 심각한 문제며 무서운 현상이다.

다섯째, '주일'이 갈수록 세속화된다. '주일'이 '거룩한 날'이 아니라 '즐거운 날'이 되어 간다. 교인들은 주일에 모여 세상 돌아가는 이야기와 더러운 소문을 발설하고, 남을 비방하며, 음담패설을 마구 지껄인다. 거룩하게 예배를 드리기보다 추악한 농담과 쾌락을 즐긴다. 또한 주일 학교 시간 혹은 예배 시간에 복음에 대해 이야기하거나 설교하지 않고 그들끼리만 즐긴다.

여섯째, 교인들이 세상과 혼합되어 여러 형태의 쾌락을 추구한다. 곳곳에서 젊은 남녀 그리스도인들이 각종 도박 행위를 하고, 서로 음란한 말과 행동을 거침없이 한다. 그리고 경건하고 거룩한 청교도적 사상과 생활을 낡은 시대의 유물이라고 팽개쳐 버린다.

당신의 교회는 교인들 가운데 과연 얼마나 많은 그리스도인이 예수 그리스도와 교제하며 영혼들을 위한 짐을 지고 있는가?

3. 세상

1) 무엇보다도 회개하고 구원받는 사람이 너무나 적다.

오늘날 많은 교회가 올해 들어온 교인보다 작년에 잃어버린 교인이 더 많다. 물론 여기저기에 큰 교회가 우뚝우뚝 서 교인들이 상당히 증가했지만 진실로 철저하게 회개하고 구원받는 숫자가 극히 적다는 사실은 부인할 수 없다.

2) 죄에 대한 깊은 도전이 없다.

진정 예수 그리스도의 발밑에 엎드려 겸손하게 자기의 죄를 자백하고 회개하는 역사가 좀처럼 일어나지 않는다. 많은 사람이 죄를 그저 실수나 불행으로 생각한다. 거룩하신 하나님 앞에서 크게 잘못하고 실수했으며 죄를 범했다고 자백하는 사람은 드물다. 그들은 죄에 대해서, 양심에 대해서 무뎌졌다.

3) 불신이 널리 퍼졌다.

많은 사람이 성경과 인격적인 하나님, 내세에 대한 소망을 거부하는 것이 지적 우월성의 표시라고 생각한다. 그들은 불신에 대해 큰 긍지를 갖고 있다. 왜냐하면 불신이 지적으로 더 우월하다고 생각하기 때문이다. 불신은 현대의 특징 중 하나다.

4) 대대적인 불신과 부도덕은 가장 밀접한 관계를 유지한다.

불신과 부도덕, 이 둘은 샴쌍둥이와 같다. 둘은 항상 함께하고 함께 자라며 함께 살찐다. 이 무서운 부도덕은 언제 어디서나 발견된다.

이혼에 대해 먼저 살펴보자. 오늘날 미국에서 결혼은 그 가치와 의미가 변질되고 타락했다. 한 남자가 한 여성과 결혼을 한다. 그리고 이혼한 뒤 또 다른 여성과 결혼한다. 여러 번 이혼한 것을 무슨 큰 자랑이나 된 것처럼 큰소리치고 다닌다. 미국의 경우 다른 남자의 아내와 사는 남자들이 수천 명은 될 것이라고 추정된다. 그리고 수천 명의 여자들이 다른 여자의 남편과 동거하고 있다. 이 같은 현상은 미국뿐만 아니라 세계 곳곳에서 일어나고 있다.

이 부도덕의 증가는 영화계에서도 볼 수 있다. 영화의 대부분은 음란과 사치와 호기심과 온갖 추악한 장면을 영상화시켜 관중을 타락시키고 있다. 또한 그런 것이 신문과 잡지에 게재되어 더욱 사람들을 부패시키고 있고, 더구나 순진한 자녀들까지도 그것을 읽고 있다.

오늘날의 문학도 썩어 버렸다. 외설 문학에 대한 출판을 금지하는 법령이 내려졌는데도 계속 부패한 내용을 담은 소설과 책들이 쏟아져 나와 사람들에 의해 읽힌다. 더욱 놀라운 사실은 인격적으로, 신앙적으로 아주 훌륭한 사람들도 그런 외설 문학을 탐독하고 있다는 것이다. 그들은 유행에 아주 민감한 사람들이다.

무엇보다 특히, 돈에 대한 탐욕으로 부자나 가난한 사람이나 할 것 없이 다 미쳐 버렸다. 억만장자가 되려고 친구를 짓밟아 버리고 자기 것을 지키기 위해 영혼과 인격도 다 팔아먹었다. 노동자들은 단결력을 과시하고 임금을 올리기 위해 종종 살인을 한다. 전쟁은 계속 일어나고 사람들은 개처럼 죽어 나가며 사악하고 부도덕한 정치꾼들이 정치적 명성을 얻기 위해, 인간 상호간의 유대 관계를 증진시키기 위해 수많은 사람을 희생시킨다.

난폭하고 믿을 수 없을 정도로 방탕하고 음탕한 사건들이 꼬리를 물고 일어난다. 당신은 그것을 신문, 게시판, 광고에서 본다. 밤거리와 교회의 입구에서 본다. 당신은 그런 일들을 대도시 변두리의 빈민촌이나 사람이 붐비는 호텔, 아파트, 가정집, 주택가에서도 볼 수 있다.

우리는 여기저기에서 비참하고 비극적인 위기를 본다. 가정은 파괴되었고, 마음이 상할 대로 상한 많은 부부와 자녀의 한숨 소리와 외치는 소리, 아파 신음하는 소리를 듣고 있노라면 차라리 귀를 막아 버리고 싶다. 오늘날 우리 시대의 도덕적 상태는 너무도 구역질이 나며, 몸서리칠 정도로 무서우며, 극도의 타락과 부패와 악독으로 가득 차 있다.

우리는 성령님의 능력 안에서 대대적이고 참된 부흥이 필요하다. 참된 부흥이 아니면 교회와 가정과 국가의 파멸, 둘 중 하나다. 하나님으로부터 오는 새로운 생명과 부흥, 이것만이 밀려오는 부도덕과 불신의 거대한 홍수를 막아내는 유일한 방법이다. 이것은 논쟁해서 될 것이 아니다. 오직 하늘로부터 오는 거대한 영적 바람, 성령님의 물 붓듯이 쏟아지는 새로운 능력, 하나님이 보내신 진정한 부흥만이 할 수 있다.

불신 사상, 고등 비평, 자유주의, 현대주의, 크리스천 사이언스, 만인 구원설, 강신술, 접신술, 이런 것들은 쏟아지는 성령님의 능력에 의해 완전히 추방당하게 된다. 이것은 토의나 토론이나 이성으로 되는 것이 아니다. 오직 성령님의 능력만이 토머스 페인이나 볼테르(Voltaire)나 볼네(Volney) 등 다른 타락한 불신 사상을 제거해 버린다.

우리는 오늘날 파괴적 비평주의자를 제거하기 위해, 우리의 대학과 복음주의적 교회의 강단을 지키기 위해, 그 앵무새들을 영원히 말살하기 위해 하나님으로부터 오는 위대한 부흥이 필요하다.

부흥에서 기도는 얼마나 중요한가?

이제 부흥에 있어 기도의 중요성이라는 제목까지 왔다. 이것은 내가 말한 것 중 가장 중요한 부분이고, 이제까지 말한 모든 것은 이 부분을 위한 준비였다. 바로 이 주제에 초점을 맞추려고 한다.

이미 말했듯이 오늘날 가장 절실히 필요한 것은 대대적인 부흥이다. 여기에는 각 개인의 견해 차이가 있을 수 없다. 이 필요성은 너무도 분명한 사실이다. 그러면 부흥을 일으키기 위해서는 어떻게 해야 하는가? 기도해야 한다. 시편 기자는 이렇게 기도했다. "우리를 다시 살리사 주의 백성이 주를 기뻐하도록 하지 아니하시겠나이까"(시 85:6). 또한 에스겔 선지자의 기도를 들어 보자. "생기야 사방에서부터 와서 이 죽음을 당한 자에게 불어서 살아나게 하라"(겔 37:9).

기독교 역사상 최초의 위대한 부흥은 열흘 동안의 기도회 가운데 일어났다. 우리는 소수의 제자들의 행적을 성경에서 읽을 수 있다. "마음을 같이하여 오로지 기도에 힘쓰더라"(행 1:14). 그 기도회의 결과는 다음 장에 나온다. "그들이 다 성령의 충만함을 받고 성령이 말하게 하심을 따라 다른 언어들로 말하기를 시작하니라"(행 2:4). 또한 같은 장에서도 볼 수 있다. "그들이 사도의 가르침을 받아 서로 교제하고 떡을 떼며 오로지 기도하기를 힘쓰니라"(행 2:42). 이 결과와 함께 제자가 3,000명이나 더해졌다고 기록되었다. 주님께서 구원받는 사람을 날마다 더하게 하셨다(행 2:41, 47).

우리는 몇 장 뒤에서 그 결과를 본다.

"빌기를 다하매 모인 곳이 진동하더니 무리가 다 성령이 충만하여 담대히 하나님의 말씀을 전하니라 믿는 무리가 한마음과 한뜻이 되어 모든 물건을 서로 통용하고 자기 재물을 조금이라도 자기 것이라 하는 이가 하나도 없더라 사도들이 큰 권능으로 주 예수의 부활을 증언하니 무리가 큰 은혜를 받아 그 중에 가난한 사람이 없으니 이는 밭과 집 있는 자는 팔아 그 판 것의 값을 가져다가 사도들의 발 앞에 두매 그들이 각 사람의 필요를 따라 나누어 줌이라"(행 4:31-35).

그날로부터 모든 참된 부흥은 진정한 그리스도인들의 기도에서 왔다. 18세기 조너선 에드워즈의 '대각성 운동'은 그의 유명한 기도의 소명에서 시작되었고 능력의 기도로 전개되었다. 조너선 에드워즈에 대해서는 이렇게 기록되었다. "그가 너무도 애써 기도한 나머지 무릎을 꿇고 기도한 자리가 움푹 파여 있었다."

또한 조너선 에드워즈의 사위인 데이비드 브레이너드는 1743년 북미 인디언들에게 복음을 전하기 위해 밤낮을 가리지 않고 여러 날을 하나님께 기도했다. 그러자 위로부터 놀라운 능력이 임하여 그를 완전히 사로잡았고, 그는 그 능력을 통해 놀라운 사역을 감당했다.

그러나 우리는 이보다 앞선 역사에서 부흥은 항상 기도의 결과로 주어진다는 증거를 찾을 수 있다. 그것은 바로 17세기 초반에 아일랜드의 얼스터에서 일어난 위대한 신앙 각성 운동이다.

영국 왕실에 몰수된 반란 지도자들의 땅이 대부분 거친 모험 정신을 가진 식민지 개척자들에게 돌아갔다. 그들 중에 진정한 신앙을 가진 사람은 드물었다. 그런데 스코틀랜드와 영국에서 각각 다섯 명과 두 명의 목사가 그 나라에 가서 정착했다.

그 일곱 사람 중 블레어(Blair)라는 유명한 하나님의 사람이 있었다. 당대의 어떤 사람은 그에 대해 이렇게 기록했다. "그는 여러 날을 밤낮으로 기도하면서 보냈다. 그는 홀로 기도할 때도 있었지만 다른 그리스도인과도 기도하면서 보냈다. 그는 하나님과 가장 친밀한 사이가 되었다."

제임스 글렌데닝(James Glendenning)도 천성적으로 몸이 약한 사람이었지만 역시 기도의 사람이었다. 얼스터 부흥 운동은 기도의 사람 글렌데닝 밑에서 시작되었다. 한 역사가는 그에 대해 이렇게 말했다. "그는 결코 사역자로 뽑힐 만한 사람이 아니었고, 이 땅에 개혁을 수행하기 위해 보냄을 받을 만한 사람이 아니었다. 그러나 하나님은 그를 선택해 놀라운 사역을 시작하게 하셨고, 그 패역한 땅에 거룩한 백성을 세우셔서 그분의 영광을 나타내셨다. 그것은 정말 힘도, 능력도, 사람의 지혜도 아닌 하나님의 영으로만 될 수 있었다."

제임스 글렌데닝이 올드스톤에서 설교하자 수많은 사람이 큰 도전을 받았고 놀라운 역사가 일어났다. 그들은 자신이 잃어버린 바 되었고, 하나님의 저주 아래 있다는 사실을 깨달아 "형제들이여, 우리가 어떻게 해야 구원받을 수 있습니까?" 하고 부르짖었다.

그들은 하나님의 말씀으로 말미암아 쓰러지고 말았다. 하루에 열두 명이 말씀에 의해 쓰러져 그 집회 장소에서 실려 나왔다. 그들은 연약한 부류가 아니었다. 칼로 모든 시장을 난장판으로 만들어 놓은 아주 잔인하고 난폭한 남자들이었다. 그러나 강력한 하나님의 말씀 앞에 거꾸러져 쓰러지고 말았다.

어느 역사가의 기록에 따르면, 졸도한 이들 중 한 사람은 이렇게 간증했다고 한다. "저는 동료들과 함께 그 집회 장소에 가서 어떻게 그곳을 아수라장으로 만들어 버릴까 모의했습니다. 그리고 그곳에 들어갔을 때 하나님의 말씀이 저를 완전히 깨뜨려 버렸습니다."

그 부흥은 아일랜드 온 지역에 퍼져 나갔다. 1626년까지 기도회가 매달 앤트림에서 열렸다. 그 부흥은 앤트림과 다운을 넘어 이웃 나라의 교회에까지 퍼져 나갔다. 수많은 사람이 이 역사에 빠져 버린 나머지 50마일 혹은 60마일을 달려와 집회에 참석했다. 또한 그들은 돌아갈 때까지 잠도 자지 않고 지칠 줄 모르고 기도하며 말씀을 듣고 교제했다. 그중에서도 많은 사람이 먹지도 않고 물도 마시지 않았다.

어떤 사람은 그런 상황에서도 오히려 더 생기가 넘치고 원기가 왕성해졌으며, 그들의 영혼은 하나님의 임재하심으로 충만해졌다. 이 위대한 부흥은 북아일랜드 사람들을 완전히 변화시키고 말았다.

나는 다른 장에서 1859년과 1860년에 일어났던 얼스터 부흥과 북아일랜드 부흥이 기도로 일어났다는 사실을 이미 말했다. 1858년 봄, 능력의 역사가 일어난 후 부흥은 도시에서부터 나라 전체에까지 마구 퍼져 나갔다. 사람들이 너무 많이 와서 집회 장소에 다 들어갈 수 없자 야외 집회가 열려 수천 명이 계속 모였고, 수백 명이 단 한 번의 집회에서 죄를 회개하고 구원받았다. 어떤 곳에서는 형무소와 법정이 텅텅 비어 문을 닫았다.

이는 사도 시대에 있었던 성령님의 무서운 능력, 즉 죄를 책망하고 중생하게 하는 능력이 오늘날에도 계속된다는 사실을 명백히 보여 주었다. 다만 사역자들과 모든 그리스도인이 정말로 성령님을 믿고 그렇게 역사하시도록 기도하며 준비할 때만 그런 기적이 일어난다는 것을 명심해야 한다.

18세기 초반, 웨슬리 형제와 동료들이 기도했을 때 주님은 영국의 교회와 국가를 구원하셨다. 몇몇이 모여 기도할 때 하나님은 그들의 설교를 통해서 놀랍게 역사하셨다. 역사가들은 물론 철저한 이성주의자며 합리주의자인 레키도 웨슬리의 부흥 운동이 영국을 정치와 경제, 여러 가지 면에서 구원했다고 솔직하게 인정했다. 하나님이 일으키신 그리스도인들이 기도와 간구의 영으로 충만했겼을 때 비로소 부흥의 조건이 충족된 것이다.

어떤 사람은 당시의 영국이 "유럽에서 가장 비참하고 절망적인 나라였다."라고 말했다. 그 당시 가장 훌륭한 정치가들은 대부분 형식적으로 기독교를 신봉했지만 전혀 믿지 않는 상태였고, 패역하고 부도덕한 생활을 즐겼다. 하지만 경건한 몇 사람이 모여 기도하자 영국 사회는 변화되었고, 부흥은 계속해서 일어났으며, 교회에서는 놀라운 영적 생명과 활동이 일어났다.

어떤 사람은 1857년과 1858년 미국에 있었던 대부흥을 "사도 시대 이후에 가장 거대하고 놀라운 부흥이다."라고 기록했다. 이 부흥도 기도의 결과였다. 부흥이 일어나기 직전의 미국은 도덕적으로, 영적으로 타락해서 극도로 혼란했으며, 미국 전역은 부패와 정치적 참사로 폭발 직전에 있었다. 그러나 뉴욕의 어떤 선교사가 부흥을 위해 계속 기도하기 시작했다.

그 선교사의 기도가 하나님의 마음을 움직여 놓았다. 기도의 영이 퍼져 나가 뉴욕의 교회와 극장에는 수천 명이 기도회에 참석했고, 기도회는 밤낮을 가리지 않고 계속 열렸으며, 기도하는 사람들이 늘어선 길이도 3,000킬로미터가 넘었다. 물 붓듯이 쏟아지는 성령님의 역사와 능력으로 수많은 사람이 거듭났고 그 부흥의 영향은 대서양을 건너 이미 언급한 얼스터 대부흥의 역사와 연결되었다.

또한 무디에 의해 잉글랜드와 스코틀랜드, 아일랜드, 미국에서 대각성 운동이 일어나 이 땅의 모든 선교지에까지 영향을 끼쳤다. 참으로 놀라운 일이다. 이 위대한 대각성 운동도 결론적으로 기도에 의해 시작되고 전개되었다. 무디는 회심할 때부터 가장 훌륭한 하나님의 사역자였지만 수많은 사람의 기도가 없었다면 이와 같이 위대한 영향을 끼치지 못했을 것이다.

그가 영국에 갔을 때 병들어 침대에 누워 있던 어느 그리스도인 소녀의 기도 응답으로 그런 기적이 일어나게 되었고, 그 기도의 영이 계속해서 역사하는 동안 하나님의 놀라운 능력이 그의 안에 머물러 있었다. 그러나 시간이 흐름에 따라 기도의 역사가 식으면서 하나님의 사람은 능력을 잃고 말았다.

오늘날 부흥의 특징은 불충분하고 피상적이며 비현실적이고 일시적이라는 것이다. 현대의 부흥은 마음을 쏟아 놓고 끈질기게 기도하는 가운데 일어나는 것이 아니라 인간의 조직에 의해 이루어지고 있다. 그 부흥이 하나님의 능력에 의해 일어나고 계속되기보다는 인간의 수단과 방법에 의해 일어나고 진행된다. 그러나 '참된 부흥은 참된 기도에서부터 일어난다.'

우리는 매일 인간이 만든 수많은 기계들 속에 살고 있다. 반면 하나님의 능력은 점점 감소하고 있다. 많은 사람이 "일하라, 일하라, 무엇인가를 해야 한다. 조직하라, 조직하라, 무언가를 조직하라. 새로운 사회를 우리에게 달라. 어떤 새로운 방법을 우리에게 말하라. 어떤 새로운 기계를 발명하고 조작하라!" 하고 크게 외친다. 그러나 우리 세대에 가장 필요한 것은 기도며, 더 많은 기도고, 더 훌륭하고 능력 있는 기도다.

교회들이 기도하는 데 전념하며, 참된 기도를 하고, 능력 있는 기도를 한다면 그 기도는 이전처럼 놀라운 결과를 가져다줄 것이다. 최근 교회에 이 사실을 각성하는 징조가 점점 많이 나타나고 있다. 하나님은 여기저기서 각 사역자와 교회에 그들이 결코 이전에는 알지 못했던 기도의 무거운 짐을 지워 주고 계신다.

많은 사람이 인간에 의해 조작된 부흥에 염증을 느끼고 있다. 동시에 그들은 하나님을 의지하는 법을 배우고 있다. 사역자들은 하나님의 능력을 붙잡기 위해 밤낮으로 부르짖고 있다. 여러 교회에서 교인들이 이른 아침이나 저녁 늦게 모여 풍성한 능력과 은혜를 달라고 하나님께 기도하며 매달리고 있다. 크고 놀라운 부흥이 올 징조다.

오늘날 가장 필요한 것은 대대적이고 보편적인 부흥이다. 우리가 이처럼 전 세계를 휩쓸어 버리는 부흥을 보지 못한다 해도 지역적으로, 국가적으로 부흥을 체험할 수 있다. 이를 위해 전 교회가 모여 기도할 필요는 없다. 위대한 부흥은 항상 하나님이 선택한 소수의 사람들의 마음에서부터 먼저 시작된다.

그들은 기도에 응답하시는 살아 계신 하나님을 온전히 신뢰한다. 그들의 마음속에 하나님은 기도의 짐을 지워 주신다. 그들은 끊임없이 하나님께 부르짖으며, 역사가 일어날 때까지 끈질기게 간구한다. 하나님은 그들에게 놀라운 기도의 영을 부어 주시고, 기도하도록 큰 짐을 부여하신다.

주님이 오늘 우리의 마음에 성령님을 통해서 그러한 놀라운 짐을 지워 주시기를 간절히 원한다. 나는 그분이 우리에게도 그렇게 하실 것을 분명히 믿는다.

**THE POWER OF PRAYER
AND THE PRAYER OF POWER**

사명선언문

너희가 흠이 없고 순전하여……세상에서 그들 가운데 빛들로
나타내며 생명의 말씀을 밝혀 _ 빌 2:15-16

1. 생명을 담겠습니다
만드는 책에 주님 주신 생명을 담겠습니다.
그 책으로 복음을 선포하겠습니다.

2. 말씀을 밝히겠습니다
생명의 근본은 말씀입니다.
말씀을 밝혀 성도와 교회의 성장을 돕겠습니다.

3. 빛이 되겠습니다
시대와 영혼의 어두움을 밝혀 주님 앞으로 이끄는
빛이 되는 책을 만들겠습니다.

4. 순전히 행하겠습니다
책을 만들고 전하는 일과 경영하는 일에 부끄러움이 없는
정직함으로 행하겠습니다.

5. 끝까지 전파하겠습니다
모든 사람에게, 땅 끝까지, 주님 오시는 그날까지
복음을 전하는 사명을 다하겠습니다.

서점 안내

광화문점	서울시 종로구 새문안로 69 구세군회관 1층 02)737-2288 / 02)737-4623(F)
강남점	서울시 서초구 신반포로 177 반포쇼핑타운 3동 2층 02)595-1211 / 02)595-3549(F)
구로점	서울시 동작구 시흥대로 602, 3층 302호 02)858-8744 / 02)838-0653(F)
노원점	서울시 노원구 동일로 1366 삼봉빌딩 지하 1층 02)938-7979 / 02)3391-6169(F)
일산점	경기도 고양시 일산서구 중앙로 1391 레이크타운 지하 1층 031)916-8787 / 031)916-8788(F)
의정부점	경기도 의정부시 청사로47번길 12 성산타워 3층 031)845-0600 / 031)852-6930(F)
인터넷서점	www.lifebook.co.kr